山东大学(威海)学科建设专项资助

新民主主义革命时期根据地竞赛活动研究

胡 静 著

山东大学出版社
SHANDONG UNIVERSITY PRESS
·济南·

图书在版编目(CIP)数据

新民主主义革命时期根据地竞赛活动研究 / 胡静著.
济南 ：山东大学出版社，2025. 1. -- ISBN 978-7-5607-8142-6

Ⅰ. K269

中国国家版本馆 CIP 数据核字第 2024ZH3453 号

责任编辑　谭学秋　刘晓燕

封面设计　张　荔

新民主主义革命时期根据地竞赛活动研究

XINMINZHU ZHUYI GEMING SHIQI GENJUDI JINGSAI HUODONG YANJIU

出版发行　山东大学出版社

社　　址　山东省济南市山大南路 20 号

邮政编码　250100

发行热线　(0531)88363008

经　　销　新华书店

印　　刷　济南华林彩印有限公司

规　　格　720 毫米×1000 毫米　1/16

　　　　　14.25 印张　205 千字

版　　次　2025 年 1 月第 1 版

印　　次　2025 年 1 月第 1 次印刷

定　　价　58.00 元

目　录

绪　论 …………………………………………………………………… 1

第一章　国内外研究综述 …………………………………………… 8

第一节　国内研究现状 …………………………………………… 8
第二节　国外研究现状 …………………………………………… 26
第三节　国内外研究现状评析 …………………………………… 29

第二章　根据地竞赛活动的理论基础与实践借鉴 ……………… 32

第一节　中国共产党领导竞赛活动的理论基础 ………………… 33
第二节　中国共产党领导竞赛活动的实践借鉴 ………………… 44

第三章　新民主主义革命时期根据地竞赛活动的历史脉络 …… 56

第一节　土地革命时期以后方供给、前线扩红为主的竞赛活动 …… 57
第二节　抗日战争时期以生产互助、思想教育为主的竞赛活动 …… 65
第三节　解放战争时期以支援前线、劳动创造为主的竞赛活动 …… 75

第四章　新民主主义革命时期根据地竞赛活动的宣传动员 …… 83

第一节　竞赛活动宣传媒介的组织力建设 ……………………… 85

第二节　竞赛活动动员形式的模式化建构 …………………………… 109

第五章　新民主主义革命时期根据地竞赛活动的主要成效 ……………… 134

第一节　经济困境的缓解与物质基础的奠定 ………………………… 135

第二节　群众路线的巩固与社会整合的实现 ………………………… 146

第三节　思想文化的进步与主流价值的培育 ………………………… 158

第六章　新民主主义革命时期竞赛活动的基本经验与当代启示 ………… 169

第一节　中国共产党领导竞赛活动的基本经验 ……………………… 171

第二节　中国共产党领导竞赛活动的当代启示 ……………………… 187

结　语 ………………………………………………………………… 205

参考文献 ……………………………………………………………… 207

绪 论

一、选题背景及研究意义

（一）选题背景

中国共产党组织领导的竞赛活动发轫于土地革命时期，在新中国成立后得到普及、强化和壮大，作为促进发展、政治动员的方式和手段，其要义体现为“劳动”。党的十八大以来，习近平总书记高度强调劳动的重要性，提出“劳动是财富的源泉，也是幸福的源泉。人世间的美好梦想，只有通过诚实劳动才能实现；发展中的各种难题，只有通过诚实劳动才能破解；生命里的一切辉煌，只有通过诚实劳动才能铸就”[①]。中国共产党以马克思主义劳动观为立论基点，科学阐释了劳动不仅创造了人本身，而且是实现人的自由全面发展的前提，为应对百年未有之大变局带来浓烈的劳动氛围，也为劳模宣扬和劳动教育提供了政治场域。

立足于新发展阶段，依靠广大劳动群众是贯彻新发展理念、构建新发展格局、推动高质量发展的路径保障。一支政治化的群众力量为中国共产党争取最广大民众、巩固政权奠定了前提和根基。竞赛活动落实在中国共产党长期革命和政权巩固的实践中，高度契合于历史发展

① 《习近平谈治国理政》第1卷，外文出版社2018年版，第46页。

的阶段性任务和现实需求。竞赛活动作为群众路线的践行路径，在实践中不断丰富和完善着群众路线的理论，理论与实践的有机结合和互动，彰显了中国共产党组织群众、动员群众、整合资源的执政能力。竞赛活动在多重领域取得的成果，不仅为新民主主义革命的胜利提供了坚实的物质保障、群众基础和阶级力量，为中国共产党掌握政权、建构政党认同积累了条件，也为新中国成立后进行社会主义革命和建设奠定了厚实的物质基础和方法论基础。

群众力量的凝聚和巩固需要先进模范的引领、感召和激励。以劳动为表现形式的竞赛活动，在历史沿革中衍生出的劳模群体为中国共产党践行群众路线、以人民为中心进行现代化建设提供了典型导向和教育标尺。正如习近平总书记所礼赞的，“劳动模范是民族的精英、人民的楷模，是共和国的功臣”[①]。本书以习近平总书记关于劳模教育、劳动精神的论述为指导，以党的重要文献为主要依据，紧扣党的历史发展脉络，爬梳中国共产党在新民主主义革命时期不同阶段的竞赛活动，归整党的宣传动员方式；通过对劳模选树、劳模运动、劳模培育等具体行为的考察，总结竞赛活动的成效和经验。竞赛活动孕育出的劳动信仰和劳模精神为中国革命、建设和改革凝聚了价值共识，创生的劳模文化在优秀传统文化的创造性发展中奠定了文化自信和文化归属的根基，也为新时代大力弘扬劳动精神以及如何建设知识型、技能型、创新型劳动者大军提供启示。

回溯新民主主义革命时期的集体劳动——竞赛活动，也是响应党史教育的题中应有之义。在宏阔大历史语境下，以“集体记忆”的方式回顾中国共产党在政治革命中动员群众、团结各阶层的睿智行动，从而实现宣扬劳模形象、传达劳动精神、感召民众、树立榜样的现实效应；以“集体记忆”的纪念路径昭示中国共产党领导地位和核心作用的历史必

① 习近平：《在全国劳动模范和先进工作者表彰大会上的讲话》，载《人民日报》2020 年 11 月 25 日。

然性和政治合法性，体现了中国共产党善于融会马克思列宁主义并使其中国化，最终成为党执政理论的根柢。缅怀革命中遗存的“集体记忆”，是彰显民众自力更生、艰苦奋进的高贵劳动品质的有益路径，也是唤醒个体政治角色意识和延续群体价值认同的途径。在个体层面，有助于“从党的辉煌成就、艰辛历程、历史经验、优良传统中深刻领悟中国共产党为什么能、马克思主义为什么行、中国特色社会主义为什么好等道理”①，进而解锁“中华民族迎来了从站起来、富起来到强起来的伟大飞跃，实现中华民族伟大复兴进入了不可逆转的历史进程”②的历史奥秘，增强民族自豪感、厚植爱国主义情操。在中国共产党党史、新中国史、改革开放史、社会主义发展史的学习教育中筑牢个体信心、信仰、信念。在国家层面，为实现国家治理体系和治理能力现代化提供历史镜鉴与启示，有利于强化为人民服务的政治旨归，也为巩固新时代社会主义道路自信和制度自信提供有力抓手，进而助推中华民族伟大复兴的中国梦和建设社会主义现代化强国的实现。

（二）研究意义

1.理论意义

第一，有助于进一步拓展中国共产党历史研究视域。新民主主义革命时期群众路线的践行方式——竞赛活动，是中国共产党党史的重要内容。本书将以竞赛活动为线索，梳理战时民众动员的方式和过程，阐述经济、政治、文化、社会等领域取得的主要成效，呈现新民主主义革命时期根据地的社会图景，在“政党优势”的维度中拓展了中国共产党历史研究的视角。

第二，有助于进一步深化中国共产党品质的研究。中国共产党以马克思、恩格斯、列宁的劳动观为理论根基和实践指南，准确把握不同

① 中共中央党史和文献研究院：《中国共产党一百年大事记（1921年7月—2021年6月）》，人民出版社2021年版，第245页。

② 习近平：《在庆祝中国共产党成立100周年大会上的讲话》，人民出版社2021年版，第7页。

阶层对生产要素的需求,巧妙运用劳动阶级属性和心理诉求,取得了最大化的动员效果,奠定了特殊政治形势下的群众基础,彰显了中国共产党善于吸收优势理论资源的谦逊品格、敢于创新的睿智精神和自力更生的顽强品质。在“社会群体”的维度中拓展了中国共产党历史研究的视角。

第三,有助于进一步推进多学科的交融,探究学术概念的外延和内涵在跨学科语境中的动态演变。概念之间的移情、通感,迁移到相近学科中,推动概念群之间的互换和包容,提升人文学科的温情。在“历史变迁”的维度中扩充了中国共产党历史研究的视角。

2.现实意义

第一,有助于培养知识型、技能型、创新型劳动者大军。中国共产党在新民主主义革命时期竞赛活动中展现的群众动员能力,有利于当前更好地对民众进行劳动教育,在教劳结合中凸显劳动者的创造性和自主性,有助于劳动群体权益的维护和保障,为新时代共同富裕的实现提供方法论的路径参照。

第二,有助于为中国共产党推进治理体系和治理能力现代化提供发展思路和实践模板,在中国特色社会主义现代化建设进程中,坚持群众路线,秉持以人民为中心的理念,构建全方位的公众参与机制,让公众深度融入国家治理的各个环节,在国家认同的塑造中不断强化全体人民对社会主义道路和制度的坚定自信。

第三,有助于新时代劳模精神的塑造和弘扬。劳模精神是劳动者在劳动中推动社会发展和建设精神文明的产物,在新征程中与社会主义核心价值观中文化传承、教育导向、爱国情怀、道德提升等方面高度契合。劳模精神在劳动实践的认同、劳动精神的传承、劳动文化的传播中形成了崭新意蕴,为建功新时代、实现中华民族伟大复兴提供了崇尚劳动的价值引领,昭示了新时代劳动教育的价值取向。

二、研究思路与研究方法

（一）研究思路

本书总的谋篇布局是按照新民主主义革命的发展阶段进行竞赛活动的爬梳、整理。依据较为丰富的文献资料，抽取相关内容，系统梳理中国共产党竞赛活动的思想渊源和实践依据，再进行时代背景的解读，考察不同历史阶段、不同区域举行竞赛活动的目的、动力，进而深入剖析中国共产党进行竞赛活动取得的成效，包括经济、政治、文化、社会等层面，最后通过集体记忆的方式缅怀、纪念竞赛活动的精神成果，在汲取丰富继承性经验的基础上，为新时代劳动意识、劳动精神、劳模精神等的传承和弘扬提供启示，彰显着教育导向、道德引领、文化传承等维度的意涵。

（二）研究方法

1.辩证唯物主义和历史唯物主义的方法。遵循辩证唯物主义和历史唯物主义的研究方法是中国共产党竞赛活动研究的根本要求。在本书写作过程中，这一研究方法将贯穿始终。

2.文献研究法。笔者在研究过程中借助爱国主义教育基地、档案馆、图书馆、电子数据库等途径查阅关于新民主主义革命时期竞赛活动的书籍、档案文献、论文等，并对其进行仔细整理、解读、归纳和总结。

3.历史与逻辑相统一分析法。本书以中国共产党竞赛活动的历史演进为主体框架，反映中国共产党在新民主主义革命时期群众路线的践行进程，在此基础上分析和总结不同历史阶段中国共产党组织群众、动员群众的基本方式及其传承关系。

4.跨学科研究法。中国共产党竞赛活动的集体记忆是一个跨学科、多视角的研究课题。本书涉及马克思主义理论、哲学、政治学、社会学、传播学、经济学等相关理论和研究方法，拓展、深化了研究的视野和深度。

5.话语分析法。本书对话语分析法的运用主要体现在三个方面：一是还原中国共产党新民主主义革命时期竞赛活动的历史背景和目的；二是考察中国共产党竞赛活动的动员方式和成效；三是运用集体记忆回顾新民主主义革命时期各阶层团结奋斗的集体行为。

三、重点难点

(一)研究重点

1.考察中国共产党新民主主义革命时期竞赛活动的思想渊源和历史语境，梳理动员群众、践行群众路线的过程，剖析各阶层民众在中国共产党的组织和领导下表现出的凝聚力，萃取实现社会整合的经验与启示。

2.归整新民主主义革命时期的竞赛活动史料，将土地革命时期、抗日战争时期、解放战争时期三个阶段的竞赛活动串联起来，展现这一集体行为的连贯性。结合新中国成立后对这一记忆的回溯方式，彰显中国共产党人不忘初心、牢记使命的责任担当，在塑造国家认同、传承革命文化、弘扬劳模精神等经验和启示中擘画中国梦的蓝图。

(二)研究难点

1.由于史料记述和文献汇编的庞杂，如何明确中国共产党新民主主义革命时期竞赛活动的范围和边界，以及在框架中如何对竞赛活动进行分类，是本研究遇到的第一个难点。

2.有关新民主主义革命时期竞赛活动的党报、期刊、档案等一手资料的获取存在困难，并且内容零散，已获取的一手资料多以繁体字呈现，增加了辨识难度和运用难度，是本研究遇到的第二个难点。

3.竞赛活动涉及经济、政治、文化、社会等多个领域，加大了归纳难度，在论述对新时代启示的过程中容易重点不分明，归纳起来较为困难，导致思路凌乱等状况，这是本研究遇到的第三个难点。

4.“集体记忆”的概念目前在马克思主义理论学科中使用频度较低，

如何运用马克思主义立场、观点、方法接纳不同学科的概念和术语，与马克思主义理论二级学科进行对接和融合，运用多学科交融的思路分析中国近现代史基本问题，深化不同学科概念的外延和内涵是本研究遇到的第四个难点。

四、创新之处

1.研究视角

针对以往学界对新民主主义革命时期的研究大多注重宏大叙事的现状，本书选择“新民主主义革命时期中国共产党领导的竞赛活动”为主要研究内容，以“劳动”为立论基点，以新民主主义革命时期不同历史阶段的竞赛活动与党的中心任务的关系发展为研究轨迹，以小见大，挖掘中国共产党独特的宣传动员方式，窥探其发展壮大、整合民心的要义。以集体记忆的方式重温竞赛活动的艰辛历程，缅怀新民主主义革命时期无私奉献的劳模群体，在多学科视角的碰撞中总结竞赛活动的经验，探寻党实现社会整合、利益调整及民众心理塑造的路径，为新时期社会的转型发展提供镜鉴。

2.研究观点

本书以“竞赛活动”为圆心，扩散成群众路线、动员宣传、治理体系、道路自信与制度自信等同心圆，结合史学研究理论和方法，以社会结构、经济、政治和文化等维度的研究为背景基础，以马克思主义唯物史观为指导思想，对新民主主义革命时期党群关系的调适进行实事求是的梳理，贴合于中国共产党坚定不移走群众路线、构建治理体系和治理能力现代化的精神。通过集体记忆的方式，缅怀英雄模范、颂扬革命精神和劳动精神，契合新时期劳模形象的塑造理念，强化党史学习教育的价值观意义和现实意义。

第一章　国内外研究综述

竞赛活动作为中国共产党进行社会建设的重要手段和途径，生成于新民主主义革命时期的时局环境和现实需要，在新民主主义革命时期、社会主义革命和建设时期、改革开放以来的各阶段不断得到发展并逐步成熟。以劳动为导向的竞赛活动饱受学术界推崇，国内外学者对中国共产党史、革命史等的研究或深或浅地涉及这一议题。

第一节　国内研究现状

竞赛活动是在新民主主义革命时期形成、一直贯穿至今的群体性实践行为，是群众动员的一种方式。从现有研究成果看，在中国知网搜索引擎中以"竞赛活动"为"篇关摘"的论文，至 2024 年有近 20000 篇，还有结合时事社会、工农企业发展等即时性活动的社论性文章发表于报刊；以"竞赛""劳动"分别为关键词搜索，也多是记述工业方面的即兴的竞技活动，回顾和追忆新民主主义革命时期竞赛活动的论文寥寥无几。以"群众动员"为关键词的论文，很少与竞赛活动有交叉；但在以"经济动员"为关键词的 100 余篇论文中，有几篇硕士学位论文涉及了生产运动，间接地联系上了竞赛活动，因而"群众路线"可以作为竞赛活动实践的理论突破口。21 世纪以来，学界对"群众路线"的研究呈上升趋势，仅

2013～2015年三年间以“群众路线”为关键词的发文量即超过此前的总数，其中有的涉及群众动员。党的十八大以来的重要实践活动和理论成果中涉及诸多群众路线的内容，可以作为思路参考。另外，劳动英雄是竞赛活动的重要元素，从劳动英雄、劳动模范等入手也是一条线索。以“劳动”“劳动模范”为主题的论文均有300多万篇，以“劳动精神”为主题的论文约有1000篇，以“劳动英雄”为关键词的有200余篇，可以从中提取到相关联内容，如20世纪70年代后就有文章纪念南泥湾精神。自党的十七大以来，学界研究劳模精神的成果数量增长迅猛，达到近百年学术研究的峰值。以劳模精神为出发点，把生产运动当作劳动英雄和劳模的背景资料进行研究，以及对劳模精神、南泥湾精神、陕甘宁边区、抗日根据地等进行系统研究，都或多或少地涉及竞赛活动和生产运动。相关区域史等著作也陆续出版，如李忠、肖子华的《井冈山革命根据地政权建设史》（江西人民出版社2015年版），张挚、张玉龙主编的《中央苏区教育史料汇编》（南京大学出版社2016年版），余伯流、凌步机的《中央苏区史》（江西人民出版社2017年版）等。

文献史料作为竞赛活动的研究起点，发掘和整理的资料为竞赛活动研究提供了可靠依据。在其基础上学界拓展了研究深度，提升了竞赛活动的研究能力。以下从文献史料和学界研究成果两个层次分别概述直接或间接涉及竞赛活动的内容。

一、文献史料概况

文献史料是研究的依据和前提。历史文献为竞赛活动的背景、目的、内容、结果、作用、影响等提供了扎实的史料支撑和理论指导。

1.马克思和恩格斯原著

马克思和恩格斯的经典篇目，如《1844年经济学哲学手稿》《1848年至1850年的法兰西阶级斗争》《德意志意识形态》《资本论》中关于人、劳动本质、土地、生产等的系列阐述，以及恩格斯《自然辩证法》《劳动在从猿到人转变过程中的作用》等中关于人与劳动关系的论述等，其他代表性著作中涉及马克思和恩格斯有关农民、阶级以及竞赛与竞争的论述等，为竞赛活动提供了立论基础。

2.苏联党史文献及领导人著作

苏联的相关历史文献，如波斯别洛夫编著的《苏联共产党历史》第1卷（上海人民出版社1983年版）、中共中央编译局编译的《苏联共产党代表大会、代表会议和中央全会决议汇编》第1～3册（人民出版社1964年版）等，其党的决议、文件中有关于竞赛活动的论述；列宁著作中涉及竞赛活动的重要篇目，如《伟大的创举》《怎样组织竞赛?》；斯大林著作中有关竞赛内容的记述，如《群众的竞赛和劳动热情的高涨》《在塔吉克斯坦和土尔克明尼斯坦先进的男女集体农庄庄员会议上的讲话》中便涉及了竞赛活动的奖励政策等。

3.党的历史文献集

中央档案馆编《中共中央文件选集》（中共中央党校出版社1989年版）第6、7、9、10、14册有几处提到竞赛活动，第12、15册竞赛活动出现的频率较高；中共中央文献研究室编《建党以来重要文献选编（1921～1949）》（中央文献出版社2011年版），中共中央书记处编《六大以来》（人民出版社1981年版），沙健孙编《中国共产党史稿》（中央文献出版社2006年版），中共中央宣传部办公厅、中央档案馆编研部编《中国共产党宣传工作文献选编（1915～1937）》（学习出版社1996年版）、《中国共产党宣传工作文献选编（1937～1949）》（学习出版社1996年版），中共中央党校党史教研室选编《中共党史参考资料》（人民出版社1979年版）第4～11册，中共中央党史研究室著《中国共产党历史》第1卷（中共党史出版社2011年版）等党的历史文献、党史资料中，呈现了竞赛活动的原貌。

4.地方文献集系列

地方历史文献收录的革命根据地有关竞赛活动的文献资料、革命回忆录、口述资料等主要有：中央档案馆编的《晋察冀抗日根据地》（中共党史出版社 1989 年版)，中共江西省委党史研究室编的《中央革命根据地历史资料文库・政权系统》(江西人民出版社 2013 年版)第 6、7、8 卷，江西省教育学会编的《苏区教育资料选编(1929～1934)》(江西人民出版社 1981 年版)，赣南师范学院、江西省教育科学研究所编印的《江西苏区教育资料汇编(1927～1937)》(1985 年)，江西省档案馆、中共江西省委党校党史教研室编的《中央革命根据地史料选编》(江西人民出版社 1982 年版)，中共江西省委党史研究室编印的《江西党史资料》第 4 辑(1987 年)，江西省档案馆编的《闽浙赣革命根据地史料选编》(江西人民出版社 1987 年版)。其他如中国社会科学院经济研究所编的《第一、二次国内革命战争时期土地斗争史料选编》(人民出版社 1981 年版)，河南省地方党史编纂领导小组办公室编印的《鄂豫皖苏区革命斗争史资料汇编》(1981 年)，湖南省财政厅编的《湘赣革命根据地财政经济史料摘编》(湖南人民出版社 1986 年版)，中共河南省委党史研究室、中共安徽省委党史研究室编著的《鄂豫皖革命根据地史》(安徽人民出版社 1998 年版)，江苏省档案馆编的《苏中抗日根据地档案汇编》(中华书局 2021 年版)，《湘鄂川黔苏区革命文化史料汇编》编辑小组编写的《湘鄂川黔苏区革命文化史料汇编》(中国书籍出版社 1995 年版)，共青团四川省委青运动研究室编印的《川陕革命根据地青年运动文献资料选编》(1986 年)，中央档案馆、河北省档案馆编的《河北革命历史文件汇集》(河北人民出版社 1997 年版)，中央档案馆、福建省档案馆编印的《福建革命历史文件汇集(1928～1936 年)》(1984 年)，朱鸿召主编的《红色档案——延安时期文献档案汇编》第1～14 卷(陕西人民出版社 2013 年版)，史敬棠等编的《中国农业合作化运动史料》上册(生活・读书・新知三联书店 1957 年版)等革命根据地所辖各省文件、地方档案及文献资料丛书中对竞赛活动的直接、间接描述。

5.中国共产党领导人年谱、传记、著作

中共中央文献研究室编写的《毛泽东年谱(1893～1949)》(中央文

献出版社2019年版)中,竞赛活动的内容多见于1931年、1933年、1939年、1943年、1944年、1945年等年份党政军领导机关的指示、决定、报告以及领导人讲话中;《毛泽东书信选集》(中央文献出版社2003年版)、《毛泽东选集》(人民出版社1991年版)中毛泽东关于经济工作的指示、思想等,间接涉及竞赛活动。另外,竞赛活动的内容还见于中共中央文献研究室编的《周恩来年谱》(中央文献出版社2010年版),《刘少奇选集》(人民出版社1985年版),中共中央文献研究室、中央档案馆编的《建国以来刘少奇文稿》(中央文献出版社2005年版),《朱德选集》(人民出版社1983年版),涂绍钧编著的《林伯渠》(中国文联出版公司1991年版),《任弼时选集》(人民出版社1987年版),《邓小平文选》第一卷(人民出版社1994年版),《张闻天文集》(中共党史出版社1993年版)等专题文集和文稿中。

6.新民主主义革命时期党的报刊

新民主主义革命时期不同阶段的报刊,如《红色中华》(1931～1937年特刊)、《斗争》(1933～1934年第1～73期)、《今日新闻》、《新中华报》、《奋斗日报》、《战声报》、《八路军军政杂志》、《晋察冀日报》、《解放日报》、《正义报》、《解放》、《人民日报》以及《月华》"妇女专号"和《天方学理月刊》、陕甘宁边区的《中国妇女》月刊等,对竞赛活动及相关内容有实时报道和记录。

从以上文献史料中,大致可以梳理出新民主主义革命时期中国共产党领导的根据地中竞赛活动的背景、类型、目的、成效、动员方式等。

竞赛活动的类型大致可归纳为以下几种:一是经济方面的竞赛活动和突击运动,如生产运动,包括春耕秋耕运动(植树运动被列入陕甘宁边区每年的春耕和秋耕计划中)、秋收防疫运动、修堤运动、延安时期的纺织运动、1948年的熬硝运动等,以及在苏区工农群众中形成的生产突击队、冲锋劳动队、劳动互助社、耕牛合作社、肥料合作社、妇女的耕田队等集体劳动组织内部的竞赛活动。二是政治方面的竞赛活动,如在组织作风方面，中央苏区党政军民同步开展整党运动、学习竞赛等；引导青年团、工会、女工农妇代表会、反帝拥苏同盟等开展的革命竞赛和教育运动等，以及优待红军家属的运动。三是社会生活方面的竞赛活动，有文化娱乐运动、纪念节的运动、红军欢送运动、民族扫墓运动、卫生运动、妇女竞赛运动（洗衣队、做鞋队、救护队、慰劳队等）、放足运动等，以及在井冈山革命根据地开展的节俭运动。四是文化方面的竞赛活动，有模范学习运动、冬学运动、识字运动、戏剧运动、歌咏运动、体育运动等，建立的补习学校以及发动群众的读书会、识字班、读报团、推广卫生反对迷信等组织内的竞赛活动。五是军队方面进行的革命竞赛，如土地革命时期在湘赣革命根据地开展了两次内容为“八比”的革命竞赛：一比扩大红军，二比发展苏区，三比白区工作，四比苏维埃工作，五比党的建设，六比工会工作，七比反帝工作，八比妇女工作。竞赛活动扩大了新苏区和革命委员会、发展了党员、培训了干部等，有力推动了湘赣革命根据地经济、文化等各项工作的顺利开展。红军常以班与班、排与排、连与连、营与营、团与团等进行革命竞赛、学习竞赛等。红军采用的革命竞赛手段，实施于管理、教育、内务、民生诸多方面。

竞赛活动动员方式可总结为以下几种：

一是官方媒介报道和非官方的宣传。政府的宣传方式首先集中见于新民主主义革命时期的根据地政府、地方报刊，以文字、图片、漫画等形式对竞赛活动进行宣传、记述、歌颂。尤其是《红色中华》《新中华报》《解放日报》等的报道，刊发领导人关于生产、学习、生活运动的讲话、文章、动员指示等；延安时期的《战声报》和各团的生产快报，定期报道生产情况，公布各单位开荒成绩，捷报频传。其次，根据地政府的训令也是动员的渠道。以军区的政治训令为例，如晋察冀军区在《抗敌三日刊》上发表社论，传达“一面战斗，一面生产，一面学习，一面工作”的号召，掀起大规模的生产运动。

半官方的宣传画、标语、传单和文艺作品以及非官方的歌曲、小调曲、戏剧、口号、民间歌谣和传说故事等，以传唱形式进行竞赛活动的宣传、歌颂，如陕甘宁边区所传唱的“两支枪，两支枪，一支枪，能打仗，一支枪，能开荒。打仗消灭鬼子顽固派，开荒生产粮满仓。保卫毛主席，保卫党中央，三五九旅是党的纲”，生动展现了生产竞赛的风貌。

二是中共中央借土地政策的优势进行动员。在《中共中央文件选集》《中国共产党宣传工作文献选编》以及地方文献中有较多的内容记述土地政策，也客观描述了土地政策取得的显著成效。

三是领导干部的垂范楷模作用。在井冈山革命根据地，毛泽东、朱德等领导同志经常参加运粮，传颂着“毛委员背粮过黄洋界”“朱德的扁担”等动人故事。中央苏区有两个最著名的“模范乡”——长冈乡和才溪乡，毛泽东在《长冈乡调查》《才溪乡调查》中记述了苏维埃政府首先在此实行“苏区干部十带头”(即在政治学习、扩大红军、发展生产、购买公债、执行勤务、支援前线、遵纪守法等方面带头)试点。[①] 在延安时期更为普遍，如《红色档案——延安时期文献档案汇编》(陕西人民出版社2013年版)等相关陕甘宁边区史料的记载，“南泥湾政策”实行期间，朱德号召“建立革命家务”，大力号召生产竞赛运动和军民生产合作。在发展植棉、纺纱、畜牧、养蚕等事业时，各级领导积极发挥模范带头作用，周恩来和任弼时参加纺线比赛并双双获得“纺线能手”的称号，毛泽东带头开荒种菜，朱德是种菜能手，陈云、张闻天带头参与生产等。领导干部不仅在行动上以身作则，而且在精神上也带头廉洁奉公、艰苦奋斗，形成了无声的动员，领导示范效力形成的良好社会声誉促进了社会资源和群体的动员。

四是英雄、劳模的示范带头作用。如苏区兴国县在扩红竞赛中始终保持“第一等的工作”，抽调优秀青年组建“兴国模范师”；在边区根据地开展“英雄、劳模运动”，召开英雄座谈会，领导对劳模和英雄进行接

---

① 参见《毛泽东选集》第1卷，人民出版社1991年版，第137～141页。

见与表彰,组织劳模宣讲,开展生产大竞赛运动的倡议等,以此广泛发动和鼓励群众开展劳动竞赛。

五是节日纪念活动中的宣传。在"三八"妇女节、"五一"劳动节、"七一"建党节、"八一"建军节等重大节日,结合实情,开展生产、学习、生活竞赛,以实际行动表达纪念之情。

二、学界研究成果综述

(一)新民主主义革命时期竞赛活动思想渊源的研究

新民主主义革命时期的竞赛活动思想渊源研究,主要是探究竞赛活动的立论基础问题。从目前研究成果看,学界尚无专门对中国共产党竞赛活动思想渊源进行研究的论著。本书认为,竞赛活动是劳动的具化,是动员群众的直接方式,也是群众路线的实践形式。学界对劳动理论、群众动员、群众路线的研究,为本书研究竞赛活动的思想渊源提供了重要参考。

1.空想社会主义者及其他西方学派的竞赛思想

第一,空想社会主义者的理论溯源。有学者从最早提出"竞赛"概念的空想社会主义者的理论着手,分析竞赛活动的价值和意义。高信奇在《劳动竞赛:空想社会主义共同体的思想遗产》一文中详细阐述了空想社会主义者的竞赛理论和发展过程,认为劳动竞赛是在和谐冲动下进行的,是激发人们的团结与友谊、营造良好人际氛围的理想的劳动方式之一。[①] 也有学者通过分析列宁的《怎样组织竞赛?》等经典著作中提及的空想社会主义者的竞赛思想,分析了竞赛活动的经济学、社会学功能。[②] 另外,有学者研究空想社会主义对工人阶级的影响,间接追溯

① 参见高信奇:《劳动竞赛:空想社会主义共同体的思想遗产》,载《科学社会主义》2017 年第 4 期。

② 参见石镇平:《列宁著作中社会主义相关问题辨析》,载《高校马克思主义理论研究》2021 年第 1 期。

了空想社会主义者的竞赛思想。[①] 学界对古希腊、古罗马、中世纪欧洲、16 世纪西欧、17 世纪英国等思想史进行了研究，笔者从中读取了譬如柏拉图和亚里士多德的劳动和教育思想[②]、孔德的社会团结思想[③]、克鲁泡特金的"互助"思想[④]、卢梭的人民主权观[⑤]等与竞赛思想相关的内容。

第二，从自由主义经济学中抽取的竞赛思想。学界对欧洲经济史、经济学派、经济学家进行了研究，如康德的实践观、亚当·斯密的经济自由观、斯密的重农主义、凯恩斯的资本观、哈耶克的市场经济、穆勒的自由经济思想以及蒲鲁东对资产阶级和共产主义的态度等[⑥]，笔者也从中获得了启发。

2.马克思和恩格斯理论的启示

学界对马克思和恩格斯的竞赛思想研究不太充分，但对劳动理论研究较为深入，多以哲学、经济学、政治学视角分析经典篇目中的劳动观。如对《资本论》《哥达纲领批判》《政治经济学批判》《哲学的贫困》等中出现的劳动、阶级、生产等系列概念的研究较为丰富。另外，关于马克思群众观的研究成果颇多，也涉及了马克思主义的思路和方法。杨晓伟在《群众路线的基本内涵、主要结构和实现路径》一文中认为，群众路线的内涵体现为马克思主义世界观和方法论的有机统一。[⑦] 饶旭鹏、何芳芳在《马克思主义群众观及其在中国的丰富与发展》一文中认为，"群众路线是马克思主义认识论在马克思主义中国化过程中的运用、丰

---

① 参见高信奇：《空想社会主义共同体福利的三重图像》，载《中共福建省委党校学报》2017 年第 10 期。

② 参见来晓维：《古希腊休闲思想及其历史演变》，浙江大学博士学位论文，2019 年。

③ 参见郭强：《马克思、恩格斯关于孔德评价的多维解读》，载《马克思主义哲学研究》2015 年第 2 期。

④ 参见蒋劼：《克鲁泡特金互助伦理思想探究》，西南大学硕士学位论文，2014 年。

⑤ 参见钟枢：《卢梭民主政治观述评》，载《求索》2006 年第 4 期。

⑥ 参见傅辰晨：《20 世纪三四十年代中国知识界的计划经济思潮研究》，山东大学博士学位论文，2020 年，第 6 页。

⑦ 杨晓伟：《群众路线的基本内涵、主要结构和实现路径》，载《上海党史与党建》2014 年第 6 期。

富和发展”[①]。斯诺在《西行漫记》中也提出相似观点，认为群众路线是世界观、认识论和工作方法论。

3.苏联竞赛活动的研究

学界在研究苏联经济政策时，涉及了竞赛活动的内容，笔者可以从中挖掘理论渊源的共性。在 1988 年的“苏联社会主义模式的历史考察——从《联共(布)党史简明教程》到《改革与新思维》”座谈会上，于光远、靳辉明等学者分析了苏维埃的全部历史，涉及了劳动竞赛，如 20 世纪 20 年代的劳动突击队、生产有奖竞赛、生产观摩、国营劳动和集体农庄竞赛，30 年代的斯达汉诺夫竞赛运动，40 年代的支援前线生产队竞赛、谢基诺工作法竞赛、劳动态度竞赛、合理化建议竞赛、节约资源竞赛和技术保证竞赛等，笔者可以从苏联竞赛活动发展的背景中发掘理论渊源。有学者认为中国共产党组织的生产运动等经济活动在理论层面受到了斯大林经济思想的启示。如沈志华在《苏联历史档案选编》里提出，斯大林经济模式的思想来源为中国共产党的经济建设提供了借鉴和经验。[②] 郑吉伟在《斯大林经济思想研究——兼评西方学者的观点》中系统分析了斯大林经济思想对我国新民主主义革命时期经济政策的影响，也提到了斯大林经济思想的发展脉络。[③] 顾海良在《斯大林社会主义思想研究》中探讨了斯大林经济模式理论和实践方面的结合，中国共产党采取的实践活动与之具有相似性，因此笔者可以追寻两者的理论共性。[④] 陈晋在《毛泽东读书笔记解析》中提到，早在延安时期毛泽东就对斯大林的《联共(布)党史简明教程》推崇备至，赞同“劳动竞赛驱动社会主义发展”的观点，也提到斯大林“劳动竞赛”的起源。[⑤] 学界也有

---

① 饶旭鹏、何芳芳:《马克思主义群众观及其在中国的丰富与发展》，载《南京航空航天大学学报(社会科学版)》2019 年第 4 期。

② 参见沈志华:《苏联历史档案选编》第 1 卷，社会科学文献出版社 2002 年版。

③ 参见郑吉伟:《斯大林经济思想研究——兼评西方学者的观点》，北京出版社 2010 年版。

④ 参见顾海良:《斯大林社会主义思想研究》，中国人民大学出版社 2008 年版。

⑤ 参见陈晋:《毛泽东读书笔记解析》，广东人民出版社 1996 年版。

观点认为，东北工人生产竞赛的兴起与苏联工业化发展经验的输入是直接相关的，受到苏联斯达汉诺夫运动的鼓舞，其中间接论述了苏联工业化发展的理论依托。[①]

4.中国传统文化中的竞赛文化渊源

中国传统文化中的“乡贤文化”为竞赛活动中英雄模范的培育奠定了独有的文化底蕴，“旌表制度”为劳模的选树提供了文化与政治交融的智慧。此外，竞赛思想也受到新文化运动中新劳动观的影响。

学界探源空想社会主义者的竞赛思想，在马克思、恩格斯、列宁、斯大林、毛泽东等马克思主义经典作家的著作中挖掘竞赛活动的理论脉络。以集体主义共同体为特征的苏联和中国在社会主义发展过程中，共同体劳动竞赛从“空想”转变为现实，两者的理论渊源具有耦合性。

（二）新民主主义革命时期竞赛活动的背景与动因的研究

学界以文献史料为重要依据和线索，对竞赛活动的背景和目的作了拓展研究。

1.关于竞赛活动的背景研究

第一，经济因素。对于劳动竞赛的开展，学界从自然因素导致的灾荒和社会因素导致的灾荒两个层面进行了分析。文姚丽等在《陕甘宁边区灾荒史研究述评》中分析了地域性的自然灾害以及灾荒的应对。[②]有学者分析了灾荒引发的严重的人口流动，如以西北省份为研究对象进行分析，认为灾荒导致难民迁徙，加剧了粮食短缺，促进生产竞赛的开展。[③] 有学者从战争破坏、军阀割据等社会成因来分析灾荒，认为国民党对边区的骚扰、掠夺、经济封锁使边区的自然灾害愈加严重，促使

① 参见李燕、王立强：《社会主义价值观与斯达汉诺夫运动之辨》，载《探索与争鸣》2009年第5期。

② 参见文姚丽、胡菊芳、李心怡：《陕甘宁边区灾荒史研究述评》，载《西部学刊》2019年第23期。

③ 参见温艳：《20世纪20～40年代西北灾荒研究》，西北大学硕士学位论文，2005年，第6页。

中共中央采取生产竞赛的自救方式。[①] 以上学界分析出的经济因素为研究中国共产党在根据地进行竞赛活动尤其是经济领域的竞赛提供了阐释的基础。基于此，根据地政府采取的应对灾荒以及难民的措施为竞赛活动的后续开展提供了组织条件和基础。其中有学者分析了边区政府安置移民的一系列方针、政策、措施，以及通过成立移垦委员会、移民站、移民村等形式组织领导边区移民进行“自给自足”的开荒运动。[②] 胡民新等在《陕甘宁边区民政工作史》中分析指出生产运动是应对灾荒重要且有效的举措。[③] 冯佳在博士学位论文《1942～1943 年中原大灾荒与中国共产党的应对》中分析了中国共产党领导政府和军民进行生产自救的背景和原因，认为中国共产党舍弃“政府包办”的依赖型救灾体制，采取了积极生产、全社会共同参与的社会化救灾模式，不仅克服了灾荒，同时使党政军民关系更加和谐融洽。[④]

第二，政治因素。竞赛活动的重心在经济领域，然而政治领域也是不可忽视的，构成了竞赛活动的政治背景。

首先，国民党的反动统治激起了民众革命的热潮，中国共产党为凝聚民心、吸收和发展党员、强化军队纪律，采取政治上的整合策略，以马克思列宁主义为教育内容开展学习竞赛等。如吴汉全在《试论中共根据地时期的马克思主义学术建设》中分析了中共基于国情、革命形势大力发展马克思主义，这为研究中共政治领域的竞赛提供了背景。[⑤]

其次，竞赛活动随着根据地政府的土地政策而转变，服务于党的中

① 参见张雪梅、熊同罡：《20 世纪 40 年代陕甘宁边区的灾荒及救治》，载《理论学刊》2008 年第 11 期。

② 参见邸二宝：《陕甘宁边区移难民问题研究（1937～1946 年）》，陕西师范大学硕士学位论文，2017 年，第 5 页。

③ 参见胡新民、李忠全、阎树声：《陕甘宁边区民政工作史》，西北大学出版社 1995 年版。

④ 参见冯佳：《1942～1943 年中原大灾荒与中国共产党的应对》，中共中央党校博士学位论文，2019 年，第 6 页。

⑤ 参见吴汉全：《试论中共根据地时期的马克思主义学术建设》，载《湖南师范大学社会科学学报》2019 年第 5 期。

心任务。学界关于新民主主义革命时期土地政策的研究成果颇丰，如温锐在《毛泽东视野中的中国农民问题》一书中详尽地论述了新民主主义革命各阶段的土地政策随革命背景的变化而作出调整，这为研究政治领域的竞赛活动提供了参考来源。[①]

2.关于竞赛活动的动因研究

学界基于新民主主义革命时期各阶段的经济状况和社会背景，分析了中国共产党组织动员群众竞赛，除了经济自救的生存需要，最终是为了实现聚拢民心、巩固群众基础的政治整合目的。学界分析毛泽东在新民主主义革命时期的著作，如有学者通过分析《关于领导方法的若干问题》挖掘出中国共产党进行生产、教育的目的是政治领导方式的成熟和升华[②]；也有学者通过分析《新民主主义论》，从哲学、政治学等角度阐述了新民主主义革命时期的生产运动等经济策略对建构政治话语发挥的关键作用。[③]

（三）新民主主义革命时期竞赛活动内容的研究

新民主主义革命时期竞赛活动的原初内容集中见于文献史料中，另外学界深度挖掘史料，在群众成分、时期、区域等领域拓展延伸，出版了《中国妇女史》（罗慧兰、王向梅编著，当代中国出版社2016年出版）、《中国共青团史稿》（李玉琦主编，中国青年出版社2018年出版）等专题史稿，推出了具化、细化的研究成果。

1.群众成分的研究

学界主流研究客体分为农民、工人、青年、妇女、知识分子、士兵、领导干部（延安时期“南泥湾政策”实施期间居多），也有学者研究乐民，如乔健等在《乐户：田野调查与历史追踪》中分析了太行革命根据地乐民

---

① 参见温锐：《毛泽东视野中的中国农民问题》，江西人民出版社2004年版。

② 参见周知民：《毛泽东领导思想和党的群众路线理论的经典文献——学习〈关于领导方法的若干问题〉》，“毛泽东党建思想暨党的群众路线理论研讨会”交流论文，2014年。

③ 参见王悦：《〈新民主主义论〉内容解读及对当代社会建设的价值》，载《法制博览》2019年第11期。

融入中共的生产运动的情况[①]；也有研究涉及资产阶级，如吴序光在《风雨历程：中国共产党认识与处理资本主义和资产阶级问题的历史经验》中分析了中国共产党在革命时期对资产阶级的态度转变以及资产阶级对革命的作用[②]。关于妇女运动的研究成果较丰富，其中韩贺南等的《中国妇女与抗日战争》一书采用传统史学和口述历史等研究方法，探究了妇女在抗日战争中从事的生产劳动、战地服务、征募后援等主要活动和卓越贡献。[③] 学界对新民主主义革命时期移民、难民的关注也颇多，如有学者以抗战时期陕甘宁边区的移难民救助为视角，既呈现了抗战的革命语境，也涵盖了中国共产党所开展的社会保障工作。[④]

2.关于时期和区域的研究

学界对新民主主义革命三个时期和根据地的研究颇为丰富。土地革命战争时期的根据地研究方面，对中央苏区的研究成果较多，如中央苏区时期国家治理的实践探索[⑤]、井冈山革命根据地的社会秩序重构[⑥]，又如学者对苏区土地革命的研究[⑦]；抗日战争时期的根据地研究方面，如学者以《抗战日报》为对象研究晋绥边区的冬学运动[⑧]，以及研究晋绥抗日根据地妇女纺织运动[⑨]等；解放战争时期根据地研究方面，如对陕甘宁边区、晋察冀边区、晋冀鲁豫解放区、山东解放区、华中解放区等研

① 参见乔健、刘贯文、李天生：《乐户：田野调查与历史追踪》，江西人民出版社 2002 年版。

② 参见吴序光：《风雨历程：中国共产党认识与处理资本主义和资产阶级问题的历史经验》，北京师范大学出版社 2002 年版。

③ 参见韩贺南、王向梅、李慧波：《中国妇女与抗日战争》，团结出版社 2015 年版。

④ 参见欧瑞：《抗日战争时期陕甘宁边区社会保障问题研究》，吉林大学博士学位论文，2019 年。

⑤ 参见朱一华：《中央苏区时期国家治理的实践探索》，载《学习时报》2020 年 2 月 21 日。

⑥ 参见杨帆：《井冈山革命根据地群众工作研究（1927.10～1930.02）》，中共中央党校博士学位论文，2015 年。

⑦ 参见谢文雄：《中共在苏区时期的农民教育实践》，载《中共党史研究》2017 年第 6 期。

⑧ 参见岳谦厚、乔傲龙：《全面抗战时期晋绥边区的冬学运动与群众办报实践——以〈抗战日报〉为中心的考察》，载《党的文献》2019 年第 1 期。

⑨ 参见刘萍：《对华北抗日根据地妇女纺织运动的考察》，载《抗日战争研究》1998 年第 2 期。

究颇多，如解放战争时期冀东地区的土改政策的实施等。[①]

（四）新民主主义革命时期竞赛活动的动员方式及奖励机制研究

关于新民主主义革命时期竞赛活动的动员方式和奖励机制研究，21世纪以来在学界的受关注度也不断提高，研究成果颇丰。

1.学界对竞赛活动动员的研究

中国共产党出台利民的土地政策进行群众动员，针对新民主主义革命时期的土地政策，学界在广度和深度上研究较为透彻。如刘君在硕士学位论文《新民主主义革命时期中国共产党农村土地政策的历史演进及当代启示》中对土地政策产生的效应展开了详尽论述。[②] 有学者针对特殊群体的动员展开研究，归纳了中国共产党对特殊群体的动员政策，如红枪会、黑枪会、大刀会等组织，土匪、二流子、乐民等下层群众，移民、难民、烟鬼、赌徒、小偷、土匪等。[③] 中国共产党对特殊群体采取相应的动员鼓励政策，如对抗战时期陕甘宁边区移难民农业贷款问题的分析，认为各种贷款政策有利于激发难民参与到生产竞赛中。[④] 任俊宏在《陕甘宁边区农民群众开荒动员述论》中肯定了边区政府采取的各种鼓励和保障措施，对提高移难民、妇女和游民等主要开荒对象的积极性和主动性有着重要作用。[⑤] 也有学者针对移民、难民在生产竞赛和开荒运动中的作用进行了客观评价，如陕甘宁边区的移民、难民对生产和经济建设发挥了积极作用等。[⑥]

---

① 参见刘艳静、王莲英：《解放战争时期冀东地区土改政策及其实施》，载《河北科技师范学院学报（社会科学版）》2019年第4期。

② 参见刘君：《新民主主义革命时期中国共产党农村土地政策的历史演进及当代启示》，山东大学硕士学位论文，2014年，第4页。

③ 参见杨会清：《中国苏维埃运动中的动员模式研究（1927～1937）》，浙江大学博士学位论文，2006年。

④ 参见刘立：《抗战时期陕甘宁边区农业贷款研究》，延安大学硕士学位论文，2011年，第6页。

⑤ 参见任俊宏：《陕甘宁边区农民群众开荒动员述论》，载《延安大学学报（社会科学版）》2014年第5期。

⑥ 参见周耀宏：《中国共产党新民主主义革命时期思想理论教育研究》，武汉大学博士学位论文，2011年。

不同学科领域对动员政策的研究，有学者从新闻学、传播学、心理学等学科视角分析竞赛活动的宣传途径，以此探讨竞赛的路径和方式[①]；有学者以中国农业发展为视角，如《中国农业合作化运动史料》一书梳理了新民主主义革命时期农业合作化的发展进程，涉及了生产动员[②]；有学者依据区域的个案，分析群众动员工作[③]；有学者以毛泽东的著作如《论持久战》为研究对象，挖掘毛泽东思想中的动员方式[④]；也有学者以报刊为研究对象，从文学、艺术、新闻等文化动员的辅助方式着手，与经济层面的动员形式相融合[⑤]。

2.关于竞赛奖励机制的研究

上述关于动员的文献资料中，也涉及奖励机制的相关内容。其实，奖励机制也是动员的一种形式，在内容上有一定的交叉。有学者总结毛泽东在大生产运动过程中撰写的著作，如《抗日时期的经济问题和财政问题》《开展根据地的减租、生产和拥政爱民运动》《组织起来》《必须学会做经济工作》《游击区也能进行生产》等，对大生产运动的动员方针、奖励政策作了系统的阐述和总结。[⑥] 有学者通过分析特殊群体如烟鬼、赌徒、小偷、土匪等，研究中国共产党的教育、动员、奖励等政策[⑦]；也有研究乐户的专著，如《乐户：田野调查与历史追踪》一书分析了政府对乐户的生产动员和政治教育等，从而推动乐户身份的改变和旧传统、旧

① 参见王伯英：《陕甘宁边区农业生产运动中的劳动竞赛》，载《兰州工业学院学报》2018 年第 3 期。

② 参见史敬棠等编：《中国农业合作化运动史料》上册，生活·读书·新知三联书店 1957 年版。

③ 参见俞凡、郝小书：《筚路蓝缕，九转功成：中国共产党在山东抗日民主根据地的群众动员工作》，载《东岳论丛》2021 年第 8 期。

④ 参见王立胜、聂家华：《论毛泽东的政治动员和政治参与思想——以〈论持久战〉为中心的思考》，载《山东农业大学学报（社会科学版）》2016 年第 1 期。

⑤ 参见乔傲龙：《〈晋绥日报〉与边区社会文化动员研究》，山西大学博士学位论文，2019 年，第 12 页。

⑥ 参见余伯流、凌步机：《中央苏区史》（上、下），江西人民出版社 2017 年版。

⑦ 参见张挚、张玉龙主编：《中央苏区教育史料汇编》，南京大学出版社 2016 年版。

观念的改变[1]。陈金龙在《中国共产党纪念活动史》中对中国共产党纪念活动方式的总结，为本书该部分的研究提供了方法和思路。[2]

(五)与新民主主义革命时期竞赛活动相关概念的研究

新民主主义革命时期的竞赛活动产生了相关衍生物，如劳动精神、革命精神，此外在群众动员、集体记忆等与本书相关的概念研究方面，笔者所搜集到的研究资料中一部分为中国知网的学术论文，另一部分为基于农村社会生活的口述资料以及有关的档案文献、报刊，或已出版的纪实日记、回忆录等。

竞赛活动中凝结的劳模精神成为新民主主义时期革命精神的重要组成部分。在竞赛活动中彰显出的自力更生、艰苦奋斗、实事求是、依靠群众、勇于创新等革命信念，构筑了新时代的革命精神和劳模精神。在延安大生产运动中，毛泽东为王震将军题词——“有创造精神”，上升到“精神”的高度，以此赞扬三五九旅为南泥湾创造的生产奇迹。井冈山精神、延安精神、南泥湾精神、劳模精神等，是在新中国成立之后为纪念先辈们在新民主主义革命时期自力更生、艰苦奋斗的集体行为而凝练出的革命精神。党的十六届六中全会提出建设社会主义核心价值体系后，学界开始关注革命精神，尤其是党的十八大之后，以习近平同志为核心的党中央加强社会主义核心价值观的教育和宣扬，强化劳动精神、劳模精神的普及和教育，学界对革命精神、劳动精神的研究突飞猛进。学者通过以下几种方式研究革命精神、劳动精神。一是通过节日纪念的形式追忆。学界以劳模精神与“三八”妇女节、“五一”劳动节、“七一”建党节、“八一”建军节等节日结合，对革命精神和劳动模范再研究。二是利用革命先辈的诞辰等，以学术会议、报告、讲座、论坛和话剧艺术等形式缅怀革命先辈们，再塑精神内涵。三是通过访谈、口述等方

① 参见乔健、刘贯文、李天生:《乐户:田野调查与历史追踪》，江西人民出版社 2002 年版。
② 参见陈金龙:《中国共产党纪念活动史》，社会科学文献出版社 2017 年版。

式，对尚在世的革命英雄进行采访，获得一手资料。依据学界的研究成果，研究内容大致从精神内涵、教育功能、现实意义、时代价值等维度进行革命精神、劳动精神的再解读。学者张明林梳理了 1921～1949 年的 100 位英雄模范人物，创作了《奉献中国——100 位为新中国成立作出突出贡献的英雄模范人物》。[①] 另外，还有《100 位为新中国成立作出突出贡献的英雄模范人物》[②]等著作。

关于群众动员的研究，学界研究成果较为丰富。学界的主流观点是群众动员属于社会动员范畴，是对确定的客体对象进行动员的社会活动和社会实践。学界通过研究群众动员内容、动员程序、动员途径及动员方式等，论述中国共产党群众动员的目的是争取群众参与到革命中来。动员方式上，中国共产党采取思想上唤醒群众、感情上贴近群众、生活上融入群众，实现意识形态上武装群众。学界普遍认为，新民主主义革命时期，中国共产党对群众的动员是以党性意识为标准，有计划有组织有谋略地发动群众，并发挥群众的主观能动性，进行政治教化的过程。学界分析了群众动员所实现的政治目的：有学者通过分析土改中动员的技巧，认为对农民进行情感式的革命教化与政治动员，有利于建立农民对于阶级认同、国家认同的观念[③]；有学者阐述土改中农民政治观念的形成是通过诉苦和忆苦思甜实现的，这种诉苦和忆苦思甜成为农民心中的集体记忆，进而形成对中国共产党的情感认同，其中涉及了党组织建设和党的宣传机构、部门以及职能等[④]。

---

① 参见张明林：《奉献中国——100 位为新中国成立作出突出贡献的英雄模范人物》，中共党史出版社 2010 年版。

② 参见《100 位为新中国成立作出突出贡献的英雄模范人物》编写组：《100 位为新中国成立作出突出贡献的英雄模范人物》，北京工业大学出版社 2009 年版。

③ 参见李里峰：《土改中的诉苦：一种民众动员技术的微观分析》，载《南京大学学报（社会科学版）》2007 年第 5 期。

④ 参见周安会：《观念重构与社会变迁：土改中的怨恨动员研究（1946～1952）》，华东师范大学硕士学位论文，2010 年，第 4 页。

第二节　国外研究现状

西方社会发展史中没有“竞赛活动”的表述，其中出现的“竞争”这一术语在语义学上与之有相似性，但与本书研究的要义联系不紧密。新民主主义革命以来，海外学者对中国近现代革命史的研究从未中断，分析国外学者对中国革命的研究，有助于挖掘与本书相关的内容，同时有助于我国学者汲取西方研究中国革命史的理论和方法，促进研究视角的多样化。

一、海外中国革命史研究中的新民主主义革命胜利的原因

海外学者研究中国革命史的主题之一是对中国共产党取得胜利的原因探讨。美国研究中国问题最具影响力的学者如费正清、魏斐德、周锡瑞等，关于中国共产党取得胜利的原因，观点基本一致：其一，农民阶级极易被动员；其二，中国共产党强大的动员能力。

1.农民阶级的特性研究

如詹姆斯・斯科特在《农民的道义经济学：东南亚的反叛与生存》中提出，以生存伦理作为衡量公正与受剥削的程度，迫于生存的需要，农民容易被动员。① 马克・塞尔登在《革命中的中国：延安道路》中分析了农民不满于税收、饥荒和市场经济混乱，成为中国共产党组织动员生产和革命的主要动力。他认为，农民、工人、青年、资产阶级等阶层在新民主主义革命中表现出来的凝聚力与中共的组织力密不可分。② 李侃如对中国问题有着深度研究，他历时30年完成的《治理中国：从革命到

① 参见[美]詹姆斯・斯科特：《农民的道义经济学：东南亚的反叛与生存》，程立显、刘建等译，译林出版社2013年版。

② 参见[美]马克・塞尔登：《革命中的中国：延安道路》，魏晓明等译，社会科学文献出版社2002年版。

改革》是继费正清《美国与中国》之后关于中国革命问题的重要学术著作。他认为，中国共产党在新民主主义革命时期的实践，为中国革命创造了一个很好的可动员的社会，而农民在政治中扮演着关键性的摆钟角色。[①] 其观点对我国学界进行革命和改革问题的研究产生了重要影响。

2.中国共产党的动员能力研究

日本学者丸田孝志的研究呈现出了中国共产党群众动员的微观叙事模式，他将新民主主义革命时期中国共产党的纪念日、革命礼仪、政治象征等微观历史现象与群众动员联系起来，深化了中国共产党运用民俗仪式建构革命话语、实现政治动员的路径研究。[②] 史华慈(Benjamin I. Schwartz)认为，以毛泽东为代表的中国共产党人具有“理论自主性、理论独立性”的特质。[③] 周锡瑞等在《1943：中国在十字路口》一书中深入剖析了中国革命根据地的农民意识，分析认为中国共产党组织动员群众的策略是中国共产主义革命胜利的缘由。[④] 另外，他的《从农村调查看陕北早期革命史》中也有关于抗日根据地生产活动的论述。[⑤] 查默斯·约翰逊(Chalmers Johnson)在《农民民族主义与共产党政权：革命中国的兴起(1937～1945)》中表达了类似观点，提出中国共产党给予农民更大的动力，积极动员群众进行经济建设和革命事业，农民民族主义成为中共获胜的关键。[⑥] 此外，也有外国学者提出中国共产

---

① 参见[美]李侃如：《治理中国：从革命到改革》，胡国成、赵梅译，社会科学文献出版社2010年版。

② [日]丸田孝志：《革命の儀礼：中国共産党根拠地の政治動員と民俗》，汲古書院2012年版。

③ Benjamin I. Schwartz, *Communism and China: Ideology in Flux*, Cambridge: Harvard University Press, 1968, p.39.

④ 参见[美]周锡瑞、李皓天：《1943：中国在十字路口》，陈骁译，社会科学文献出版社2016年版。

⑤ 参见南开大学历史系中国近现代史教研室编：《中外学者论抗日根据地——南开大学第二届中国抗日根据地史国际学术讨论会论文集》，档案出版社1993年版，第542页。

⑥ Chalmers Johnson, *Peasant Nationalism and Communist Power: The Emergence of Revolutionary China, 1937—1945*, Stanford: Stanford University Press, 1962.

党的政策具有包容性特点，称之为中国共产党的“融合”(*integrate*)战略。[1] 还有学者分析了中国共产党是唤醒农民及其他阶级民族主义和民族意识觉醒的强大力量，澳大利亚教授费约翰所著《唤醒中国：国民革命中的政治、文化与阶级》中深化了此观点，并认为中国人民的觉醒关乎中国的觉醒。[2] 另外，如美国记者埃德加·斯诺通过对中国西北地区根据地的观察和访问于1937创作的《红星照耀中国》，记述了中国共产党在根据地组织生产运动，他认为中国共产党的土地再分配纲领以及生产动员对中国共产党取得革命胜利发挥了关键作用。[3] 这为新民主主义革命时期竞赛活动的研究提供了独特的史料来源，开阔了研究思路。

二、海外对中国共产党群众动员问题的发散研究

海外关于群众动员问题的研究比较零散，以下例举三种代表性的可供本书参考的研究成果。

1.群众动员的背景及基础

周锡瑞在《从费正清、列文森到周锡瑞：“第三代”中国研究者的历史视野》中提出，美国学者对中国革命史的关注点逐渐向文化、城市化转移，认为社会制度下的经济和政治结构是社会革命和集体行为产生的原因。[4] 另外，艾森施塔特在《现代化：抗拒与变迁》中认为，在传统社会向现代社会过渡中，社会动员破除了旧的传统的社会心理，开始适应

---

① Bruce Dickson, *Integrating Wealth and Power in China: The Communist Party's Embrace of the Private Sector*, Cambridge: Cambridge University Press, 2008.

② 参见[澳]费约翰：《唤醒中国：国民革命中的政治、文化与阶级》，李恭忠、李里峰等译，生活·读书·新知三联书店2004年版。

③ 参见[美]埃德加·斯诺：《红星照耀中国》，董乐山译，人民文学出版社2016年版。

④ 参见周锡瑞：《从费正清、列文森到周锡瑞：“第三代”中国研究者的历史视野》，载《三联生活周刊》2016年4月9日。

新的社会。[①]

2.中国共产党群众动员的前提及效果

杜赞奇在《文化、权力与国家:1900～1942 年的华北农村》一书中指出,中国共产党获得政权的基本原因之一是能够了解民间疾苦,了解民众的苦难来自深刻认识国家与社会之间的关系,从而动员群众进行革命。[②]

3.中国共产党群众动员的方式探索

林德布洛姆在《政治与市场:世界的政治—经济制度》中分析了群众动员的方法,交换权威、提供说服社会动员的理由以及洞察群众参与事件的心理[③],为笔者研究群众动员的方法问题提供了思路。此外,关于中国共产党的执政方式,加拿大学者贝淡宁(Daniel A.Bell)提出"选贤任能的精英政治模式"(Political Meritocracy),从中国政治价值出发理解中国共产党。[④]

第三节　国内外研究现状评析

通过对国内外已有资料文献的梳理,国内学界关于新民主主义革命时期的研究与本书相契合的内容可归纳为:新民主主义革命时期的竞赛活动是集体行为的表现形式,是群众动员的具体方式;群众动员是中国共产党实行群众路线的直接体现,也是实现政治整合的有效途径;

---

① 参见[以]S.N.艾森施塔特:《现代化:抗拒与变迁》,张旅平等译,中国人民大学出版社 1988 年版。

② 参见[美]杜赞奇:《文化、权力与国家:1900～1942 年的华北农村》,王福明译,江苏人民出版社 2003 年版。

③ 参见[美]查尔斯·林德布洛姆:《政治与市场:世界的政治—经济制度》,王逸舟译,上海三联书店、上海人民出版社 1997 年版。

④ Daniel A. Bell, *The China Model: Political Meritocracy and the Limits of Democracy*, Princeton, N. J.: Princeton University Press, 2015, pp.65-66.

竞赛活动的衍生物——各种革命精神、英雄精神、劳模精神等是革命时期先辈们自力更生、艰苦创新的结晶，形成的集体记忆为社会主义核心价值观注入了新时代意蕴；新民主主义革命时期的竞赛活动为社会主义现代化建设、国家治理现代化提供了借鉴和参考；竞赛活动的集体记忆为中国共产党进行民众教化、国家认同，缓解阶级矛盾、提升各阶层凝聚力，提供了精神动力。

国外学界尚无对新民主主义革命时期竞赛活动的专门研究，但深度探讨了中国共产党获得革命胜利的因素，发掘了群众尤其是农民在社会主义革命、建设中的巨大动能，高度肯定和赞赏了中国共产党的组织动员能力，褒奖了中国革命的伟大等。另外，在研究方法和理论上为国内学者提供了研究的宏观视野和史学规律的分析方法。这些成果为笔者的深入开展奠定了良好的学理基础。

同时，目前研究还存在一些薄弱之处，需要进一步拓展和深化。第一，对新民主主义革命时期竞赛活动的内容、目的、成效、意义等梳理得不够完全，对于一手资料挖掘得不深刻，竞赛活动的史料较为分散，缺乏系统性整理。另外，在史料搜集、利用时比较武断、脱离时代背景，导致曲解或误解。第二，对中国共产党群众动员的客体、手段、形式、目的等缺乏系统把握，对地域的差异性把握不全面，缺乏对知名度不高的根据地的研究。学界对客体的阶层划分比较清晰，但缺乏对不同区域的各阶层民众的分析，动员的方式归纳比较笼统，动员目的分析比较浅显，忽视了对中国共产党在群众动员时的社会背景和政治意图的分析。目前尚无研究中国共产党群众动员的专著，现有的研究成果对群众路线的梳理和研究较为深入，但缺乏对群众动员与群众路线关系的深刻阐述。第三，在史学研究方法论和理论建构上，缺乏宏观与微观的灵活转换。我国学者在保持自身注重综合、注重归纳等研究方式的基础上，应积极吸收和借鉴西方学者的注重理性分析的逻辑思维。

采用大历史视野考察中国革命的具体事件，把新民主主义革命史置于中国革命史甚至更为久远的历史长时段内分析、考察，才符合唯物史观的理论体系和方法论原则。坚持马克思主义唯物史观的指导思想，以社会结构、经济和政治等社会各方面的研究为基础，不偏重全国范围的统一性，也不忽视不同地区内在发展的独特性。此外，对新民主主义革命时期集体行动的研究在新时代不应被边缘化。通过对竞赛活动这种集体行为的纪念来铭记历史、致敬先烈，坚持人民群众是历史创造者的前提，把最广大群众置于史学研究的核心地位，是契合群众路线、实事求是的学术要求。

第二章　根据地竞赛活动的理论基础与实践借鉴

竞赛既是工人阶级、农民阶级、知识分子等群体自主劳动精神的展现，又是劳动管理经济机制的重要环节。社会主义劳动竞赛被列宁称为“伟大创举”，被毛泽东称为是“一所大学校”，始终伴随着社会的前进而在不断地创新和发展。[①] 竞赛以有组织、有目标的集体劳动的形式出现于土地革命时期，在新民主主义革命中得以发展、推进，成为生产自救、克服经济困难、瓦解日伪军和国民党顽固派的军事进攻和经济封锁以及凝聚党政军民的有效途径。新中国成立后，竞赛活动持续为社会主义建设助力，稳步形成了发起、组织、动员、实施等体系化的形态，因而有必要追溯其理论渊源和实践基础。理论上，“竞赛活动”是“竞赛”这一词源的延伸与拓展，源起于空想社会主义思想，逐步深化了语义学的表述；在内涵特征上，以“劳动”为本质和主线的“竞赛活动”，与“劳动”的理论源起存在某些程度的同源性和重合性。马克思主义的劳动理论是竞赛活动生成的重要参照，同时中华传统文化中蕴含着深厚的“劳动”底蕴，新文化运动也营造了竞赛的劳动观语境，为“竞赛活动”提供了本土化支撑。实践上，竞赛活动的行为表达是中国共产党将马克

① 参见马亮、刘芳、邱炳波：《世博竞赛台账建设的实践与思考》，载《工会理论研究》2009 年第 4 期。

思恩格斯劳动思想嫁接于实践，并汲取苏联“竞赛”模式，运用到经济社会建设实际中的路径。劳动教育是理论与实践双重推力下的聚合形式，以教劳结合的理路培植了竞赛活动氛围，促进了竞赛活动要素的完善与优化。

第一节　中国共产党领导竞赛活动的理论基础

中国共产党领导人民在新民主主义革命进程中汲取了马克思主义劳动理论的精髓，充分借鉴中华传统文化中的劳动创造、道德教化和典型激励等优质因子，同时新文化运动也为竞赛活动的出场孕育文化场域。竞赛活动融汇于革命时期的复杂国情和现实境遇中，创造了具有中国风格的劳动模式，彰显了中国共产党人对马克思主义劳动观多重维度的解读与运用，也是对马克思劳动解放理论的现实呈现，结合对传统文化的创造性转化，从而为新民主主义革命时期各个领域开展竞赛活动提供了深厚的理论依据。

一、马克思主义经典作家的劳动竞赛理论

竞赛活动的理论溯源于马克思主义劳动观。基于对劳动解放内涵的解析，马克思提出了劳动视域下竞赛的效应：“单是社会接触就会引起竞争心和特有的精力振奋，从而提高每个人的个人工作效率。”① 马克思还论述了劳动是提振个体竞争意识的途径，有助于激发个体的劳动热情。新民主主义革命时期竞赛活动是马克思主义劳动理论本质的充分彰显。

马克思基于历史唯物主义的维度，从历史生成的视角把握劳动的概念。通过对黑格尔和英国古典政治经济学劳动观的批判性发展，通

① 《马克思恩格斯文集》第5卷，人民出版社2009年版，第379页。

过对费尔巴哈直观唯物主义的批判，马克思阐释了劳动作为一种感性的、客观的物质性活动，即“整个所谓世界历史不外是人通过人的劳动而诞生的过程，是自然界对人来说的生成过程”①，逐步形成了科学劳动价值论。马克思在《1844年经济学哲学手稿》中以劳动为论题，揭示了劳动对人的生成和社会历史发展的作用，通过对国民经济、异化劳动和私有财产的剖析，论述了人的解放的思想，揭示了劳动概念下的人性本质，彰显出人与社会的现实统一性，初步形成了马克思关于劳动的基本框架。在《关于费尔巴哈的提纲》中，他进一步强调劳动作为感性的实践活动的重要性。马克思以物质资料的生产即劳动作为论证的出发点，将其视为维持人吃喝住穿等最基本生存条件的手段。在《德意志意识形态》中重申了劳动之于人的生命的意义，将劳动称为“生命的生产”和“生育”，提出劳动是“生产自己的生命”②的观点。在清算自己以往哲学的基础上论证了劳动的哲学存在论本质，即“劳动首先是人和自然之间的过程，是人以自身的活动来中介、调整和控制人和自然之间的物质变换的过程”③，蕴含了自主劳动的意味。马克思基于双重维度论述了劳动的含义：一是对劳动的一般理解，强调生产劳动是人类为了生存和发展从事的有目的的实践活动，劳动创造人和人类社会，也创造价值；二是对劳动的批判性理解，批判资本主义社会下的异化劳动，延伸为共产主义阶段的劳动分配问题。恩格斯也曾强调劳动是促进人类双手解放和语言产生的决定性因素，劳动是人类的起源，也是社会文明进步的唯一途径。“任何一个民族，如果停止劳动，不用说一年，就是几个星期，也要灭亡，这是每一个小孩子都知道的。”④

马克思和恩格斯阐释的劳动，既是一个揭示社会物质生产规律的

① 《马克思恩格斯文集》第1卷，人民出版社2009年版，第196页。

② 《马克思恩格斯文集》第1卷，人民出版社2009年版，第532页。

③ 《马克思恩格斯文集》第5卷，人民出版社2009年版，第207～208页。

④ 《马克思恩格斯文集》第10卷，人民出版社2009年版，第289页。

概念，也是一个批判资本主义生产关系的概念；不仅蕴含了人的生存的现实必然性，也凸显了人自由全面发展的人本学含义。如阿伦特高度赞誉道："马克思是19世纪唯一的使用哲学用语真挚地叙说了19世纪的重要事件——劳动的解放的思想家。"[①]马克思恩格斯的劳动理论正是基于对人和世界的理解，在现实中走向合理性和高位阶，形成了政治经济学范畴、哲学范畴以及人本意蕴等的劳动观。马克思的整个理论体系以劳动为逻辑起点而展开，扩展了劳动的研究范畴，认为劳动不仅有着单纯的经济学、人类学或生物学意义，而且是一个存在论的问题，马克思主义理论体系也表征了劳动的政治意蕴。《共产党宣言》中涉及的不同劳动者形成不同的阶级及阶级对抗和斗争，反映了劳动主体的内部分化和对立。在《资本论》中，马克思试图为劳动者争取基本权利，通过对资本与劳动的辩证剖析，对劳动的分析更加透彻，提出了从异化劳动到自由劳动的解放思想，并展望了理想的劳动方式。

马克思借鉴了古典范式的劳动价值论，吸收了空想社会主义劳动观的积极因素，立足于劳动人民的立场，在宏阔视域下探求无产阶级和整个人类解放的路径，从而改变了西方自古希腊以来鄙视劳动的思想传统，也扭转了亚里士多德所确立的传统劳动观念。马克思将人的自我实现、人的彻底解放视为劳动价值伦理的基础。劳动伦理思想以劳动解放为实现路径，以人的自由全面发展为指向，强调作为主体的劳动者本身，也蕴含着最高意义的独立人格。在1854年《给工人议会的信》中首次直接使用了"劳动解放"概念，并提出了实现劳动解放的两个条件。此后，在《国际工人协会成立宣言》《国际工人协会总委员会关于普法战争的第二篇宣言》中以及接受《芝加哥论坛报》采访时也使用了"劳动解放"这一概念。马克思的劳动解放思想是包括资本、现代劳动与人类解放的有机统一体。

---

① ［美］阿伦特：《马克思与西方政治思想传统》，孙传钊译，江苏人民出版社2012年版，第12页。

二、中华优秀传统文化中的劳动精神

中华传统文化中对劳动创造、道德教化的涵养与重视，奠定了竞赛活动的文化根柢。竞赛活动在中华优秀传统文化中的创造性转化，实现了精神劳动向现实劳动的回归。新民主主义革命时期是波诡云谲历史中独具特色的一个片段，是在复杂多变的国内外形势中交织而成，镌刻了传统文化的烙印，阶层的思维逻辑和生存意念是传统文化在特殊时期的外生表达。

1.中华传统文化中对劳动创造的涵养与重视

中华民族是勤于劳动、善于创造、艰苦奋斗的民族，中华优秀传统文化的价值观有着深厚的文化底蕴。劳动被看作一种谋生手段、一种体力活动，中华民族始终崇尚劳动，反对好逸恶劳。从炼石补天的女娲、衔石填海的精卫到搬土移山的愚公，这些代代相传的故事，代表了中华民族传统劳动思想中以辛勤劳动获得美好生活的愿望，描绘了中国古代朴素的传统劳动观念。

"劳动"从词源学上看，在古汉语中，"劳"作为会意字，其小篆字形上面是"焱"，表灯火通明的意义；中间是"冖"，表示房屋；下面是"力"，表示用力。本意是使受辛苦，如"是犹推舟于陆地，劳而无功"(《庄子·天运》)。"动"即"作也"(《说文解字》)，表示"活动""行动""移动"，如"终将岁勤动"(《孟子·滕文公上》)。中国古代对劳动的理解中具有劳累、辛苦的含义，教育视角下的"劳动"概念在一定时期被断章取义地肢解为"劳动之烦"。"劳动"等同于限制自由、规训行为的教化手段，也将"劳动"视为一种惩罚手段，使其身体受苦，通过对痛苦的恐惧，从而规避被禁止行为的重复发生，达到规训行为的目的。在欧洲，"劳动"一词在词源上也与痛苦或厌烦有着历史性联系，如英国社会主义思想家和文化行动主义者雷蒙·威廉斯在 1976 年出版的《关键词：文化与社会的词汇》中梳理了"劳动(labour)"词义的演绎过程："Labour 在英文里最早的用法，其中的两个例子就是：'开始工作(laboure)……不辞劳苦(toure)'与'劳动(labur)和悲痛(soru)'(这两个例子都出现在13世纪)。这两个意涵——工作与辛苦(痛苦)——与labour的词源有极为密切的关系。"①

在中国传统文化的熏陶与积淀中，思想家阐释了劳动的超越性意义，使其富含了现代意蕴的辛勤劳动、诚实劳动的精神和品格。墨子曾提出"赖力者生，不赖其力者不生"的主张，也提出"以力抗命"的劳动观，"力"即劳动，强调劳动作为维持人类生存的必要手段和人类存在发展的基础性价值，宣扬重视劳动，注重诚实劳动以实现幸福生活。庄子表述了"庖丁解牛"的自由劳动的思想，体现了"技进乎道"的劳动自由含义，对特殊技艺的追求使劳作成为艺术创造等。欧阳修将个人的辛勤劳动和国家兴亡紧密联系起来，提出了"忧劳可以兴国，逸豫可以亡身"的独特见解，延展了劳动的边界。中国传统劳动观念中也蕴含着浓厚的以民为本的劳动思想，中国古代民本思想起始于殷商至西周时期的"民惟邦本，本固邦宁"(《尚书·五子之歌》)等观念；孔子倡导"藏富于民"，孟子主张"置民之产"，体现了减轻劳动者负担、提高劳动者积极性、鼓励劳动者致富的劳动观。善待劳动是我国以人民为中心的劳动观的要求，正确利用资本是促进自由自觉劳动和人的自由全面发展的重要前提，应构建新型劳动关系，使其成为推进人的解放和全面发展的实践性要素。② 此外，中国传统文化中崇尚和谐的思想和艰苦奋斗的品质，是从事劳动生产不可或缺的精神要素，也为新民主主义革命时期建构和谐劳动关系提供了价值观滋养。

---

① [英]雷蒙·威廉斯：《关键词：文化与社会的词汇》，刘建基译，生活·读书·新知三联书店2016年版，第302页。

② 参见王维平、高耀芳：《〈资本论〉劳动伦理思想的建构逻辑及价值》，载《湖湘论坛》2019年第2期。

2.道德教化和激励为竞赛活动厚植文化场域

新民主主义革命时期中国共产党组织和领导的竞赛活动，是以中华传统文化为思想基因进行的社会整合行动。然而，“自下而上的革命本来是推进现代化的最激进方式，但一场革命变革社会的实际成效与变革的方向，并不取决于革命家的主观愿望，而是取决于各种主客观条件”[①]。中国共产党作为竞赛活动的组织者，借鉴和吸纳了传统文化中道德教化、榜样文化等社会治理的精髓，既为新民主主义革命和社会变革储备了舆论基础，也推动了思想文化事业向现代化发展。

其一，道德教化为竞赛活动的宣传机制提供文化语境。新民主主义革命时期，中国共产党在建构话语权和合法性过程中汲取了古代国家治理特征，承继了传统政治理念的特色，在革命中重塑现代化的政治文化，推动平等、法治等政治文化的转向。

首先，汲取了国家与民众关系的传统共识。战国时期形成国家统一与秩序之间内在联系上的共识，民众在传统文化思维的惯性中形成了适应社会和自身阶级生存的法则。法家思想中已蕴含了资源配置的观念，表现为法家抵制国家以外的资源配置的力量，民众未通过君主而获得的荣誉、财富及地位为“私荣”，法家认为“私荣”的存在阻碍了富国强兵，“民有私荣，则贱列卑官，富则轻赏”(《商君书·弱民》)，因而战国社会便形成了“驱以赏”“劫以刑”的治民手段，人们的全部利益只能通过国家认可的方式获得满足，强化了社会行政权力支配社会的特点，也造成了社会成员对国家的高度依赖。新民主主义革命时期，以毛泽东为核心的中共中央汲取了法家关于农民与国家关系的思想。另外，战国时期以法家为主流的意识形态产生了重农抑商的共识，主张实行鼓励农战的政策。其目的是通过“农”和“战”获得满足，从而实现“边利尽归于兵，市利尽归于农”(《商君书·外内》)。法家分析了农民与战争相

① 罗荣渠:《现代化新论》,北京大学出版社1993年版,第301页。

互钳制的关系，号召国家以官爵、田宅为诱饵激发民众投身于农事，发挥民众勤于农事的潜质和勇于战争的无畏精神，实现民众效力、国家富强的局面，满足国家与农民的双重诉求。

其次，汲取了人与人关系的传统质素。人与人的关系主要体现在社会道义层面。中国古代道义观念的源头可追溯到商末周初，伴随着人们对社会政治生活的正当性认识而萌生。在人与人的社会交往中，儒家对不同阶层人民的道德要求不同，推动了“乡贤”这一特殊群体的出现，体现了社会治理的标杆化和道德化。乡贤作为社会小共同体的道德模范，引领了社会发展的正向走势。“尚贤者，政之本也”(《墨子·尚贤》)，乡村的善治与德治促进了社会文明的进程。新民主主义革命时期，中国共产党的动员机制充分运用了乡贤文化、见贤思齐的榜样效力和话语权威。如在根据地和边区的乡村治理中，结合德治和法治、良法善治的模式组织民众参与生产运动及其他竞赛活动。又如延安时期，乡贤群体的模范引领力量形成了潜移默化的治理公信力，在群众路线中发挥了化解社会矛盾的关键作用，缓和了党政关系、军民关系。在竞赛活动中折射的中国传统善治的智慧，为新民主主义革命时期创建社会和美、公平正义提供了思想前提，也为新中国成立后的建设和改革提供了社会治理的宝贵经验。

最后，汲取了农民与土地关系的传统思维。土地作为连接主体与客体之间的中介实体，自古以来便是统治者与被统治者和谐共生的决定性力量。土地问题又涉及公平的分配方式。战国晚期的荀子主张统治者应该按照礼的规定征取赋税，以“下贫则上贫，下富则上富”(《荀子·富国》)的民众富足观引领国家富强。《大学》中提出：“国不以利为利，以义为利也。长国家而务财用者，必自小人矣。彼为善之，小人之使为国家，菑害并至，虽有善者，亦无如之何矣。此谓国不以利为利，以义为利也。”[①]其主张专制国家以德为本、财为末,治理国家不能与民众争夺财利。土地与伦理的纠葛,反映了宗法制的社会组织结构,超强制政治统治结构、主体倒置的文化结构是我国传统政治文化的深层基础。这种深层基础便形成了中国传统政治文化独特的主体结构,其最大的特点是这种政治主体结构始终浸透了伦理精神。以天下为己任的责任伦理造就了中国的士人精神以及士人政治主体性的意识。[②] 传统文化中体现的社会财富的分配问题和演化出的道义、信任等抽象物质,勾勒了“公平分配”的轮廓,为新民主主义革命时期中国共产党土地再分配等政策提供了积极的借鉴意义。中国共产党领导人民群众,通过运动的方式,在政治、经济、文化、日常生活各方面实现了伦理整合,使社会主义伦理得以普及;人民群众的伦理道德观念发生了质的飞跃,从旧社会的“顺民”成为具有一定自主精神的社会主义道德主体;人们的日常伦理关系发生了新的变化,实现了人和人之间的平等互助。[③] 传统文化中体现的社会财富的分配问题和演化出的道义、信任等抽象物质,勾勒了“公平分配”的轮廓,为新民主主义革命时期中国共产党土地再分配等政策提供了积极的借鉴意义。

其二,榜样传统为竞赛活动的动员机制提供文化语境。新民主主义革命时期的劳模运动和竞赛活动孕育于深厚的榜样文化中,其作为一种文化样态,在中国传统文化中体现了先进性、实践性、形象性等特征。榜样的存在前提是人们对榜样的需求,当人们看到榜样受到社会的认可、赞誉和奖赏时,人的尊严会驱使他们效仿和超越,正如心理学家韦恩·卡肖论述的:“许多东西实际上是我们通过观察他人学到的,当别人的行为导致了理想的结果时,我们便会去仿效他们,榜样的行为

① 丁联、曾振宇校注:《大学中庸新注》,人民出版社 2015 年版,第 48 页。

② 参见于铭松等:《文化自信:中华文明的当代价值和世界意义》,人民出版社 2021 年版,第 146 页。

③ 参见张锡勤、柴文华主编:《中国伦理道德变迁史稿》下卷,人民出版社 2008 年版,第 392 页。

常常充当一种导致正确行为的诱因。"[①]中国共产党在竞赛活动的群众动员中采取的"树典型"活动，与传统文化中"见贤思齐"具有行为导向的一致性，发挥了等同于权力的运作功能，其思想可追溯于"大一统"传统、旌表传统和义务价值观传统等。

首先，中国传统文化中的"大一统"是农耕社会的时代特质和政治需要，重农和尚农的农本意识、家族本位的宗法集体观念等都是"大一统"格局的意识反馈。统治阶级以伦理规范作为"德治"的核心，传递着道德教化的思维模式，"树典型"是德治社会中一项十分重要的权力运作技术。[②] 中国共产党在劳模运动和竞赛活动中推行的新德治，也是"德治"社会治理方式的延续和继承，为"树典型"活动设置了潜在文化背景。

其次，劳模的奖惩模式与传统文化中的旌表制度发挥着类同功能，以倡导封建礼教、美化风俗为教化目的，通过对道德典型的表彰和标榜，施以物质和精神奖赏，并逐步制度化。新民主主义革命时期的劳模运动和动员活动是传统旌表制度在某种维度的呈现。旌表制度是弘扬"仁、义、忠、孝、节、廉"等封建道德而形成的体系化模式。通过为道德高尚的人或集体建造匾额、碑石、牌坊等，这一形式通常被认定为最高荣耀和嘉奖，实现以物化标志对其行为进行表彰和教化民众，贯穿于君主专制中央集权的产生、发展和完善的过程，施展着政权统治的政治动机，也体现了权威对民众的认可。旌表制度被引用到新民主主义革命时期的英模表彰制度中，而两者也存在显著差别：前者在于弘扬封建礼教、教化民众、巩固皇权；后者通过典型的示范引导作用，实现革命的社会效应。中国共产党在劳模运动和革命竞赛中，以褒扬、表彰功绩卓

---

① [美]韦恩·卡肖：《人，活的资源——人力资源管理》，张续超等译，煤炭工业出版社1989年版，第199页。

② 参见魏沂：《中国新德治论析——改革前中国道德化政治的历史反思》，载《战略与管理》2001年第2期。

著、贡献突出的英雄模范，发扬先进集体的引领功能和教育作用。榜样作为价值载体或社会教化的方式，自然与被激励者的价值观念发生联系，如果与被激励者价值吻合，就可能被接纳和选择，否则就可能受到排斥。价值契合还包括与社会主流价值观的一致性和适应性。[①]榜样影响个体外在行为活动，也引导着个体内在认知方式，其本质也属于社会政治行为。

最后，在民众家庭本位的价值思想中，强调义务而忽视权利。新民主主义革命时期的竞赛活动是挖掘并改造群众的义务价值观传统的有效方式。在生产竞赛以及其他革命竞赛中，既重视义务，也强调权利。如劳模选举中体现的选举权，以及劳模享有特殊民主权益等。

三、新文化运动中的劳动竞赛语境

以“民主、科学”为旗帜的新文化运动，启迪了先进知识分子的思想，提升了早期共产党人的马克思主义觉悟。建立在对马克思主义新型劳动观高度认同的基础上，中国共产党人大力宣扬以革命为导向的劳动理念，倡导“劳动神圣”“劳动光荣”，强调团结的集体主义意识，奠定了“为革命而劳动”的新民主主义劳动价值理念，为竞赛活动和群众动员提供了思想基础。

中国共产党早期领导人从政治认同、文化认同、民族认同等角度研习马克思主义劳动观。李大钊作为早期坚定的马克思主义者，其阶级竞争和互助论闪耀着马克思主义辩证思维的光辉。陈独秀基于马克思主义的劳动观立场，认为劳动是最直接最有效的创造财富的手段，也是实现人生目标的便捷渠道，并对劳动、幸福问题提出了独到的认识和见解：“尊重个人生产力，以谋公共安宁幸福之社会也。一人失其生产力，

① 参见申来津、盛宇华：《榜样激励的发生机制及其有效性规律》，载《社会科学家》2003年第1期。

则社会失其一部分之安宁幸福。”[①]陈独秀在《新青年》上发表的《劳动者底觉悟》一文，高度肯定了工人群体的社会价值和蕴藏的巨大能量，在与世界各国工人的对比中，号召做工的人觉悟起来、团结起来、组织起来，以唤醒工人群体争取权益的意识和管理政治、军事、产业等的责任感。[②]马克思主义劳动观作为新文化运动的重要内容，是以社会结构、政治走向为背景要素，通过社会认同理论联结了马克思主义与先进知识分子的文化境遇，从而在实践维度和思想导向中提供了马克思主义中国化的范式，彰显了中国共产党早期领导人已具有马克思主义中国化的意识，并进行马克思主义大众化的尝试。

中国共产党的早期组织也不遗余力地借助媒介宣传马克思主义劳动观，如《劳动界》《劳动者》《劳动与妇女》《劳动周刊》等。中国共产党人利用工人刊物向工人阐述劳动创造世界的价值观，丰富了马克思主义及新型劳动观在民众中的传播途径，在很大程度上提升了民众的接受度和认同度。新文化运动的启蒙力量推动了民主、科学、人道主义的新风尚，“明显打破了中国社会的价值系统与政制系统的高度整合，松解了政治对经济和文化的刻板控制——造成了文化相对自由发展的可能性，尤其是为中国社会的价值重建工作提供了某些便利”[③]。

新文化运动中透析的现代化劳动理念，不仅促动民众逐步摒弃专制、迷信和陋习，突破旧社会、旧秩序、旧文化的枷锁，也极大地激发了中国共产党人的政治觉醒，在思想意识、伦理道德、生活风尚等领域逐步形成德治与法治的联结，推进了基层社会治理的现代化。新民主主义革命时期中国共产党领导的竞赛活动正是现代化治理能力的深刻体现和具化形式。社会治理的现代化通过人民政治权利的实现进行表达，“区分现代化国家和传统国家，最重要的标志乃是人民通过大规模

① 唐宝林:《陈独秀语萃》，华夏出版社 1993 年版，第 251 页。
② 参见《陈独秀文集》第 2 卷，人民出版社 2013 年版，第 11 页。
③ 许纪霖、陈达凯主编:《中国现代化史》第 1 卷，学林出版社 2006 年版，第 254 页。

的政治组合参与政治并受到政治的影响"[①]。中国共产党在组织竞赛活动中进一步强化民主意识,发挥基层组织和宣传机构的职能,促进了治理的重心下移。新文化运动的思想成果体现在中国共产党组织能力和宣传动员中,竞赛活动作为社会治理和整合的缩影,其实践为党的自我发展积累了执政经验,为建构革命政党的稳定性、权威性和合法性奠定了基础。

第二节　中国共产党领导竞赛活动的实践借鉴

中国共产党领导竞赛活动的实践,其根基既是马克思主义劳动理论在中国革命语境的运用,印证了"体力劳动是防止一切社会病毒的伟大的消毒剂"[②];也是对苏联竞赛活动的内涵汲取和形式效仿,通过劳动教育的方式转向为新民主主义革命时期的现实劳动。中国共产党在对苏联竞赛活动的实践借鉴中深化了对劳动的认识,由劳动对象为主导的劳动内在结构,过渡为劳动工具为主导再以劳动者为主导的发展演进,逐步上升为自由自为的劳动。中国共产党领导的竞赛活动凝练了政治经济学、哲学、伦理学等视域的马克思主义劳动观,饱含了人本意蕴和民生理念,并在中国具体国情和现实场域中实现创新性转化,凸显了马克思主义劳动观的理想性与竞赛实践现实性的统一。

一、苏联竞赛活动的源起与发展

竞赛活动的要义体现为劳动和劳动精神。以劳动为表现形式的竞赛活动,为苏联共产党进行现代化建设提供了动力,也为中国共产党提供了可资借鉴的源泉。

---

① [美]塞缪尔·亨廷顿:《变化社会中的政治秩序》,王冠华等译,生活·读书·新知三联书店 1989 年版,第 34 页。

② 《马克思恩格斯全集》第 31 卷,人民出版社 1972 年版,第 538 页。

竞赛是劳动在实践层面的强化。"竞赛"这一名词起源于空想社会主义的开篇之作《乌托邦》,在对空想社会主义的不断探索中明确了竞赛的内涵。安德里亚的《基督城》中有对"劳动竞赛"的论述,认为劳动竞赛是提高人类改造自然能力的途径,并分析了劳动竞赛目的以及作为人性关爱的表达方式的社会价值。随着资本主义的蓬勃发展,现代化的"竞争"意识不断膨胀。空想社会主义学派在对"竞争"与"竞赛"关系上有着确切的论述,其中傅立叶将劳动看作一种"天赋人权"、一种"娱乐活动",以"劳动竞赛"的协作制度批驳"竞争"思维;孔西得朗肯定了"竞赛"与"竞争"兼具提高生产效率的优势,相较于"竞争","劳动竞赛"是在和谐下进行的,是激发人们的团结与友谊、营造良好人际氛围的理想的劳动方式之一[①],强调了"竞赛"更能推动社会团结、和谐。17世纪欧洲空想社会主义者以社会价值为出发点,深刻阐述了"劳动竞赛"在社会整合中所发挥的对抗社会分裂和垄断的现实意义,凸显了"劳动竞赛"在凝聚人际关系中的显性功能。空想社会主义者以"劳动竞赛"为基点,建构了"共同体"理论框架,逐步推动了"共同体"意识的系统化和科学化,对列宁的战时经济思想产生了引导作用。列宁汲取了空想社会主义共同体的思想,借鉴劳动竞赛的优质内核,同时分析了个体期待被认可的心理以及个人劳动的社会旨趣,即获得荣誉,探索了以物质奖励、精神激励等手段褒奖优胜者的方式,从而激发个体成员间的相互竞赛,并设置了一整套程式化的颁奖仪式,很大程度上增强了优胜者的崇高感和个体荣誉感。

在苏维埃政权建设中,列宁意识到竞赛是提高劳动群众创造力和积极性的重要刺激因素,也是劳动管理的强有力杠杆。与资本主义发展的动态结合,列宁在《怎样组织竞赛?》《苏维埃政权的当前任务》《伟大的创举》等系列文章中深刻揭示了社会主义竞赛的本质、性质、原则、

---

① 参见高信奇:《劳动竞赛:空想社会主义共同体的思想遗产》,载《科学社会主义》2017年第4期。

组织形式及意义，剖析了“竞争”与“竞赛”的根本区别：“竞争就是空前残暴地压制人民群众即绝大多数居民，百分之九十九的劳动者的进取心、毅力和大胆首创精神，竞争也就是排斥竞赛，而代之以金融上的欺诈、专横和对社会上层分子的阿谀逢迎”[①]；“竞争是资本主义社会所特有的一种特殊形式的竞赛，是各个生产者争夺面包、争夺市场上的势力和地位的斗争”[②]。基于对资本主义经济模式的分析，列宁指出竞赛更适宜在社会主义制度下开展，随后探索了竞赛的实践路径，逐步形成了以劳动竞赛为指向的经济政策。为实现向社会主义的过渡，列宁领导俄国实行新经济政策，并把经济发展上升到政治斗争的高度。列宁深刻意识到：政治服从于经济；工人应当首先获得“经济力量”，然后才可以想到政治革命。[③] 而竞赛正是激发工人阶级经济潜力的有效路径，也为政治革命奠定了基础。

随着社会生产规模的膨胀和共产主义建设任务的日益繁重，竞赛的科学意义和实践内涵也逐步扩展。苏联的社会主义竞赛以唤起劳动群众高涨的积极性为目标，彻底改造国家的经济生活和文化生活，“正是苏维埃组织从资产阶级共和国形式上的民主转到劳动群众实际参加管理，才第一次广泛地组织竞赛”[④]，实现了以集体主义共同体为特征的苏联劳动竞赛从“空想”转向现实。社会主义消灭了阶级对抗，“只有社会主义，通过消灭阶级因而也消灭对群众的奴役，第一次开辟了真正大规模竞赛的途径”[⑤]。列宁在十月革命后首先提出“社会主义竞赛”，由于国内战争摧毁了经济建设的可能性，直到国民经济恢复时期，苏联劳动竞赛才正式展开。列宁在《怎样组织竞赛？》中全面描绘了竞赛活动

① 列宁：《怎样组织竞赛？》，人民出版社 1976 年版，第 1 页。

② 《列宁全集》第 34 卷，人民出版社 2017 年版，第 138～139 页。

③ 参见[苏]敦尼克等主编：《哲学史》第 5 卷上册，齐力译，生活·读书·新知三联书店 1976 年版，第 60 页。

④ 《列宁选集》第 3 卷，人民出版社 2012 年版，第 492 页。

⑤ 《列宁选集》第 3 卷，人民出版社 2012 年版，第 492 页。

的组织形式，在实践中充分论证了竞赛活动的经济学功能和社会学价值。列宁继承和发展了马克思的劳动分配思想，推崇星期六义务劳动，提出这是“一种崭新的、与一切旧有的资本主义准则相反的东西，一种比战胜了资本主义的社会主义社会更高的东西，即大规模组织起来以满足全国需要的无报酬的劳动”，并强调：“从经济方面来说，星期六义务劳动是必要的，它能使苏维埃共和国摆脱经济破坏并开始实现社会主义。”[①]共产主义星期六义务劳动，体现了已经获得解放的苏俄工人阶级“自觉自愿提高劳动生产率、过渡到新的劳动纪律、创造社会主义的经济条件和生活条件的首创精神”[②]。星期六义务劳动被固定下来，逐步演变成社会主义劳动竞赛，以动员国民劳动、强化经济基础的劳动竞赛巩固了苏维埃政权。

苏联在第一次五年计划时发表开展社会主义竞赛告全体劳动群众的宣言，号召展开群众性的社会主义竞赛运动，并在1929年的联共(布)第十六次代表会议上通过了“迎展计划”，是群众性的社会主义竞赛运动的鲜活体现。在苏维埃的五年计划实践历程中，劳动竞赛不断深入发展：20世纪20年代的劳动突击队、生产有奖竞赛、生产悬赏竞赛、生产观摩、国营劳动和集体农庄竞赛，30年代的斯达汉诺夫竞赛运动，40年代的支援前线生产队竞赛、谢基诺工作法竞赛、劳动态度竞赛、合理化建议竞赛、节约资源竞赛和技术保证竞赛等，开展普遍的竞赛，延续了共产主义星期六义务劳动的传统，竞赛目标和开展形式体现了一个日益复杂、上升且连续的过程。其中，1935年兴起并迅速发展到全国的斯达汉诺夫竞赛运动把苏联社会主义竞赛推向了一个新高潮。斯大林高度肯定了斯达汉诺夫运动的意义：“这一运动打破了不高的旧的技术定额，而且往往超过了先进资本主义国家的劳动生产率，这样就使我国

① 《列宁选集》第4卷，人民出版社2012年版，第93、95页。

② 杨冬梅、赵健杰：《劳模学概论》，人民出版社2020年版，第65页。

在实际上有可能更加巩固社会主义，有可能把我国变成最富裕的国家。"[①]这一运动以崭新技术破除了旧的技术定额、生产模式，成为高度劳动生产率的典范；同时也反映出工人阶级是推进文化社会发展的主要动力，突破了脑力劳动与体力劳动的对立。

斯大林继承并发展了列宁的经济政策，在《联共（布）党史简明教程》中强调"劳动竞赛"对于维护苏维埃政权和巩固经济所产生的重要作用，在《群众的竞赛和劳动热情的高涨》《在塔吉克斯坦和土尔克明尼斯坦先进的男女集体农庄庄员会议上的讲话》中涉及了竞赛活动的实践措施和奖励政策。其以"竞赛活动"的组织形式和发展模式实现了苏联五年计划的经济目标，巩固了苏维埃政权。"竞赛活动"与社会主义相融合，发挥了劳动竞赛的实用性和科学性。斯大林明确了"竞赛是在千百万劳动群众最大积极性的基础上建设社会主义的共产主义方法，是工人阶级在社会主义的基础上改造国家全部经济生活和文化生活的杠杆"[②]。其原则是先进的同志对落后的同志进行帮助，最大限度地激发广大群众的积极性，实现总的高涨，目的是建设社会主义。竞赛促动着社会主义的发展壮大，同时社会主义社会也为竞赛活动提供了更广阔的发展空间，激发工人和农民高度的劳动热情，进而推进群众性社会主义竞赛进入崭新阶段。种类繁多的劳动竞赛不仅是巩固和发展社会主义经济的有效手段，也是对劳动者的一种思想政治教育和道德教化，发挥了营造社会主义和谐大家庭、调节人际关系的巨大功能。

苏联社会主义劳动竞赛的性质、模式以及发展趋向，为马克思主义劳动理论在中国的兴起和传播提供了舆论氛围，也是中国共产党领导竞赛实践和劳动动员等整体性理论的来源。

---

① 《斯大林选集》下卷，人民出版社 1979 年版，第 376 页。

② 《斯大林选集》下卷，人民出版社 1979 年版，第 194 页。

二、中国共产党对苏联竞赛活动的实践借鉴

20 世纪 30 年代，苏联社会主义经济建设模式一度成为中国共产党和国民党共同借鉴的榜样。土地革命时期，苏联经济建设模式成为国民党当局发展国家资本、控制国民经济政策的重要理论资源，也为中国思想界推崇苏联经济建设模式提供了外在思想环境。斯大林的社会主义过渡时期理论对中国影响深远，思想界推崇苏联建设的成就，尤其关注苏联集体农场的生产经营方式。赵康等人于 1937 年深入考察了苏联集体农场的管理体制，介绍了苏联集体农场将所有生产工具等实行公有，其中体现了竞赛劳动中按劳分配的关系、个体与农业生产合作社的关系。[①] 斯大林领导苏联进行的社会主义工业化、农业集体化建设，成为中国共产党集体化劳动的直接参照和理论坐标。历史似乎有其固有的延续性。1949 年新中国成立后至改革开放前，中国经济建设模式很大程度上以苏联为样板。虽然不能断言新中国的计划经济理论与 30 年代中国思想界关于苏联经济建设模式的讨论有直接的思想关联，但学习、借鉴在斯大林主导下所形成的苏联社会主义经济建设模式确实是中国自 30 年代至六七十年代一脉相承的思想潮流。[②] 毛泽东在同斯诺谈话中曾坦言："我第二次到北平时，我读了许多关于苏联的事情，同时热烈地寻找当时中国所能见到的一点共产主义书籍……建立我对马克思主义的信仰，我一旦接受它是历史的正确解释后，此后丝毫没有动摇过。"[③]

中国共产党承继的外来思想与内生文化相统合，贯彻到无产阶级革命的政治实践中，映射着"人们自己创造自己的历史，但是他们并不

---

① 参见赵康：《苏联农业集体化之研究》，载《中苏文化》第 2 卷第 3 期，1937 年 3 月 1 日。

② 参见阎书钦：《苏联经济建设成就对二十世纪三十年代中国的思想影响》，载《中共党史研究》2019 年第 1 期。

③ [美]埃德加・斯诺：《毛泽东自传》，汪衡译，解放军文艺出版社 2001 年版，第 36 页。

是随心所欲地创造，并不是在他们自己选定的条件下创造，而是在直接碰到的、既定的、从过去承继下来的条件下创造”[①]。被历史与时局创造的竞赛活动，不仅是劳动精神的一种价值工具，而且引导着人们的行为动机，代表着某种典型的理性应然，推动劳动群体的行为趋于社会预期的目标。

(一)中国共产党对竞赛活动的劳动观借鉴

早期共产党人结合马克思主义劳动理论的多维性，对劳动的内涵有了一定程度的接受和认同。譬如，毛泽东在中国共产党成立前业已受马克思劳动思想的影响，“想邀数朋友在省城对岸岳麓山设工读同志会，从事半耕半读”[②]，一边劳动，一边读书，逐步深化了对劳动的认识：“本大学学友，为破除文弱习惯，图脑力与体力之平均发展，并求知识与劳力两阶级之接近，应注意劳动。”[③]劳动作为一种有意识、有目的的实践活动，推动着社会的发展与人类的进步。毛泽东后来进一步对劳动概念进行了多重维度的阐释，由人类学概念、经济学概念，过渡到哲学概念，对马克思主义劳动理论的认识和运用也发生了本质性转化，提出“教育必须为无产阶级政治服务，必须同生产劳动相结合”[④]，流露出劳动的政治含义。毛泽东也深化了对马克思辩证法维度的劳动认识：“马克思主义者认为人类的生产活动是最基本的实践活动，是决定其他一切活动的东西。人的认识，主要地依赖于物质的生产活动，逐渐地了解自然的现象、自然的性质、自然的规律性、人和自然的关系；而且经过生产活动，也在各种不同程度上逐渐地认识了人和人的一定的相互关系。一切这些知识，离开生产活动是不能得到的。”[⑤]从而为劳动和集体、“生

---

① 《马克思恩格斯文集》第2卷，人民出版社2009年版，第470页。

② 《毛泽东早期文稿》，湖南出版社1990年版，第449页。

③ 中共中央文献研究室编：《毛泽东年谱(1893～1949)》(修订本)上册，中央文献出版社2013年版，第84页。

④ 《毛泽东论教育》，人民教育出版社2008年版，第291页。

⑤ 《毛泽东选集》第1卷，人民出版社1991年版，第282～283页。

产力”发展和“生产关系”变更的分析提供了前提。

中国共产党科学认识“劳动”这一价值概念，进而正确引导各阶层从事社会实践活动。纵观新民主主义革命时期的辉煌成就，马克思主义劳动理论的内在逻辑始终贯穿革命时期竞赛活动中。毛泽东运用马克思“实践”的观点深刻剖析了革命时期的现实，明确了民众在物质劳动与精神劳动的对象性活动中建构的基于无产阶级立场的中国共产党和最广大人民群众的关系，指出劳动是发展生产、保障供给，完成革命事业的唯一途径。新民主主义革命时期，中国共产党组织劳动者积极参与物质层面、精神层面的劳动，在劳动实践中获得了特殊的经验认知，劳动者对劳动的体认又经过人脑抽象思维的加工而形成竞争意识，流露于人的劳动实践中。劳动者的心理与行为的双向影响，指导着人的劳动实践活动，转化为现实性的物质，在物质刺激和精神激励中形成劳动热潮。以毛泽东为主要代表的中国共产党人在新民主主义革命时期的苏区、根据地号召广大群众组织起来，开展不同形式的合作互助，组织分散的农民集体生产；灵活运用了马克思在《资本论》中的观点，即从生产机制、价值诉求层面建构合乎时代背景及伦理的劳动生产环境，在集体形式的劳动关系作用下，发挥着劳动与资本这一社会发展要素的融合作用，对克服革命时期的经济困难起了关键作用，为社会发展提供了动力。

中国共产党人既在理论上不断丰富和发展马克思主义的劳动观，也将其具化为实践中的劳动动员，彰显了以劳动者为主导的劳动自由，反映了中国共产党人与时俱进的理论品格和对解放生产力思想的深刻洞悉，为正确劳动观的树立奠定了思想根基，也为新中国成立后重塑合理的社会劳动分工制度体系提供了理论依托。

（二）以劳动教育培植竞赛活动的氛围

生产劳动同智育和体育相结合，它不仅是提高社会生产的一种方法，而且是造就全面发展的人的唯一方法。[①] 中国共产党人立足于中国革命现实斗争的具体实际，以“教育要使儿童和少年了解生产各个过程的基本原理，同时使他们获得运用各种生产的最简单的工具的技能”[②]为原则，探索教劳结合的实践路径，重视体力劳动，强调体力劳动在革命意识中的作用，拓展了“脑体合一”的思想，而且对马克思主义劳动理论的认识和运用也发生了本质转向：从预设的理想劳动状态转变为马克思主义视域下的劳动理论的自主性建构。培植于大众话语中的劳动理念，为新民主主义革命时期竞赛活动的开展开辟了现实路径。

1.中国共产党劳动教育的萌动与尝试

中国共产党成立之初，李大钊就多次强调实践教育的重要性，发表了《劳动教育问题》《上海的童工问题》等一系列文章，号召通过劳动教育启发民众的劳动热情。如他在《青年与农村》的开篇便写道：“要想把现代的新文明，从根底输到社会里面，非把知识阶级与劳工阶级打成一气不可。我甚望我们中国的青年认清这个道理”[③]，不仅鼓励工农结合，推行对青年的劳动观教育和实践观教育，也强调教育与生产劳动相结合以促进人的全面发展。此外，陈望道也通过翻译、撰写文章等方式积极传播马克思主义劳动观，尤其激发了妇女劳动思想的觉醒；瞿秋白的经济理论也建立在对马克思主义劳动观的认同上。土地革命时期和抗日战争时期，受苏联哲学教科书体系的影响以及特殊政治、经济、历史、文化的制约，中国共产党人将马克思的劳动概念置于工具理性的视野，导致劳动价值局限在了大众生存的物质基础上。随着革命实践的深入，党的领导集体重新思考农村、农民及土地问题，客观分析了劳动阶级的属性，对劳动者阶级意识的唤醒也是劳动教育的过程。陶行知在20世纪30年代初提倡中国教育的两条路在于“教劳心者劳力，教劳力

① 参见《马克思恩格斯选集》第2卷，人民出版社2012年版，第230页。

② 《马克思恩格斯全集》第16卷，人民出版社1964年版，第218页。

③ 《李大钊选集》，人民出版社1978年版，第146页。

者劳心”[①]，开拓了劳动教育的新范式。1934年，毛泽东在阐述中华苏维埃共和国文化教育总方针时，要求“使教育与劳动联系起来”[②]，这一方针在竞赛活动中得以生动展现。“教育与生产劳动相结合”是马克思主义劳动观的价值旨趣同中国革命和建设相结合的产物，列宁在《民粹主义空想计划的典型》中也有类似表述：“为了使普遍生产劳动同普遍教育相结合，显然必须使所有的人都担负参加生产劳动的义务。”[③]以毛泽东为主要代表的中国共产党人的劳动思想与之高度契合，其在竞赛活动的实践中推动了民众劳动思想的开化，凸显了中国共产党劳动教育思想的科学性和大众化。

2.中国共产党劳动教育理论体系的建构

中国共产党的教劳结合理论高度契合理论与实践相统一的原则，理论的导向是实践的动力，而生产劳动作为最基本的实践活动，也是认识的源泉。在理论层面，毛泽东在《五四运动》《青年运动的方向》《整顿党的作风》《在延安文艺座谈会上的讲话》等著作中多次强调重视知识分子与工农的结合，拓展了“组织起来”的思想。毛泽东的互助合作思想在《经济问题与财政问题》《开展根据地的减租、生产和拥政爱民运动》《论合作社》《组织起来》《必须学会做经济工作》等著作中有深刻反映，并呈现逐步系统化的趋势。中共中央深刻认识到组织合作社是克服解放区经济困难的重要劳动形式，刘少奇在农村合作社的发展中也起了重要的引导作用，鼓励用合作社的方式把分散的个体劳动转变为有组织的集体劳动，“这是人民群众得到解放的必由之路，由穷苦变富裕的必由之路，也是抗战胜利的必由之路”[④]，使劳动生产率迅速提高，

① 陶行知：《目前中国教育的两条路线——教劳心者劳力，教劳力者劳心》，载《教学管理与教育研究》2019年第2期。

② 《毛泽东、邓小平、江泽民论教育》，中央文献出版社、人民教育出版社、北京师范大学出版社2002年版，第9页。

③ 《列宁全集》第2卷，人民出版社2013年版，第464页。

④ 《毛泽东选集》第3卷，人民出版社1991年版，第932页。

也为竞赛活动提供了生产方式和组织形式的参照。周恩来强调劳动是深入群众中去的有效方式:“我们要建立无产阶级的思想感情,就要参加生产劳动,在向劳动人民学习生产知识的同时,学习他们淳朴的思想感情、语言和作风,从他们身上学到书本上学不到的东西。”[①]中国共产党人的教劳结合推动了党组织的理论建设和队伍建设。在实践层面,结合中国革命现实斗争的具体实际,中国共产党深刻把握马克思主义认识论、劳动观的基本原理,开辟了一条“以生产养学校”的道路。毛泽东把“坚定正确的政治方向,艰苦奋斗的工作作风,灵活机动的战略战术”[②]作为中国人民抗日军政大学的教育方针,强调劳动集体应具备艰苦创业的精神品质,教育全国人民要始终保持并继续发扬艰苦奋斗的作风。抗大学员遵循毛泽东“一面工作,一面生产,一面学习”[③]的教导,在学习革命理论的同时,参加开荒、种地、挖窑洞等多项生产劳动,涌现了大量抗日救国的革命先锋和青年模范。毛泽东教劳结合的思想贯通于陕甘宁边区、晋察冀边区、山东解放区和苏皖解放区等根据地建设中,在其指导下,这些根据地创造性地实现了自力更生、丰衣足食。

3.劳动教育在社会群体中凸显的政治内涵

新民主主义革命时期,中国共产党的劳动教育过程也是社会动员的显性特征。新民主主义革命时期,中国共产党高度重视“罪犯”这一特殊群体,试图通过劳动改造使其成为新人。正如马克思在《哥达纲领批判》中所强调的,生产劳动是使罪犯悔过自新的唯一手段。中共中央结合罪犯厌恶劳动、鄙视劳动、轻视劳动人民的实际,制定了劳动改造罪犯的基本政策。另外,二流子等群体也是劳动教育和改造的重要对象。中国共产党组织其参与生产劳动,并引导他们重新认识人与自然、人与人的关系,树立勤劳致富的新劳动观念。同时,也加强了对干部劳

---

① 中央教育科学研究所编:《周恩来教育文选》,教育科学出版社 1984 年版,第 212 页。

② 《毛泽东文集》第 2 卷,人民出版社 1993 年版,第 188 页。

③ 《毛泽东文集》第 2 卷,人民出版社 1993 年版,第 224 页。

动观的教育。中国共产党人意识到干部参加生产劳动是密切联系群众的重要举措，是克服官僚主义的有效措施，是服务国家经济建设的重要抓手，体现了马克思主义劳动理论转化为实践过程中的自主性建构。

通过竞赛活动，中国共产党充分运用马克思主义劳动价值理论和苏联竞赛实践经验，统合传统文化中劳动规训与教育的思想，融合于新民主主义革命时期的现实，实现了马克思主义劳动价值理论及其他科学理念在中国的创新性运用和创造性转化，形成了“发展生产、繁荣经济、公私兼顾、劳资两利”等一系列马克思主义中国化的劳动思想成果，保障了资产阶级、劳动者的双重正当利益。马克思主义大众化的劳动理论，凝结了独特的“劳动最光荣”的话语，彰显了中国共产党对劳动者的尊重、对劳动价值观的引领以及对社会不同资源和阶级的整合，为竞赛活动的有序开展和程序化推进提供了重要的理论指引，也为新中国成立后的社会主义建设、发展和繁荣提供了经验参照和镜鉴。

第三章　新民主主义革命时期根据地竞赛活动的历史脉络

中国共产党在新民主主义革命时期发起、动员、组织的竞赛活动，历经了土地革命时期、抗日战争时期、解放战争时期三个阶段。竞赛活动以不同阶段的历史背景和现实需要为参照，在土地革命时期拉开帷幕，主要集中于1931年11月到1934年1月毛泽东担任中华苏维埃共和国中央执行委员会主席的近三年时间内，其间中国共产党发动各阶层包括土匪、二流子、移难民、游民等，组织以经济建设为要义，以生产、扩红为主题的竞赛活动。随着全面抗战的爆发，在外国势力的侵略扫荡与内部剥削压榨的情势下，中国共产党以动员抗战、支援前线为主导，以保障农业、发展工业为抓手，展开覆盖范围广、参与人员多的粮食自给、政治教化双重维度的竞赛活动。抗日战争胜利后，社会主要矛盾也发生了变化，化解以国民党反动集团为代表的封建地主和官僚资产阶级同以中国共产党为代表的人民大众之间的矛盾成为解放战争时期中国共产党的主要任务和重要挑战。中国共产党致力于解放区的经济恢复和发展，在保障解放战争时期物资需求的同时强化工业根基，以国营企业、私营企业等为平台，以劳动创造为动力，展开生动活泼的竞赛活动，形成了你追我赶、力争先进的局面。竞赛活动作为群众运动的具体表现形式，在理论与实践的糅合中丰富了竞赛内容、拓展了竞赛领域、深化了竞赛目的、强固了劳动内蕴，形成了新民主主义革命时期多维度、多行业积极生产、合作劳动的热烈场面，极大程度地发挥了群体动能。“竞赛是完成任务重大武器，不论是先进的与落后的人们，上进的心理是共同的，利用竞赛常能发挥最高度的积极性，收到意外效果”[①]，也反映了中国共产党人建构与群众和谐、稳定关系的历史轨迹。

第一节　土地革命时期以后方供给、前线扩红为主的竞赛活动

竞赛活动的主要内容和类型，在不同阶层民众的共同需求中提炼，随着革命进程的推进不断发展、深化，凝结了民众积极参与生产、学习的热情和爱国情怀，是中国共产党在新民主主义革命时期群众路线的具化，也是人民群众伟大合力的深刻彰显。

一、土地革命时期竞赛活动的时代背景

20世纪30年代初，中国共产党在工厂、农村的各行各业广泛组织形式多样的竞赛活动，如革命竞赛（原始文献资料的查阅中最先出现“革命竞赛”的表述，随后又出现“生产竞赛”“劳动竞赛”“工作竞赛”等表述）、生产竞赛、学习竞赛、工作竞赛等，形成了一派生机盎然、热火朝天的劳动景象。中央苏区组织的竞赛活动，有其深刻的政治原因、经济原因和社会原因。

首先，革命形势的发展为竞赛活动提供了群众根基。以毛泽东为代表的中国共产党人在土地革命时期的艰辛探索中，颁布了《土地法》，实行“耕者有其田”的政策。以底层群众利益为出发点的土地政策，提升了劳动者的社会地位，即由不占有任何生产资料的佃户、雇工转变为

① 《淮南抗日根据地》编审委员会编：《淮南抗日根据地》，中共党史资料出版社1987年版，第168页。

拥有土地所有权的主体，转变了广大劳动群众的自我认知，使其意识到为自己、为自己的阶级而劳动。由此，极大地激发了广大农民拥护共产党和红军的热情，凝聚了农民群体的力量，奠定了竞赛活动主体的理念认同和行为共识。

其次，竞赛活动的开展是改善人民生活的需要。国民党军队对中央苏区实行反革命“围剿”，企图彻底消灭红军，在苏区不仅滥杀无辜、烧毁房屋、制造无人区，还对苏区进行严格封锁，出入苏区的物资需有护照及通行证。国民党的残酷行径导致苏区民生凋敝，共产党意识到只有改善人民生活、发展经济，才能保障战争供给，顺利摆脱敌人军事上的进攻和打击，从而保存并壮大新生的红色政权。中央苏区政府在正确理论的指导下，紧紧依靠群众、放手发动群众，集中力量加强苏区的经济建设，为竞赛活动的开展提供了实践场域。

此外，中央苏区公有的经济模式，推动了印刷厂、织布厂、化工厂等政府性质的工业企业的发展。工业体系的架构创生了大量的岗位需求，“1931 年初，中央苏区的工人数量达到 11 万人，较大的国家工厂达到 32 个，还有众多的地方政府的工业企业和手工企业，当地建立了各种合作社 2300 多个，社员数量达 57268 人”[①]，有力调动了中央苏区群众的工作热情和积极性，形成了正向循环的经济模式，为经济大规模快速发展提供了理论与实践的参考。

二、土地革命时期竞赛活动的类型

土地革命时期竞赛活动的目标建立在反“围剿”的时代背景中，前线战略物资的保障，以及后方的粮食供给，都需要经济生产加以提供和满足。由于社会、经济等多重因素的影响，土地革命时期根据地的人员构成相对复杂，除了庞大的原住居民，还有移难民、游民、土匪等特殊群

① 姚荣启编著:《中国劳模史(1932～1979)》，中国工人出版社 2020 年版，第 18 页。

体。在政府的有力动员和高效组织下，各阶层的群众积极参与到苏区轰轰烈烈的竞赛活动中。依据主体成分划分，聚焦于1931～1934年期间的竞赛活动，主要包含农民的生产竞赛、工人的劳动竞赛、部队的革命竞赛、妇女的生产竞赛、青年的学习竞赛等，也涉及了其他行业的娱乐化的综合性竞赛。

1.农民的竞赛活动

自进入封建社会以来，农民始终是最主要、最关键的大多数。土地革命时期，苏区乡村人口中，贫农占70%，中农占20%，地主和富农占10%；贫农中，既无土地又无资金的占20%，佃农（富佃除外）、半自耕农等占50%。[①] 农民是直接从事农业生产劳动的阶级，形成了对土地的浓厚依赖意识，土地是农业最基本的生产资料，也是农民最可靠的生活保障，成为农民的物质依赖和心理寄托。中国共产党人深刻分析土地与农民、革命的关系，认识到农民问题即关涉其自身利益的土地问题，而解决路径则是对土地制度的改革。中共中央根据井冈山、闽西的土地革命斗争经验，对土地政策作了一系列规定，体现了毛泽东关于“依靠贫雇农，团结中农，限制富农，保护中小工商业者，消灭地主阶级”的土地革命路线，从而有力地推动了土地革命斗争的深入发展。[②] 在土地革命的艰辛探索中，中国共产党施行“打土豪，分田地”政策，实现了“获得土地……贫苦农民祖祖辈辈以来的梦想”[③]。农民拥有了土地所有权，极大地激发了广大群众的生产热情和劳动创造，在生产中形成了自发的竞赛。中央苏区政府充分肯定了“竞赛”模式，并加以优化和推广。毛泽东在《长冈乡调查》中详细论述了竞赛的实行办法：“乡代表会开

---

① 参见《毛泽东选集》第1卷，人民出版社1991年版，第20～21页。

② 参见中共中央党校党史教研室：《中国共产党史稿》第二分册，人民出版社1983年版，第79页。

③ 中共中央党史研究室著，胡绳主编：《中国共产党的七十年》，中共党史出版社1991年版，第88页。

‘春耕’、‘军事’两项竞赛的总结会”，“七月订立‘军事’、‘经济’两项竞赛”[①]，并强调推动广大群众参与竞赛，重视发动群众工作。另外，每次竞赛都签订竞赛条约，规定得较为具体，其内容包括竞赛项目、经济指标、政治思想等方面，还规定了具体的竞赛办法。竞赛活动的形式、内容、动员、开展等在中国共产党的组织和领导下逐步规范化、制度化。如 1932 年 3 月 23 日，中央组织局下发《关于革命竞赛与模范队的问题》第八号通知，号召全党深入转变工作方式，开展革命竞赛。中央苏区政府鼓励农民组织生产突击队、冲锋劳动队、妇女耕田队等集体劳动，以“劳动互助社”“耕牛合作社”“肥料合作社”等合作形式互相帮助、相互合作，满足各自的需要，农民广泛参与减租运动、互助变工运动、修堤运动、植树运动、春耕秋收防疫等运动，兴国县长冈乡“群众热烈订立革命竞赛，村与村，这丘田与那丘田，你和我等，自动的竞赛，热闹得很，没有一个人愿意做春耕战线上的落后者”[②]。毛泽东总结了兴国县长冈乡和才溪乡劳动竞赛的经验，对竞赛活动的认识、分析及策略为新民主主义革命时期竞赛活动的实施和推进提供了依据。[③]

2.工人的竞赛活动

始于农业领域的革命竞赛，也很快在根据地的国家企业中开展起来。中华苏维埃第二次全国代表大会通过的《关于苏维埃经济建设决议》提出：“乡村中由农民自己所组织的生产突击队、冲锋劳动队以及国家企业中的革命竞赛等，应该广泛地散布出去以提高生产。”[④]刘少奇在《论国家工厂的管理》一文中也强调：“组织群众的生产竞赛，组织生产突击队，发明新的技术，增加工作的速度与效能，应该看作是提高国有

① 《毛泽东农村调查文集》，人民出版社 1982 年版，第 331 页。

② 廖醒中：《长冈乡春耕又做了光荣的模范》，载《红色中华》1934 年 3 月 27 日。

③ 参见《毛泽东选集》第 1 卷，人民出版社 1991 年版，第 137～141 页。

④ 中共中央文献研究室、中央档案馆编：《建党以来重要文献选编(1921～1949)》第 11 册，中央文献出版社 2011 年版，第 169 页。

工厂生产力的主要方法。”[①]在国营和合作社企业里开展的竞赛活动有：一是以增加生产效益为主的竞赛。据《苏区工人》的记载：“第二被服厂采取分组竞赛的方法在完成生产计划方面得到了很大的成绩，在四月份超过原计划百分之二十四，五月份上半月超额百分之三十，不仅增加数量，工作的速度加强了，质量也改善了，并且每天工人自动做一点半钟的义务劳动，可以增加六十套衣服的生产。”[②]二是以发挥工人首创精神为动力的竞赛。工人们经常采用生产突击竞赛、冲锋劳动等形式增加生产。兵工厂的工人以“多造一颗子弹，就多消灭一个敌人”为信念，不断探求、改进新的生产技术，每月定出高于上月产量的计划。企业工人的劳动竞赛，不仅节约了原料和资金，而且充分调动了广大工人的创造力。三是侧重巩固和扩大工会组织的竞赛。如福建、江西两省的邮政职工展开对口赛，不仅超前完成了本职工作，还提高了劳动生产率，巩固和扩大了工会组织。四是以竞赛的形式建立、健全企业管理制度。如川陕革命根据地在建立的兵工厂、被服厂等国家企业中开展革命竞赛，涌现了一批先进模范人物，奖励政策和制度也不断得到完善。此外，苏维埃的工厂企业和合作社企业是工农大众所共有的财产，劳动竞赛的实践强化了革命根据地工人用新的态度对待新的劳动的意识，使其为供给工农大众的需求、巩固经济发展、保障战争物资储备而努力生产。

3.妇女的竞赛活动

妇女是竞赛活动的重要参与群体。中央苏区及各根据地政府基于现实的需要，创立了针对妇女生产的各种组织，在多个领域为妇女竞赛活动作出规划。中央局妇女部提出要充分发挥妇女的特殊社会价值。“估计到我们在女工中组织基础的薄弱，必须择定若干重要工厂为对

---

① 中共中央文献研究室、中央档案馆编：《建党以来重要文献选编(1921～1949)》第11册，中央文献出版社2011年版，第286页。

② 狂夫：《一切为着战争为着前线的胜利》，载《苏区工人》1934年第17期。

象，继续派遣坚苦积极的女同志或赤色工会的会员去参加生产，以便与女工群众打成一片。对于已经参加生产的女同志，必须时常给以指示并检查她们的工作成绩。”[①]“必须加紧发展劳动妇女群众的积极性与创造性，利用各种组织的方式（如洗衣队、作鞋队、救护队、慰劳队等）来领导和组织她们拥护苏维埃、拥护红军。”“利用苏区的公开环境，必须设立各种劳动妇女干部的训练班，以便从工农劳苦群众中不断地培养出大批妇女工作人才。”[②]妇女们通过生产教育委员会，学会了犁田、耙田等生产技能。据生产竞赛的亲历者李坚真回忆，江西妇女有不少是小脚，故首先要动员青年妇女放脚。她们为了支援革命战争，不惜忍受肉体的巨大痛苦，积极响应政府的生产动员。1934 年春，中央苏区苏维埃政府召开了妇女劳动模范代表大会，为福建省、湘赣省、粤赣省的妇女劳动模范授予奖状和奖品。另外，中央苏区政府重视女工工作，基于生产需要大力发展女工组织，着力培养劳动妇女群众的积极性和创造性；召集女工代表会，在斗争中提出女工特殊要求并联合全体工人为这些要求斗争；号召女工加入工会及纠察队等；加强对青年女工的教育，组织特别的训练班。[③]

4.扩红中的竞赛活动

中共六届四中全会后，在王明建党思想影响下，突击发展党员。1932 年春，大规模突击发展党员的“竞赛活动”由上海扩展到江西等苏区。1932 年 5 月 11 日，中共苏区中央局提出，各地党组织在红五月中加倍吸收党员，突击发展党员运动由此展开。突击发展党员的竞赛活动在江西各苏区普遍开展后，各级党组织相互间还订立了竞赛条约。

---

① 中共中央文献研究室、中央档案馆编：《建党以来重要文献选编（1921～1949）》第 8 册，中央文献出版社 2011 年版，第 771 页。

② 中共中央文献研究室、中央档案馆编：《建党以来重要文献选编（1921～1949）》第 8 册，中央文献出版社 2011 年版，第 772 页。

③ 参见中共中央文献研究室、中央档案馆编：《建党以来重要文献选编（1921～1949）》第 8 册，中央文献出版社 2011 年版，第 680 页。

1933年4月，中共苏区中央局再次决定在红五月中扩大发展党员的运动，并且提高女党员的接收力度。于是，江西各苏区开展了前所未有的突击发展党员的竞赛热潮。1933年5月1日，在瑞金开幕的中国店员手艺工人第一次代表大会上，不到半分钟全体代表便一致举手加入中国共产党。5月5日，中国工农红军学校召开马克思纪念会，有494人当场公开报名加入中国共产党。于都县禾丰区在"五卅纪念节"的群众大会上，"不上三个钟头就发展党团员三百多名"[①]。同时，中国共产党注重加强红军中党员干部的思想理论建设，通过组织读报班、训练班、问题研究会等系统化的竞赛活动，提高党员同志的政治理论水平。

与发展党员同步进行的是"扩红"运动，中央苏区以纪念"八一"节的方式，服务于"扩红"和筹款等紧迫任务。政府指示："加强妇女工作，组织妇女变耕队，号召妇女参加赤卫队；做好扩大红军工作，完成扩红任务。"[②]此外，加紧红军中的政治工作，改善各级政治部的工作，规定政治部的工作条例，建立各连的识字班、读书班、读报组。[③] 苏区政府集中苏区的人力、财力、物力，以竞赛活动的激励措施开展热烈的扩红运动，比如福建宁化地区的扩红竞赛取得了很大成绩。中共苏区中央局指示："在苏区内应该立刻开始革命竞赛、模范队、轻骑队、共产党礼拜六等的运动。我们的党应该利用反革命对于苏区进攻、残杀工农的一切事实，鼓动革命群众对于建设与巩固党、苏维埃、红军与职工会的热情，由他们自动举行革命竞赛等工作。我们应该拿革命的热情来冲破右倾的消极与一部分工作人员的失败情绪，来创造出新的从前所没有的。"[④]

---

① 《"五卅"大会对于党征收党员运动的回答——于都党的伟大发展》，载《红色中华》1933年6月14日。

② 中共中央文献研究室编：《毛泽东年谱(1893～1949)》上卷，中央文献出版社2013年版，第426页。

③ 参见中共中央文献研究室、中央档案馆编：《建党以来重要文献选编(1921～1949)》第8册，中央文献出版社2011年版，第797页。

④ 参见中共中央文献研究室、中央档案馆编：《建党以来重要文献选编(1921～1949)》第8册，中央文献出版社2011年版，第340页。

在军队和干部层面，常以班与班、排与排、连与连、营与营、团与团之间的革命竞赛形式，在管理、教育、内务、民生诸方面，既提升了红军的政治觉悟，又密切了党群关系，形成了同志式的互相合作的和谐氛围。

5.综合的竞赛

中央区、闽粤赣、赣东北、湘鄂赣、湘赣边等各苏区积极响应政府号召，采用各种鼓励和保障措施发挥农民、工人、青年、妇女、知识分子、士兵、领导干部以及移难民、游民等阶层的积极性和主动性，发动多种形式的竞赛活动；对于红枪会、黑枪会、大刀会等的下层群众，也号召执行统一战线的决策，因而生产运动还包含了新的工农商学兵团结起来的蕴意。另外，医疗领域的竞赛活动也大规模开展。在党政部门领导下，医院与医院之间、卫生所与卫生所之间都发动了以提高出院率为主要内容的工作竞赛。医护人员还经常下乡给老百姓治病，并广泛教育群众做好防病工作，积极参加挖水井，开窗子，挖厕所，开展卫生运动日、卫生运动周等活动。① 同时，苏区政府在制定竞赛活动条例时以不同民众的阶层需求为考量，体现了竞赛活动在执行中所秉持的民主、平等原则。中国共产党不仅鼓励工农群众参加体力方面的竞赛，发挥农民在经济工作中的积极性，而且重视政治方面的竞赛活动，引导青年团、工会、女工农妇代表会、反帝拥苏同盟、互济会等开展革命竞赛；广泛发展民众教育，组织各种补习学校，发动群众自动成立读书会、识字班、读报团等组织，创办敌前敌后地方性的通俗报纸，提倡讲卫生反对迷信等；开展戏剧运动、歌咏运动、体育运动等文娱活动；“在苏区内必须发展俱乐部、游艺会、晚会等工作。在每一个俱乐部下应该有唱歌组、演剧组、足球组、拳术组等等组织”②。此外，还以民族扫墓活动、纪念节的活动、

① 参见中国革命博物馆党史研究室编：《党史研究资料》第 5 集，四川人民出版社 1985 年版，第 626 页。

② 中共中央文献研究室、中央档案馆编：《建党以来重要文献选编(1921～1949)》第 8 册，中央文献出版社 2011 年版，第 339 页。

儿童节活动、红军欢送活动、优待红军家属的群众活动等，提高群众的民族文化和民族觉悟。苏区竞赛活动的探索和尝试为抗日战争时期竞赛活动的持续推进提供了物质条件和丰厚经验。

第二节　抗日战争时期以生产互助、思想教育为主的竞赛活动

抗日战争时期中国共产党面临着国内外双重复杂形势的纠葛，这一时期的竞赛活动以战时背景为现实依托、以克服物资危机和提升政治觉悟为目标而开展。全民族抗战爆发初期，随着第二次国共合作的实现，国民党政府在一定程度上承认了中国共产党领导的以陕甘宁边区为主阵地的红色政权，给予了财政上的支持。此外，有关国家、国内外人士也筹款援助陕甘宁边区，边区军民的生产和税收等也成为政府财政的主要来源。1937～1940 年，陕甘宁边区政府的财政经济状况尚有结余、相对较好。但随着战争破坏和国民党对边区政策的转变等社会成因，以及全国范围的自然灾害频发，十余个省份接连出现大规模的严重饥荒，边区财政危机加剧。为解决边区的衣食住行，中国共产党人沿用竞赛活动的方式激励边区及其他根据地发展生产、保障供给。物质积累层面，在延安以大生产运动的模式展开了以自给自足为目标的生产自救运动，并扩展到其他抗日根据地，如晋冀鲁豫、晋绥、晋察冀、山东等根据地也随之发起了热烈的竞赛活动。精神巩固层面，自毛泽东在中共六届六中全会上正式提出“马克思主义中国化”的论断后，以马克思列宁主义为意识形态的教育得到了普及和加强，形成了马克思主义理论的学习竞赛。这一时期的竞赛活动，呈现出物质与精神并重的特点。

一、抗日战争时期竞赛活动的复杂局势

1.战争形势的变化为竞赛活动的出场提供现实情境

首先,随着全面抗战的展开,1937 年 11 月太原失陷后,毛泽东前瞻性地意识到国民党允诺的支援不会兑现,做好了不靠国民党发饷、自己筹集供给的准备。武汉会战结束后,抗战进入了战略相持阶段,与国民党消极、保守的片面抗战相反,中国共产党领导的敌后战场的地位与作用显著提升,国民党遂采取了溶共、防共、限共、反共的对策,集中兵力加强对共产党的防范和打压,以遏制共产党的壮大。随后,蒋介石视陕甘宁边区(主要是陕、豫、晋边境以及甘、青、宁、绥四省)为抗战障碍,密令有关方面停止武器、弹药、被服及薪俸的供给,禁止粮食、布匹等日常用品运进边区。1939 年反共达到高潮,蒋介石借皖南事变完全停发了新四军和八路军的军饷,停止了对陕甘宁边区政府的军费供给,企图把共产党逼向绝境。“我们曾经弄到几乎没有衣穿,没有油吃,没有纸,没有菜,战士没有鞋袜,工作人员在冬天没有被盖。国民党用停发经费和经济封锁来对待我们,企图把我们困死,我们的困难真是大极了。”①

其次,日本侵略者的主要作战力量转移到占领区,对抗日武装实行惨绝人寰的暴行,残酷的烧杀抢掠等行径造成生灵涂炭、民不聊生。1940 年前后,日本侵略者和国民党对边区、抗日根据地实行双重的经济封锁,国民党顽固派不断制造事端,骚扰根据地军民。中国共产党领导的陕甘宁边区及全国抗日根据地面临着极其严重的内外交困局面,粮食、医药、弹药、食盐以及其他日常用品奇缺,争取的援助也被封锁阻截了。

2.劳动力构成和自然因素成为竞赛活动扩展的直接考量

物资匮乏是贯穿于整个新民主主义革命时期的现实。社会成因和

---

① 《毛泽东选集》第 3 卷,人民出版社 1991 年版,第 892 页。

自然因素导致的灾荒、地域性灾害，引发了严重的人口流动、难民迁徙等问题，粮食短缺的紧迫性促使生产竞赛广泛开展。

首先，就劳动力的构成来看，贫瘠的陕甘宁边区有140多万人口，同时有10万左右的非生产人员，需要给养十几万正规军、庞大的地方部队和边区政府，驻在该地区的“部队和机关每年需细粮（小米）二十六万担（每担三百斤）”[①]，与1937年相比，群众负担陡涨了15倍。[②] 粮食危机不仅影响边区民众的正常生活，军粮供应更是难以满足。根据地庞大的军人家属也是需要被帮助和照顾的群体。另外，抗战时期的延安作为爱国青年向往的红色圣地，满腔热血的青年和知识分子大量涌入；八路军驻西安办事处联合招生委员会为陕北公学、抗日军政大学、延安鲁迅艺术学院等学校招收青年学生，也增加了边区人口密度，劳动力却相对减少，给延安粮食供给带来巨大压力，还有移难民、游民等阶层，复杂的社会构成加剧了边区政府物资短缺的困境。此外，长期战争的破坏，大量劳力牺牲、耕畜被屠杀、农具被抢劫等也导致生产资料严重不足。

其次，抗日根据地大部分地处山区，甚至是不毛之地。人口稀少、交通不便、自然灾害等一系列自然因素，制约了根据地的经济、商业和通信系统等的发展。中共中央所在地陕北地处高寒地区、土地贫瘠，四面被围困，遭遇了连年的旱灾水灾；晋冀鲁豫、晋绥、晋察冀、太行、山东等抗日根据地自然灾害也频繁发生。1939年，晋冀鲁豫根据地旱灾严重，据记载受灾区难民达50多万人。1940年，太行地区因连年干旱多种农作物歉收。1942年，旱情继续扩大，秋季又出现了蝗灾。当时晋冀鲁豫遭受蝗灾的面积，南起黄河北岸的修武、沁阳、博爱，北至正太线南侧的赞皇、临城，东连平汉线的磁县、武安、邢台，西达太行山巅的平顺、

---

① 《毛泽东选集》第3卷，人民出版社1991年版，第1017页。

② 参见雷云峰编著：《陕甘宁边区史：抗日战争时期》（中），西安地图出版社1993年版，第61页。

和顺、左权，共波及23个县约3000平方华里，为太行根据地县治辖区的46%。[①] 1943年，旱灾、蝗灾更为严重。1943年，晋冀鲁豫全区受灾的耕地面积达2400多顷，约占基本区财粮征收面积的52%，受灾人口达80多万人，如包括受轻灾的人口，则达120万人。[②] 抗日战争期间，整个晋冀鲁豫地区因旱灾损毁的耕地达5490万亩，减产658800万公斤。[③]

陕甘宁边区的自然条件成为生产竞赛的障碍，同时也提供了契机。经朱德总司令踏勘考察、农业专家乐天宇深入调查后发现，南泥湾人口稀少，土地肥沃、水源丰富，适合开垦，且老百姓的利益不会受到侵犯。另外，南泥湾具有特殊的地理位置，距离延安只有45公里左右，东南方是茶坊镇，与国民党顽固派占领的洛川相连接，若要进犯延安，此地是必经之地。部队在南泥湾驻扎，既可以防卫敌人、保障延安的安全，又可以垦荒屯田、发展生产。1941年3月至1942年，三五九旅在旅长兼政委王震的率领下，分四批进驻南泥湾，克服千难万险，开创了壮阔的“陕北好江南”，南泥湾模式的伟大创造也成为其他根据地竞相效仿的样板。

最后，20世纪30年代，中国思想界深受苏联五年计划成效的鼓舞，对苏联经济建设的模式较为推崇，国民党的《中央日报》也持续关注并报道了苏联的两个五年计划。苏联实行的农业集体化对中国共产党的土地政策产生了不同程度的影响，中国共产党吸收、借鉴了苏联社会主义经济建设中的竞赛模式，结合社会形势和时代背景，制定了客观的生产自救方针，动员、组织根据地民众开荒垦田、积极生产，生产渡荒运动的发起是中国共产党自主探索经济建设道路的开启，也是劳动人民艰苦奋斗、自力更生朴素品质的彰显。

---

① 参见姚荣启编著：《中国劳模史（1932～1979）》，中国工人出版社2020年版，第86页。
② 参见刘萍：《对华北抗日根据地妇女纺织运动的考察》，载《抗日战争研究》1998年第2期。
③ 参见姚荣启编著：《中国劳模史（1932～1979）》，中国工人出版社2020年版，第86页。

二、抗日战争时期竞赛活动的主要类型

抗日战争时期，中国共产党依照不同阶段战争形势的变化和需要，适时调整对内对外政策，组织领导多维度的竞赛活动。全民族抗战爆发初期，以发展生产、保障供给的竞赛为主；随着抗战的推进，竞赛活动在巩固物质基础、注重思想教育的双重理念下深入发展和推广；抗战后期强化意识形态的规训，以整风运动为主导，进行思想领域的重塑，凸显了竞赛活动的多样性和多元化。

(一)经济建设层面的竞赛活动

1.农业领域的生产竞赛

群众踊跃参加农业等领域的增产节约运动，生产竞赛、纺织竞赛等热烈地展开，极大激活了民众的生产热忱。中国共产党充分发动团体的优势，以集体形式组织村、乡之间进行生产竞赛。边区政府尝试扩大互助组织的规模，采取就近村、乡行政区组合起来的方式，聚合不同年龄段的劳动者投入生产竞赛中。妇女群体成为竞赛活动的重要力量，邓颖超在《我们对于战时妇女工作的意见》中强调了妇女参加生产的重要性，并赞扬了妇女群体是后方生产的主要力量；毛泽东在给中央妇委的指示信中也高度赞赏了妇女的贡献和作用。边区政府对妇女参与生产运动重要性的强调，极大地激发了妇女参与竞赛活动的积极性。妇女群体以竞赛形式积极加入党组织的代工团，学习开办手工厂，在合作社、互助社等组织中展开生产竞赛，参与到帮抗属耕种、下种、收割等各项工作中。此外，移难民群体也投入边区发展的生产竞赛中，弥补了边区劳动力的不足。淮南抗日根据地适时提出竞赛的标准和要求，群众性的竞赛须具备几个条件："我们秋收竞赛的条件是：1.民生的改善与群众阶级觉悟的提高；2.干部有了些群众工作经验；3.有简单明了的工作计划；4.在报纸、党刊、杂志及会议上面表扬成绩。这种有具体计划的竞

赛，又是认真检查工作的前提，我们已经相当广泛地运用这个武器。”[①]竞赛活动使群众得到了广泛深入的动员。

2.工业企业的生产竞赛

其一，具体行业中的竞赛活动。1944 年 8 月 1 日的《解放日报》发表了《郑重准备边区建设的“总检阅”》的社论，提出农业、工业等领域的竞赛活动要大力拓展，还要重点培养行业英雄和模范。由此可见，抗战后期的竞赛活动在农业、工业的基础上，又延伸至更广阔的领域，深入到更细微的行业和部门。如太行区开展的“新劳动者运动”，各工业企业尤其是公营企业，广泛开展生产竞赛，支援抗战。植棉、纺纱、畜牧、养蚕等农业领域的竞赛，逐步深入到兵工厂、炼铁厂、造纸厂、农具厂、印刷厂等工业部门的炼铁、炼油、制药、机器修理、军火制造等具体的精细化操作中。

其二，企业中以团体为单位的竞赛。抗日战争时期的竞赛活动不仅在行业和领域中得到迅速拓展，参与竞赛的最小组成单位也由个人拓宽至团体。如在晋冀鲁豫边区的大生产运动中，根据实际情况的差异，各地产生了不同组织形式的互助合作社。有的是依据旧有的“换工”“卖晌”等传统方法，有的临时或季节性地组合成革命竞赛团体，也出现了以自然村为单位的高级别的互助形式，形成了以团体为基本单元的竞赛活动。竞赛活动的衍生运动，如陕甘宁边区的“赵占魁运动”、太行边区的“甄荣典运动”、晋绥边区的“张秋凤运动”等，体现了竞赛的良性循环效应。

其三，以技术革新为目标的竞赛活动。晋绥边区各军工厂展开了以技术革新、技术改造为目标的竞赛活动。如晋绥边区总工会河西办事处主任郎觉民撰写的公营工厂开展大生产运动的报道：“工人的政治觉悟是很高的，他们知道劳动是为了什么，他们在‘后方生产也是抗战’

① 《淮南抗日根据地》编审委员会编：《淮南抗日根据地》，中共党史资料出版社 1987 年版，第 168 页。

的口号下，不懈怠地工作着，尽力供给前方的需要，开展了生产竞赛的热潮。工厂与工厂的挑战，个人与个人的竞赛，抢做义务工，在各工厂成了极为普遍的事实。吕梁印刷厂工人支三虎、牛三孩为迎接'五一'国际劳动节，竟日夜连班，要求加义务工八小时。”[①]又如，晋西北的军工企业以前生产某种武器的零件需用120小时，在技术革新、敢于创新的竞赛氛围中，仅用39个小时就生产出来，制造模型也节约了近一半的人工。工人高三马研究出一种新的熟皮子的方法，过去每熟一张皮子需要三斤小米、三斤盐、一斤碱、九斤硝、十个鸡蛋、四两烧酒，经过生产工艺的改变和创新，仅用一斤二两硝、一斤麻油。[②]

此外，还有部队的生产竞赛。军队在生产运动中起到了先锋作用。在全民族抗战爆发初期，陕甘宁边区的留守部队就开始进行生产劳动，在战斗和训练之余进行生产竞赛。在生产运动与练兵运动中，“凡是不但照顾了中间分子，而且照顾了落后分子的，竞赛热情就愈弄愈高，竞赛规模就愈弄愈大”[③]。1938年下半年，驻陕甘宁边区的八路军留守兵团开展了生产竞赛，自发创办种菜、养猪等合作社，积极改善部队生活。朱德号召军队：“退伍军人，过去是冲锋在前的指挥员、战斗员，现在又成为生产工作的积极劳动者；过去在战场上流血，现在又在生产中流汗。这种为国家为民族为革命工作而坚决勇敢苦干的精神，全体军人，全世界爱好和平的人都非常称赞。”[④]1940年，晋察冀军区掀起大规模的春耕生产运动，到1943年军队的所有单位都投身于生产竞赛中，主要以农业生产为主，也兼及商业和小规模的工业。

其中，在抗日根据地的开荒竞赛中，最具地域性和代表性的是南泥

① 姚荣启编著：《中国劳模史(1932～1979)》，中国工人出版社2020年版，第122页。

② 参见姚荣启编著：《中国劳模史(1932～1979)》，中国工人出版社2020年版，第125页。

③ 中共中央文献研究室、中央档案馆编：《建党以来重要文献选编(1921～1949)》第21册，中央文献出版社2011年版，第212页。

④ 《淮南抗日根据地》编审委员会编：《淮南抗日根据地》，中共党史资料出版社1987年版，第236页。

湾大生产运动，三五九旅在南泥湾的大生产运动中创造了彪炳史册的佳话。其不仅在抗战中发挥了堡垒作用，而且承担了军垦农垦的重任，被毛泽东赞扬为既是生产队、工作队又是战斗队。三五九旅遵照毛泽东"一把镢头一支枪，生产自给保卫党中央"的指示，在加紧训练、提高部队战斗力的同时，一面防守一面生产，开展了南泥湾、槐树庄、大风川、葫芦河等地的屯田大生产运动。朱德号召以生产竞赛运动加快"建立革命家务"，中共中央直属机关和中央警卫团也积极响应开展生产运动的倡议，组织如纺线比赛等劳动竞赛，朱德、周恩来、任弼时、李富春等领导人踊跃参加。

（二）意识形态领域的竞赛活动

党内外普遍存在着重军事、轻经济的思想，随着大生产运动的普及与深入，竞赛活动得到了全方位的纵深发展和运用，中国共产党在平衡军事与经济观念的同时，竞赛活动渐进向意识形态领域过渡。

1.在干部群体、军队中举行整顿思想、强化教育的竞赛活动

针对领导干部群体，大生产运动进入高潮之后，整风运动也在边区全面推开，形成了最大规模的学习竞赛，组织了一系列的学习等多种形式的竞赛活动。这一时期存在以下问题：部队的政治觉悟不一致（有为抗日而来的，有为投机来的，也有为了避免派差事来的、为了取得优待来的等等），成分极端复杂（落后的旧军官、土匪、大刀会、联庄、青洪帮、保安队等成分不少，自然工农学生占主要成分）；党员质量很低；支部尚未普遍建立；军风纪律、各种生活规律尚未很好建立起来；浓厚的游击主义以及某种程度和某些部分的军阀思想、土匪意识、保守观念等等。[①]抗日根据地的军队中表现出混乱、幼稚的状态，因此需要在干部、军队中宣传、普及马克思主义理论，加强马克思列宁主义基本理论及中国革命基本问题的教育工作，达到政治和经济的协同性。抗日战争时期，为

① 《晋察冀抗日根据地》史料丛书编审委员会、中央档案馆编：《晋察冀抗日根据地》第1册（上），中共党史资料出版社1989年版，第467页。

了普及马克思主义理论知识，党中央创办了中央党校、中国人民抗日军政大学、马列学院、陕北公学和鲁迅艺术学院等大学，以讲授马克思主义理论和中国革命理论来提高党员的理论水平。1938 年马克思 120 周年诞辰之际，成立了马列学院。学院以培养党的理论干部为目标，学员通过学习竞赛的形式探讨马列主义，在学习竞赛中深入掌握了马克思主义理论的内容，领会了运用马列主义解决中国问题的方法。在陕甘宁边区，注重思想教育与生产劳动相结合的方式培养党员干部，反映了中国共产党的基本教育方针。

2.针对民众的竞赛活动

第一，强化工人的思想培育。除了劳动竞赛的领导模式、竞赛中的具体操作方法，曾任中共中央宣传部部长的李立三尤其注重精神层面的工作。他提出要加强工人群众的思想政治教育工作，其途径是号召、组织工人学习政治、时事，研究马克思列宁主义，不断提高工人的阶级觉悟，以政治思想的教育与灌输提升工人的主人翁意识、阶级认同，并在工人群众的实践中表现出责任感、积极性。

第二，提升农民的文化素养。党中央发起扫盲运动，组织形式多样的娱乐活动竞赛、学习竞赛等。日常的学习竞赛，如模范学习运动、冬学运动、识字运动、戏剧运动、歌咏比赛、体育运动等，设立识字班、夜校、救亡室、话剧团等，便于经常性地进行启蒙运动，广泛普及识字教育，以启发农民的民族意识、民主思想和基本的政治觉悟；组建读书会、读报团、反对迷信组织等，以加强集体政治情感和团结意识的教育。另外，在根据地，为适应迅速变化的对农村教育的要求，当地干部劳动英雄和村领导担负起建立适应新形势的学校的责任，如吴满有、孙万福等劳动模范在边区劳动英雄代表大会上大力提倡办学。边区政府不断扩大办学规模，1943 年礼拜学校遍布整个边区；热情鼓励农民上学，把政府的教育理论付诸乡村改造的实践中。

第三，启蒙妇女、青少年、儿童的政治意识。党组织意识到识字教育是政治教育的前提，尤其重视对妇女、青少年群体的政治思想教育，并强调避免强迫命令和行政动员的工作作风，以政治说服的动员方式与党的群众工作方针相配合。妇女在冬学运动中不仅掌握了许多汉字，具备了阅读识字的能力，而且提升了社会地位。抗战时期，基本每个县、区和村都成立有妇女协会、妇女救国会等妇女组织，她们更敏锐地意识到投身抗战的必要性和重要性，更多的妇女通过学习竞赛等参与到政治活动中，主动承担新角色和抗战任务。根据晋察冀边区 1942 年的统计数字，妇女协会会员达 70 余万人，晋冀鲁豫边区也超过 90 余万名妇女参加了妇女协会。边区政府意识到，青年并不落后，落后的是青年工作。1940 年，陈云在《华北青年工作中几个问题》中指出，“抗战两年多来，又有几十万青年加入了军队，上百万的青年已经团结起来，组织了青年救国会，参加了政治、经济、文化的各种社会活动”，并强调：“加强青年工作，加强青年团体，首先与直接的责任，当然落在党的青年工作同志身上，落在青年自己身上。如果没有全党的帮助与领导，如果没有军、政、民各方面的帮助，青年工作的加强，青年团体的健全，是难于迅速地做好，甚至难于达到我们的希望。从这一点上说，青年工作的开展是我们全党的责任。”①政府也积极推行儿童的政治教育。组织儿童参加文化娱乐活动，在歌咏、游戏、戏剧、舞蹈等轻松氛围中训练儿童的纪律性，培养其团结、互助、民主的意识。此外，根据地政府巧妙争取联庄会、青洪帮、红枪会等地主与农民结合的组织，发展其民主性，以扩大群众基础、壮大党组织。

同时，中国共产党组织在“三八”妇女节、“五一”劳动节、“七一”建党节等纪念节日中，开展不同规模的竞赛活动。在工农方面，全边区工农通信事业迅速发展；文化运动延续了土地革命时期的民间文化，在形式上更加活泼、生动。边区政府也关注个人卫生、全民健康问题，鼓励

① 《陈云文集》第 1 卷，中央文献出版社 2005 年版，第 260、261 页。

卫生运动的开展，以有效规避迷信对生命健康的戕害。医疗卫生方面，采取多种形式，宣传和普及医药卫生知识，教育群众破除迷信、反对巫神，提高健康防病意识；健全机构，1940年在政府机构里设置卫生处（后改为卫生署）统管边区卫生行政工作，创办边区医院、边区医药学校、边区门诊部以及保健药社、卫生合作社、国医研究会等，不论在行政管理上还是医疗机构设置上，由上而下形成了一套较为完整的医药卫生工作网；坚持防治结合、预防为主的卫生工作方针，以为人民群众服务为根本宗旨，救死扶伤，解除群众疾病，使边区呈现人财两旺、兵强马壮的新气象。[①] 毛泽东同延安干部、群众一起参加"延安城市卫生运动周"的大扫除劳动，并对参加大扫除的人说："注意卫生，健康身体，就是增强国防力量！""卫生运动不是一个人的事，要大家来做。"[②]

作为一种大规模的社会教育实践，根据地的竞赛活动以生产运动和整风运动的双重逻辑，在广大工农群体、领导干部、军队、青少年中建构了马克思主义的政党形象，启迪各阶层、各群体以一种不同于历史任何时期的全新姿态投入抗战中，为解放战争时期竞赛活动的延续奠定了扎实的基础。

第三节　解放战争时期以支援前线、劳动创造为主的竞赛活动

抗日战争经过全国人民的浴血奋战取得胜利，国民党企图占取抗战成果，悍然发动内战。社会矛盾骤变为以国民党反动派为代表的封建地主和官僚资产阶级同以中国共产党为代表的人民大众之间的矛盾，化解矛盾、建构并巩固共产党的合法地位成为解放战争时期中国共

① 参见陈燕楠：《中共党史研究》，人民出版社2014年版，第404页。

② 中共中央文献研究室编：《毛泽东年谱（1893～1949）》（修订本）上册，中央文献出版社2013年版，第665～666页。

产党的重要任务和主要使命。以支援前线、恢复和发展解放区的经济为重点，纠正资产阶级思想作派，也为竞赛活动的主题和内容作了铺垫。在支援解放战争的同时强化工业根基，激励公私企业展开劳动创造、生产创新，形成了热烈的竞赛局面。

一、解放战争时期竞赛活动的出场语境

抗日战争胜利后，国际国内形势发生了深刻变化。国际上，美国依仗在第二次世界大战中日益壮大的经济和军事实力，加紧扩张，积极支持蒋介石发动内战，企图通过国民党政权控制中国。国内，阶级关系发生了根本性变化。国民党政府对外出卖民族利益，对内实行专制独裁，不遗余力地消灭共产党革命政权和军队。代表最广大人民利益的中国共产党在新的历史条件下，面临着国家成为一个民主、繁荣、强盛的新中国还是一个半殖民地半封建旧中国的抉择。在《抗日战争胜利后的时局和我们的方针》的演讲中，毛泽东深刻分析了战后局势，人民需要和平、社会需要稳定、国家需要休养生息，而国民党政府在全国各大中城市策动反苏反共游行，发动全面内战。中国共产党人意识到，虽然中国人民取得了抗日战争的胜利，但并没有完成民主革命的任务，始终面临着新的灾难和挑战。

1.对生产关系的再度审视

中国共产党致力于改变、废除旧有生产关系，历经了苏区和抗日根据地的土地改革实践，积累了近20年的土地斗争经验，将土地政策的经验融合于生产竞赛、劳动竞赛中。在生产竞赛的短期突击中发展了生产力，但不可避免地存在着急迫的土地平均的“左”倾思想、土地分配的冒进思想等。解放战争时期，中国共产党人主张在即将占领的南方诸省的乡村中分步骤实行剿灭土匪、反对恶霸、开仓济贫的策略，消解社会不稳定因素，逐步建立新民主主义的农村经济生产关系，解放农村长期被束缚的生产力，促进解放区农村经济的发展。

2.对资产阶级的重新定位

解放战争时期党对资产阶级的认识发生了重大变化。中国共产党根据战争形势的发展和社会矛盾的转变，依照和平建国的原则，客观评估了阶级力量的对比，重新定位了资产阶级的阶级属性；吸取了同资产阶级合作、斗争的经验教训，调整了对资产阶级的态度，对在经济上消灭资本主义与在政治上对民族资产阶级右翼分子的打击进行了严格区分。中国共产党认识到，解放战争要在全国范围内取得胜利，需要继续团结、保护和发展资本主义，民族资产阶级也是恢复经济、发展生产的重要力量，并制定了团结资产阶级并发展私人资本主义的政策，实行联合民族资产阶级反对大资产阶级的方针，吸引民族资产阶级和上层小资产阶级，发展资本主义工商业。中国共产党采取劳动互助形式，建立私有财产基础上的集体劳动组织，为竞赛活动提供了理论基础和实践平台。

3.对政治环境的深度净化

为实现人民解放战争的彻底胜利，中国共产党的工作重心转移到城市。在城市工作中，强调贯彻阶级路线，同时注重对待资产阶级的策略转向，注重克服对待资本主义的"左"倾错误思想。人民解放战争进入战略反攻阶段，城市工人举行罢工斗争、农民抗粮、船民"罢运"斗争、各民主党派和无党派爱国人士的斗争等，促进了国民党上层人士、工商界人士、旧军政人员等转向共产党，社会各界纷纷参与到反抗国民党统治的爱国民主运动中，统一战线得到了有效落实，无产阶级掌握了绝对领导权。

二、解放战争时期竞赛活动的主要类型

中国共产党在严峻、艰巨的挑战中，明确了新形势下革命的具体任务和策略。其主要任务是彻底打倒国内的反革命势力，实现全国解放；以迅速恢复生产、奠定工业基础为途径，以满足人民生活需要为动力，

发动农业、工业等领域的竞赛活动。在教育事业方面，也急需树立正确的价值观念、引导民众的思想，政治教育层面的竞赛活动也相应开展。

1.农业领域的竞赛活动

解放战争时期，中国共产党延续并发展了抗日根据地内采取的“双减”为中心的土地政策，有步骤、有秩序、渐进地推进土地变革。在晋冀鲁豫解放区、山东解放区、华中解放区等，推行社会财富不分散的减租减息的土地政策。中央政府对减租减息政策的重视和落实，极大激发了农民从事土地种植以及发展农业副业的热情。解放战争初期，边区政府发布的生产运动指示指出，“组织起来”是边区集中劳动力、发展劳动生产最重要的途径，在太行根据地，有些地方参军参战用工占去全县劳力的50%。[①] 农业生产互助合作成为民众生产竞赛的主要方式。农民以合作社的组织形式参与生产竞赛，在竞赛活动中又不断优化农民的土地政策、完善生产分配制度。如解放战争时期中共中央制定并通过的《中国土地法大纲》，依据竞赛活动的实践，在生产竞赛中发现土地所有权的漏洞、暴露土地分配与人口不对等的弊端，逐步修订、补充。封建土地问题在竞赛实践的验证中得到有效解决。随着解放战争进入反攻阶段，农村大规模的土地改革也随之展开，促进了生产竞赛的大范围进行，妇女参加社会生产的竞赛也逐渐普遍。

2.企业工业领域的竞赛活动

国营、公营企业及工业领域的劳动竞赛主要体现在解放区的支援前线、恢复生产中。1947年初，晋冀鲁豫军区在邓小平、刘伯承的带领下，专门召开工会工作会议，开展“刘伯承工厂”立功竞赛活动，将每个职工的任务密切结合在解放军战略反攻的政治目标中，争创相互合作的竞赛热潮。随着1948年11月2日辽沈战役的彻底胜利，东北全境宣告完全解放，成为全国解放较早的地区。1949年初，中华全国总工会主

① 参见史敬棠等编:《中国农业合作化运动史料》上册，生活·读书·新知三联书店1957年版，第504页。

席陈云亲自主持召开工人代表座谈会，动员工人阶级发扬主人翁精神，团结一致，努力恢复和发展生产。在东北职工总会的领导下，东北地区政府和各级工会组织响应中央东北局大力恢复和建设工业的号召，坚决贯彻党的“发展生产”“繁荣经济”“支援前线”等方针政策，东北民众也以激情昂扬的崭新姿态投入经济建设中。东北职工总会发出了《关于组织生产竞赛运动的指示》，强调生产竞赛是以提高产量、改善质量、降低成本、完成并超过生产计划为目的，在竞赛过程中加强工人的阶级教育，发挥全体职工的劳动品质和创造精神。技术人员、一般职员及工厂管理人员均积极参加，在群众性的生产竞赛中发现并培养了大批劳动模范。为了保卫解放区、支援解放战争，解放区的广大工人、农民以高涨的革命积极性参与劳动竞赛，掀起了生产高潮。东北成为解放战争中物资和人员输送的重要基地，有力地支援了其他地区的解放。

其一，东北铁路系统的生产竞赛、哈尔滨铁路工人的革命竞赛、鹤岗煤矿工人的劳动竞赛、哈尔滨马家沟发电厂的创新竞赛、纺织行业的生产竞赛、沈阳橡胶行业的生产竞赛等较有代表性和典型性。

东北铁路总局于 1946 年 7 月成立，肩负着恢复铁路运输、保证军用物资和部队人员的输送等任务。为了调动广大职工的积极性，东北铁路系统开展了多种形式的竞赛活动。“毛泽东号”机车与“朱德号”机车的诞生是劳动竞赛的鲜活体现。“毛泽东号”机车在 1946 年的四保临江战役中遭遇国民党军队飞机的轰炸，为保障军用物资的顺利运输，铁路工人、技术人员等冒着生命危险进行抢修、改造；同时，职工积极参与技术革新，创造的三锹投煤法运用于生产竞赛中，节省了燃煤，在劳动创造中又研究出了省油的新技术。机车组的铁路员工在竞赛中创新了循环运转制，大大降低了车辆运转率。“朱德号”机车组的员工不顾自身安危，争先创新，修复数十台废旧机车，支援解放战争，被东北铁路总局授予“开路先锋”的光荣称号。

哈尔滨铁路工人总工会在广大职工中开展革命竞赛。如西满铁路局及哈机各部门展开革命竞赛，提出“竞赛岂能失败”等严苛的竞赛条件和竞赛目标，显著提高了生产效率和劳动质量。

煤矿工人积极参与生产竞赛，确保了工业生产、铁路运输和人民生活的需要，为解放战争的胜利和工业的恢复作出了突出贡献。鹤岗广大煤矿工人克服停水、停电的困境，提出了“多出一锹煤等于支援前线”的竞赛目标，夜以继日地抢修生产设备。此外，鹤岗煤矿开展了多种形式的劳动竞赛，如“生产大赛突击运动”“红五月运动”“竞功运动”“劳模运动”“创新纪录运动”等，有力地调动了广大职工的积极性，煤炭产量蒸蒸日上。

哈尔滨的马家沟发电厂工人之间展开竞赛，在竞赛氛围中，敢于革新、大胆创造，实现了发电机组的重新组装，创新后的发电机组量基本可以满足整座城市的照明用电。

纺织行业为保障军需供应积极开展生产竞赛。东北纺织行业的军需部车工二部，为保证渡江战役的军需供应，开展生产大竞赛。军需部三局被服二厂为保证1949年4月完成单被18.5万床、干部服2000套、战士挎包3.5万个的任务，动员全厂职工参与生产竞赛，职工们以实际行动支援解放战争。

沈阳橡胶行业专门成立了总的生产竞赛委员会，以各厂管理委员会为基础，另增加数名职工代表组成竞赛委员会。生产竞赛委员会由统计、宣传、检查、评判等组成，负责统计每天的产量和原材料消耗等情况，检查质量，出生产快报，及时交流、反馈各厂的经验。

此外，沈阳机械行业的生产竞赛开展得热火朝天。沈阳第一机器厂第二分厂机工场各个小组根据企业提出的生产任务制订小组计划，小组和小组之间进行竞赛。

东北解放区作为首批解放的地区，在多个领域开展了劳动创新的竞赛活动。[①] 1949 年 10 月，东北职工总会作出了《关于开展创新纪录运动的决定》，阐述了开展劳动创新竞赛的目的、意义、方法及注意事项。随即在东北各厂矿掀起了劳动创新竞赛的热潮，竞赛以提高生产效率、提升质量、减少废品、节约原材料、降低成本和改进管理方法等为目标，不仅提高了工人的劳动效率，而且树立了工人阶级新的劳动态度和观念。创新竞赛与科学技术相结合，充分发扬劳动群众的创造性，体现了工人阶级新劳动观下的爱国情怀。

其二，东北解放区以外的生产竞赛。继东北解放之后，其他解放的城市也相继开展了各行各业的生产竞赛。如邮区系统的竞赛，天津邮区职工开展竞赛，每个职工订出了个人参加竞赛的计划；山东邮区职工向全国各邮区提出挑战，积极投入竞赛，提前完成了任务；江西邮区工会专门召开生产干事会议研究发动职工开展竞赛，全省各分局、各小组和个人都制订了投入竞赛的计划。其他行业也展开内部各部门之间的竞赛。如石景山钢铁厂在“恢复生产，多出钢，出好钢”口号的感召下，各分厂、各车间、各工段内发起竞赛约定，向上下工序、相关部门提出竞赛挑战；关内刚解放的一些城市的铸造厂与锻焊厂在产品数量和质量上的竞赛挑战；铁道部内部各部门之间赶制水管以及提高产品合格率的竞赛；天津电车公司在全体职工中开展恢复交通、节约成本竞赛活动；机工刘奇英、刘云书二人共同研究铣床的加工方法时发起的相互竞赛；等等。[②]

3.思想教育领域的竞赛活动

首先，部队中思想教育的竞赛活动。解放战争时期党尤为重视党政军民的团结和军队内部各单位之间关系的巩固，强化军队政治思想的培养。中国共产党以精兵简政、减轻人民负担为原则导向，精简、整编部队。在各解放区普遍开展官兵相教的练兵运动，举行大练兵竞赛，

---

① 参见姚荣启编著:《中国劳模史(1932～1979)》，中国工人出版社 2020 年版，第 180～184 页。

② 参见姚荣启编著:《中国劳模史(1932～1979)》，中国工人出版社 2020 年版，第 198～213 页。

增强了士兵的斗志。在军队中实行革命竞赛和学习竞赛等，广泛开展以邯郸战役中起义将领高树勋为榜样的“高树勋运动”，鼓励士兵之间进行身体素质、文化学习方面的竞赛，以提高部队的政治素质和军事素质，激发军队中和平、民主、独立的政治觉悟，加强部队与党在思想上的高度一致性和同步性。

其次，各解放区的思想教育竞赛活动。中国共产党为巩固和扩大统一战线，在山东解放区等各解放区，开展冬学运动，进行无产阶级思想的教育，开展学习互助和学习竞赛。学生自主创办学生会，自下而上地组织、开展以正课为中心的学习互助和学习竞赛，启发同学们学习的自觉性、创造性和积极性，并积极配合人民解放战争的军事策反、宣传鼓动工作等，有力推进了解放战争的胜利。历经三大战役，解放区域迅速扩大，起初是东北、华北等地，进而南方各省巩固成片，全国农村相继摆脱长达几十年的战争状态，竞赛活动的效应随其范围的拓展得以有效发挥。

新民主主义革命时期各阶段的竞赛活动，其类型随革命时局的变化而更新，其目标随社会局势的需要而转化。竞赛活动是中国共产党长期革命和政权巩固中自主探索出的伟大成果，也是群众路线的表达方式和具化形式。在竞赛活动的组织、动员等运行环节中，中国共产党始终秉持实现广大劳动群众利益的原则和初衷，彰显了马克思主义政党的优势和组织能力，持续为新中国成立后的社会主义建设赋能。

第四章　新民主主义革命时期根据地竞赛活动的宣传动员

宣传动员是竞赛活动的关键环节，“宣传”在《现代汉语词典》中被定义为“对群众说明讲解，使群众相信并跟着行动”[①]；“动员”是“发动人参加某项活动”[②]，“是一种为了实现一定目标而进行的宣传、发动和组织的工作方法”[③]。宣传包含了对受众的鼓动和动员，动员是在宣传基础上进行的发动、组织工作，有宣传的成分，宣传中也包含了动员的因素，因而“宣传动员”表达的是一个整体概念。宣传动员具有舆情疏导的功能，是党和政府执政能力的重要体现。竞赛活动是革命时期贯彻中国共产党经济政策、政治方针的主要途径，是社会运动的表现形式，“社会运动的动员也是一个强化宣传的过程”[④]，主要体现为：一定的社会集团带着特定目的和内容，利用各种传递交流方式和时机，在特定的领域和范围向特定受众实施思想、观念意识、主张、情感信息等的传播、

① 中国社会科学院语言研究所词典编辑室：《现代汉语词典》，商务印书馆 2017 年版，第 1482 页。

② 中国社会科学院语言研究所词典编辑室：《现代汉语词典》，商务印书馆 2017 年版，第 314 页。

③ 龙太江：《从“对社会动员”到“由社会动员”——危机管理中的动员问题》，载《政治与法律》2005 年第 2 期。

④ 王海光：《旋转的历史——社会运动论》，上海人民出版社 1995 年版，第 188～189 页。

交流和影响。[①] 马克思指出："理论在一个国家实现的程度，总是决定于理论满足这个国家的需要的程度。"[②]中国共产党的竞赛活动宣传渗透在新民主主义革命时期社会生活的人际交往中，由此，中国共产党的宣传逐步被赋予了政治内涵和政治目的。中国共产党以发展生产力为前期目标，通过对权力和财富的重新分配以激发统辖区民众的生产热情；以服务广大人民为阶级旨趣，辅助自耕农等阶层摆脱贫困状态；以马克思主义唯物史观为指导，借助一定的宣传环节、手段、形式来实现为群众服务的终极目标，阐明中国共产党的社会政治观。

战时动员具有多样性，宣传方式也呈现复合交错的样态，但服务于同一个本质，即引导毫无政治话语权的民众在竞赛中提升思想觉悟，争取各阶级的政治认同和文化认同。中国共产党采用通俗化、大众化、生动化的形式，自上而下地激发不同阶级、不同群体及其他社会成员的竞赛积极性，启迪劳动者新型劳动意识的觉醒，进而自下而上地投射到社会活动中，发挥各阶层在经济建设、社会发展、文化进步等层面的创造力，激发根据地民众对党和政府的认同和支持。党和政府所采取的科学的领导模式和动员方式表现为：首先，官方新闻机构的宣传（如报刊）以及非官方通俗化的宣传（如口号、娱乐方式等），结合竞赛活动的属性、特点，广泛调动一切阶级，发挥宣传动员的解释、说明功能，循序渐进地被不同群体接受、理解并拥护。其次，新民主主义革命时期，随着组织能力的提升，中国共产党对社会的整合举措也日益丰富，如采取行政命令、行政干预等强制措施宣传政府的指示和政策；或召开动员会议及出台宣传文件，充分发挥党的政治动员功能，体现了政党对社会的多元化管理。最后，宣传动员呈现出教育、激励的外显性价值，在竞赛活动中表现为典范效应的激励性动员，如中国共产党领导人的垂范作用

---

① 参见王科、帅胤：《论政治宣传的平民化问题》，载《中共成都市委党校学报》2003 年第 1 期。

② 《马克思恩格斯文集》第 1 卷，人民出版社 2009 年版，第 12 页。

和劳模英模的激励示范，这一动员行动突破了民众参与管理国家和社会事务、建设经济和文化事业的权限，民众以崭新的意识为构建和谐社会创造良好条件。新民主主义革命时期，党和政府针对不同阶层的利益需求，采取不同的宣传对策，保障了竞赛活动在社会各领域发挥出强大效能。竞赛活动的宣传动员，强化对不同阶层需求的满足，构建大历史语境下的动员话语，营造和谐、团结的舆论氛围和革命环境，马克思主义主流意识形态的指导地位愈益显现，共产党对社会的掌控力逐步稳固。民众在中共中央和地方政府持久性的号召和倡导下，劳动态度、价值取向与政党期望发生转变，为实现社会整合、巩固执政合法地位积淀了经验和群众力量。

第一节　竞赛活动宣传媒介的组织力建设

随着革命形势的发展变化，党的宣传机构在中央政权建设、地方层级组织建设中逐步形成、完善，竞赛活动的宣传机构也在党的基层组织和中央机构的双维建设中得以发展、壮大、巩固，这符合事物循序渐进的发展规律，形成了系统化、覆盖全国的政党组织和宣传机构。新民主主义革命时期竞赛活动的宣传以普及党的思想和政治主张为内容、要务，以工人、农民、青年、妇女、士兵等为客体，针对不同的群体选择适宜的宣传动员路径，包括以报纸为代表的主流媒体的动员和口号，以及壁报、娱乐等非官方通俗化的宣传。

一、以报刊为主要载体的竞赛宣传

新闻宣传事业是党和人民的喉舌。无论是新民主主义革命时期、社会主义革命和建设时期、改革开放和社会主义建设新时期，还是中国特色社会主义新时代，中国共产党都始终高度重视新闻宣传在服务党和国家中心工作、促进文化发展中的重要作用，始终坚持党管新闻、党管媒体的政治原则，将党的宣传事业看成是“党的生命的一部分”[①]。新闻媒体承载着党思想政治教育的功能，传达着中国共产党思想政治的发展脉络，彰显了党思想理论的阶段性、系统性和生命力，凸显了其政策的针对性、总体性、全面性等特征。

(一)土地革命时期竞赛活动宣传机构在党的组织建设中发展

1.土地革命时期党组织的恢复和发展为宣传机构的成长提供组织保障

土地革命时期是党的基层组织建设、奠基和探索阶段。组织机构因组织工作的需要而设置，宣传机构也与党、政、军、群组织架构融为一体，反映了党的宣传机构的鲜明特色。

党的宣传机构在党组织机构的成长中发挥着最大化的动员价值。中共中央局组织部、宣传部在中共三大时设立，中共五大又增设了纪律检查机构等部门。土地革命时期已形成了从中央到基层较为完善的五级组织。宣传动员群众的工作，是分散的、细小的、复杂的战斗工作。基于政治宣传、政治教育和政治动员的目的，中央苏区各级党委、政府和红军部队有效整合根据地有限的文艺文化资源，建立了以工农剧社、苏维埃剧团、俱乐部等为载体，自上而下、网状布局的组织结构和党委、政府、部队三位一体的宣传系统，以及分工协作、井然有序的文艺生产、审查、传播体制。[②] 党组织的活动空间、工作领域也随之拓展，宣传规模也相应扩大。利用文艺作为政治启蒙、文化教育和阶级斗争的有力工具，虽然不是中国共产党人的首创，但是中国共产党将文艺的政治功能和教育功能发挥到极致却是毋庸置疑的。

群体性组织的恢复和优化与宣传机构的发展相协同，强化了中国共产党的动员工作，提升了宣传效应。首先，中国劳动组合书记部在上海成立，并相继在各地建立分部；随后，出版机关刊物《劳动周刊》、开设

① 欧阳恩良:《中国共产党百年来领导文化建设的基本经验》，载《光明日报》2021年4月7日。

② 参见汤建萍、喻琴:《论中央苏区的工农剧社运动》，载《苏区研究》2021年第2期。

工人夜校等，扩大宣传和联络。其次，农会等农民组织也相继成立，规模迅速壮大，为发展大规模农民运动、农民的竞赛动员提供了组织保障。集聚性的组织架构提高了宣传动员效率，而且建立了在民主选举基础上的工农兵代表大会制度，有力传达了苏维埃政府代表人民利益的政权属性，为群众路线的践行储备了政治话语。再次，恢复并加强青年团的工作，青年运动组织的蓬勃发展拓展了竞赛活动的宣传受众。党从思想建设层面明确了以马克思主义为信仰，以维护青年权利为宗旨，创办《先驱》等刊物，加强对团员的宣传教育工作。复次，妇女运动及组织也展现出新面貌。党的领导集体重视妇女运动，将培养妇女新型劳动观，提高妇女的政治觉悟、文化水平和生活能力作为重要的革命任务，为革命竞赛、学习竞赛中妇女的宣传动员奠定了思想基础。最后，红军政治机关组织系统的壮大，以及分工明细、机构的精简，增强了宣传动员的时效性和针对性。

土地革命时期，中共中央通过恢复和重建各地党组织，宣传动员群众，不断培养革命力量。建立多个中央派出机关和一套秘密工作制度，为政策的宣传提供了广阔平台和领导力量。在各根据地内，党大力加强自身建设，“中央应当健全宣传部；各级党部必须有专门执行宣传工作的组织”①，并严格把控各类政工人员的任职资格、目的原则。周恩来在分析军队阶级来源时阐明了革命军队政治宣传的根本性质，军队政治工作宣传队“一方面向民众宣传，一方面训育士兵”②，同时指出革命军队的宣传工作要坚持党性和阶级性原则。周恩来明确提出军队宣传工作要融合到政治工作中，为革命竞赛的动员奠定了理论基础和实践经验。1931 年 1 月，苏区中央局正式成立，以赣南闽西根据地为依托，党组织逐步健全，释放出了中国共产党群众路线的蓬勃力量。根据地

① 中共中央宣传部：《中国共产党宣传工作简史》上卷，人民出版社 2022 年版，第 57 页。

② 中共中央文献研究室、中央档案馆编：《建党以来重要文献选编（1921～1949）》第 3 册，中央文献出版社 2011 年版，第 346 页。

的国营企业中也单独建立了党的支部，大力宣传生产竞赛、经济建设等政策，有组织、有计划地调剂劳动力，根据地相继出现了群众性的劳动竞赛热潮。同时，地方武装建设也得到加强，形成了党领导的主力红军、地方部队与群众武装相互依存、密切配合的人民武装力量体制，提供了扩红竞赛的组织保障。在红军中也加强党组织建设，保证战时政治工作的开展。在各根据地红军和各级政治机关、政治工作干部和军事干部，各级党组织、共青团、士兵会，广大党员、团员及士兵中，开展学习竞赛，选拔信仰坚定的党员，加强军队的思想政治教育，提高红军革命思想的先进性，发挥其先锋模范作用。中共中央先后创办中央军事政治学校等各类红军学校，加强军政训练，开设政治常识、党的建设、苏维埃建设等课程，对党员干部进行比较系统的马克思列宁主义教育，不断提高党员的思想政治水平和工作能力。以党的基层组织为平台，党的纲领、路线、方针、政策得以广泛宣传，并深入贯彻到党员、政府机关、群众团体和人民群众中。中国共产党在进行粮食生产动员中号召“各村组织健全的生产冲锋队，或突击队，或模范队，实行订生产计划，经常组织生产比赛，在积极生产中来完成和超过所订计划，做群众的模范，并发动反懒惰的斗争，对于懒惰分子，除在群众会上批评外，并发动儿童团去耻笑他！”[①]竞赛活动的动员，得益于基层党组织的系统性架构。根据地的扩红竞赛、支前运动、工农业领域的生产竞赛和劳动竞赛等，通过强有力的基层政治宣传和细致入微的思想动员，激发了广大根据地人民群众的政治觉悟和战斗热忱，提高和巩固了部队战斗力。

2.土地革命时期以报刊为主流媒体的宣传机构的发展与壮大

官方新闻机构是党组织的重要部门，是以增强政治宣传效果为职能的政治工作机关。随着根据地党组织的恢复与发展，新闻机构逐步体现出强大的部门职能和宣传效应，官方媒体的宣传途径也得到丰富，

① 《战争急剧开展中党团苏维埃工会加紧春耕动员》，载《工农报》第72期，1933年2月12日。

为中国共产党宣传事业的发展提供了必要前提，中国新闻业也进入了现代化发展轨道。

新民主主义革命时期官方新闻机构的宣传以报刊和通讯社为主。“五四”新文化运动的兴起推动了报纸企业化进程，“在阶级社会里，报纸是一种阶级斗争的工具”[①]。以报刊为主流媒介的宣传方式映射着中国共产党政治化的宣传色彩，体现了加强政治建设是宣传工作的中心任务。新民主主义革命时期中国共产党竞赛活动的宣传，以报刊为主要阵地，以相信群众、依靠群众、服务群众为宗旨。

中国共产党筹办了类型繁多的报刊，为后续竞赛活动的宣传和普及提供了媒介力量。一是领域覆盖面广的刊物，“五四”时期的《星期评论》《建设》《觉悟》等杂志，注重劳动工人、社会改造等实际问题的探讨，为中国共产党成立后劳动的宣传动员奠定了阶级基调。中国共产党成立初期的《申报》，采用华俄通讯社近70篇关于俄国劳农政府的政治、经济、军事、外交、文化教育以及群众劳动和生活情况的稿件，为借鉴和学习苏联竞赛活动提供了渠道和依据，为新民主主义革命时期思想政治教育等一系列马克思列宁主义的竞赛活动的开展奠定了理论基础。党的二大会议上专门讨论了党报问题，主持中央宣传部工作的蔡和森筹办了《向导》，围绕党的路线、纲领、方针、政策进行宣传，着重于政治鼓动，成为中共中央第一个政治机关报。党的四大决定以马克思列宁主义理论、十月革命和国际共产主义运动为宣传重点，讨论了党的宣传工作。中共中央创办的早期刊物，奠定了以社会实际问题为导向的办刊思路，推动了官方宣传工作的整体性和系统化。二是大批群众性报刊的相继出现，促进了群众思想的觉醒。有针对妇女群体的《妇女声》等报刊，为妇女解放思想、参与社会活动奠定了思想基础；有倾向于青年群体的报刊，《中国青年》是共青团中央的第二个机关刊物，与《中国学

① 梁家禄等编：《中国新闻业史》，广西人民出版社1984年版，第476页。

生》等刊物相互配合，引导青年树立正确的价值观，传播新劳动观念；还有为工人群体发声的报刊，中华全国总工会的机关报《中国工人》宣传以工人运动为中心的群众斗争，为我国新闻事业和群众路线的宣传带来新的生机与活力，也为工人刊物的改版、创新提供了借鉴的模板。群众性报刊有利于不同群体更加直观地接受和认识党的建设和党的理论、组织原则、工作方法等，加强了对不同阶层的思想教育和革命引导。

报刊是根据地民众获取竞赛信息的重要渠道。20 世纪 30 年代初，国民党控制新闻发布权、垄断发行权，对共产党的新闻出版工作肆意迫害、严酷摧残。承受着国民党白色恐怖的压力，中国共产党开展秘密的办报活动，保证了宣传工作的持续性。秘密报刊《布尔什维克》于 1927 年创刊，刊载了大量党的重要文件，是党中央的政治机关报，真实介绍了十月革命后俄国劳农政府以发展生产为主要任务的经济建设模式，为学习苏俄竞赛活动的生产方式提供了宣传渠道，“可以使理性的宣传转为感情的鼓动，使理性的思想上的认识同热烈的情感结合起来，而使干部与群众的动员成为完成任务而坚决斗争的热潮。这种种热潮可以把落后的卷入运动中来，可以使冷淡的变为热烈，可以使‘平凡的’人民创造出历史的奇迹”[①]。随着报刊事业的发展壮大，各阶层群众参与社会事务的热情在报刊宣传中被激发，革命竞赛、生产竞赛等在报刊的广泛宣传中产生了强烈的动员效应，中央及地方报刊竞相刊登竞赛活动的宣传文章，呈现出几个方面的内容。首先，关于竞赛活动目的的宣传。中国共产党领导集体积极撰文宣传竞赛目的，如张闻天在《合江日报》发表《抓紧生产　深入斗争》的社论，督促地方干部要狠抓生产工作，“现在正是生产中最紧张关头，地方领导必须深入了解生产中的具体情况，及时发现问题、解决问题”，“必须把领导生产的中心任务，同深入灭匪锄奸与反对恶霸地主的斗争，保护大生产与解决群众生活困难

① 张培森主编：《张闻天年谱》下卷，中共党史出版社 2000 年版，第 540 页。

结合起来。并在抓紧生产和深入斗争中，进一步消灭'夹生饭'，巩固合江根据地"。[①] 又如1934年4月14日《红色中华》报上的《在提高劳动纪律、实行节省中，十一个机关职工会订立竞赛条约》一文，提出了遵守劳动纪律、订立革命竞赛条约，形象通俗地阐明了特殊时局下进行生产竞赛的必然性，极具号召力。其次，关于竞赛活动内容的宣传。如《苏区工人》报上详尽刊载了革命竞赛在中央苏区尤其在国家企业中开展的热烈场景；又如《江西省职工联合会提出各县职工联合会革命竞赛条约草案》，既规定了竞赛内容、目的、组织领导等，也号召组织义务劳动，建立识字班、读报班、墙报班和政治讨论俱乐部等，还记述了瑞金、会昌、胜利、兴国、于都、赣县等16县职工派代表到中心县开会订立革命竞赛合同的指示，规定两个月后进行革命竞赛的总结，对工作成绩优良者进行奖励。通过报刊刊载先进集体和个人事迹的宣传途径，调动职工群众的积极性，大幅度提高了生产效率，也反映了工会对革命竞赛的组织领导作用。最后，关于竞赛活动成效的宣传。在革命形势下，中国共产党充分运用宣传媒介和舆论窗口推介、呈现竞赛活动全景，以《红色中华》《青年实话》《斗争》《红星》等四大报刊为代表的纸质媒体充分利用其优势，对竞赛的组织、规则、对象、成果、先进代表等不遗余力地客观报道。如1934年6月26日《红色中华》报的社论《我们是苏维埃的主人，我们是为自己劳动》，生动反映了苏维埃政权下的工农大众劳动观在竞赛活动的引导下而转型。有报刊也涉及了中央苏区订立的革命竞赛条约，规定了竞赛时间、竞赛事项以及奖励措施等具体内容，提出以精神奖励为主的奖励形式：竞赛优胜者可以获得奖旗，并由参加竞赛的单位派代表用军乐鸣爆竹迎送；规定竞赛活动的评审需领导亲自参加，体现了领导重视、广泛发动群众的特点。

据1934年的有关资料，中央根据地有大小报刊34种，其中《红色中

---

① 张培森主编：《张闻天年谱》下卷，中共党史出版社2000年版，第550页。

华》的发行量达 4 万余份,《青年实话》报发行 2.8 万余份,《斗争》杂志发行最多时达 2.7 万余份,《红星》报发行最多时达 1.73 万份[①],极大地拓宽了竞赛活动的宣传空间。在中央苏区报刊不断增强宣传力度的影响下,生产竞赛、工作竞赛、劳动竞赛等的范围不断扩展,由工厂到机关、学校;竞赛方式也日益丰富,如中央苏区的生产竞赛中,工人以组织生产突击队的方式参与生产竞赛以巩固、发展苏维埃企业。《红色中华》也经常报道竞赛活动的奖励模式以及奖励产生的成效,如 1934 年 5 月 28 日刊登在《红色中华》的《春耕运动总结与夏耕运动的任务》文章,记述了对产量最高、有发明的工人采用"上红板"(光荣榜)的形式进行表彰,进一步推动了革命竞赛的广泛开展,先进模范人物不断涌现。苏维埃工厂企业和合作社企业模式下开展的生产竞赛,其奖励模式在《红色中华》中也有清晰呈现:"劳动模范的上列两位发明家(赖祥瑞同志、罗吉昌同志)已由厂部报告供给部,由总供给部奖了最光荣的奖品和奖金。现在还有陈嫩娣同志正在继续研究,也许不久就有新的发明。"[②]

中国共产党宣传工作的理论水平在实践经验的提炼中有了明显提升。土地革命时期,马克思、列宁等关于党报工作的论著和共产国际宣传工作的相关文件被广泛翻译,如列宁的《两种策略》《怎么办》《从何着手》《论我们报纸的性质》,斯大林的《给〈无产阶级革命〉杂志编辑部的信》,为中国共产党的宣传动员提供了丰厚经验。中国共产党人也积极探索中国化大众化的党报宣传动员理论,如张闻天的《关于我们的报纸》《提高我们党报的作用》、《红旗日报》发刊词《我们的任务》、李立三的《党报》《〈上海报〉一年工作的回顾》《怎样建立健全的党报》等,适时整改、优化党报工作及宣传工作。中国共产党以报刊为主阵地大力宣传竞赛活动,也形成了马克思列宁主义与党报工作相结合的办报原则

① 参见阳振乐:《中央苏区时期的党报党刊与党的建设——以〈红色中华〉、〈斗争〉为例》,载《苏区研究》2016 年第 1 期。

② 狂夫:《我们是苏维埃的主人,我们是为自己劳动》,载《红色中华》1934 年 6 月 26 日。

和理念。如《红旗周刊》强调的“我们必须有计划地有系统地传达党的正确政治路线与无产阶级作战的战术与战略”[①]，凸显了马克思主义理论支撑下的宣传要旨。党报的服务宗旨落实在具体化、实际化的竞赛活动中，与实践紧密衔接，树立了马克思主义的新闻观念，彰显了宣传工作的立场与定位。

（二）抗日战争时期竞赛活动宣传机构在党的组织建设中巩固

1.抗日战争时期党组织的整改和巩固为宣传机构的壮大提供组织依托

政权建设是抗日民主根据地建设的首要任务和根本问题。土地革命时期党的基层组织架构基本形成，在抗日战争时期逐步优化和完善。如在晋察冀抗日根据地，30 余县动员民众参加生产竞赛。1938 年，在晋察冀、晋西北、晋冀豫、冀鲁豫、皖东北、豫鄂边等根据地相继建立了边区政权，在东江和琼崖根据地建立了县级政权，县、村（乡）政权也得到进一步扩展。党在西北国民党统治区也积极恢复和建立地方组织，中共陕西省委先后建立 10 个地（特、市、工）委、6 个中心县委、40 多个县（工）委，中共甘肃省工作委员会、中共宁夏省工作委员会、中共绥蒙工作委员会、中共绥远省工作委员会也相继建立。1939 年 6 月，毛泽东在高级干部会议上强调：“党已在全国有了大数量的发展。现在的任务是巩固它。”[②]随后，明确了巩固党的组织是党政权建设的中心任务。巩固和稳定基层政权组织是中国共产党采取的重要对策。边区政权成立后，宣传机构的职能逐步发挥，颁布、实施各方面政策法令，号召群众积极投身于经济建设中以稳定社会秩序。宣传机构在基层组织的引导中愈加成熟，为中国共产党全方位的竞赛动员以及群众路线的宣传奠定了深厚、广泛的组织基础。

抗日根据地在巩固政权的基础上，也加强了政权结构的制度化建

---

① 《论发行工作》，载《红旗周刊》1931 年第 8 期。

② 《毛泽东文集》第 2 卷，人民出版社 1993 年版，第 232 页。

设。民主政权的政权结构设立为立法、行政和司法机关，基层政权开启了全新的法制发展阶段。1940年3月，中共中央出台了《抗日根据地的政权问题》的指示，通过制度化的优化策略以缓解各根据地政权建设发展的不平衡状况，其中陕甘宁抗日根据地是基层政权法制化的缩影。陕甘宁抗日根据地公布的《陕甘宁边区抗战时期施政纲领》，明确了节约生产是根据地竞赛动员的制度前提。其他抗日民主根据地也制定了婚姻条例、改善工人生活条例等保障人权财权的施政纲领和减租减息的经济政策等，提高了民众生产劳动的参与度和安全感。另外，选举层面的制度化，也体现了中国共产党的制度能力。抗日民主政权由直接选举产生，为确保选举过程中的人人参与，中国共产党基于选民偏低的识字率，采用"掷豆子"等方法保证群众民主权利的行使，竞赛活动中的劳模选举也效仿此方法。民主选举的方式团结了农村中的开明士绅、贫雇中农、富农等，厚植了农村政权更广泛的群众基础，有利于各阶层生产竞赛、劳动竞赛、学习竞赛等的深入动员。

抗日根据地的政权建设，为中国共产党宣传经济政策、发展方针提供了法制化的政权依靠，为抗日民族统一战线的经济发展、政治认同营造了民主环境，确保了竞赛等基层群众活动在自由自主、轻松和谐氛围下开展。

2.抗日战争时期以报刊为主流媒体的边区宣传机构的巩固与优化

新闻机构的发展和完善是党的宣传工作的基本保障。首先，中国共产党强调努力巩固党的组织，健全新闻机构，严密党的队伍，宣传工作方能广泛展开。巩固党的工作首要环节是重视加强对党员的马克思列宁主义教育，以提高其政治思想觉悟。遵照《关于执行中央巩固党的决定的指示》，陕西、甘肃、宁夏等地的党组织和青年团体向中央党校、陕北公学、抗日军政大学等输送大批进步青年学生。晋察冀根据地在有党员的地方建立支部，普遍建立了党员培养的制度，深化党员对边区党委、支部宣传工作的认识。各地采取办训练班、开专题讨论会、自学马列主义书籍等多种形式，对党员进行抗日民族统一战线政策、共产主义理想、秘密工作方式和斗争策略、革命气节等方面的教育，形成了浓厚的学习竞赛氛围，强化了党的纪律、加强了党的团结，宣传机构的影响力极大增强，也构建了党员之间相互学习、相互尊重的和谐关系。其次，中共中央先后建立和健全了各地区的中央代表机构。由于西北地区具有特殊的地理位置，被视为全国抗战重要的后方基地，中国共产党于 1941 年 5 月成立了以高岗为书记的中共中央西北局，在晋冀豫地区成立了以邓小平为书记的太行分局，晋西北地区成立了以关向应为书记的晋绥分局；与此同时，充实北方局和山东分局，健全晋察冀分局，在新疆主要通过中共驻新疆代表和八路军办事处开展工作。中央对地方组织较强的主导性和控制力，也使宣传机构进一步稳固。1943 年 3 月设立了由毛泽东、王稼祥、凯丰、博古组成的中央宣传委员会，决定为统一对各地区领导，地方上由马克思主义理论深厚的干部负责党政军民工作，调整并精简了中央领导机构，加强了中央的集中调度。此外，中共中央对少数民族的基层组织和宣传工作也尤为重视，强调少数民族同整个中华民族命运与共，为动员少数民族群众进行经济、社会建设提供了政策保障，有利于改善各民族关系，加强思想教育宣传，强化少数民族的民族认同。

随着中国共产党宣传工作在新民主主义革命各阶段的持续推进，中共领导人的宣传工作思想日臻成熟，宣传理论日益系统化。在人才配备方面，毛泽东始终重视培养政治立场坚定、写作才能突出的共产党员和共青团员投入到宣传部门的工作中，占领舆论宣传阵地。为宣传部门人员创造学习条件，中共中央组织编印国民运动丛书；动员他们积极接受马克思列宁主义教育、阶级教育和党的教育，以筑牢宣传工作的理论根基；提出适时利用文字宣传、图画宣传和口头宣传等形式，扩大政治宣传的影响。党以强有力的教育方式提高了党员的整体素质和理论水平，党组织的战斗力明显增强，宣传工作的质量大幅度提高。

延安时期，新闻机构主要通过官方报刊展开竞赛的宣传工作。其中，《红色中华》《新中华报》《解放日报》等对竞赛活动报道尤为频繁，时常刊发领导人关于生产、学习、生活运动的讲话、文章、动员指示等；陕甘宁边区的《战声报》和各团的生产快报定期报道生产情况，公布各单位开荒成绩，捷报频传。为鼓动妇女群体参与边区经济、政治建设，中共中央妇女运动委员会于1939年6月1日在延安创办了最具代表性的《中国妇女》月刊，着重宣传妇女的社会价值和在生产运动中的作用。根据地的报纸在宣传弘扬劳模方面也发挥着积极作用。1942年《解放日报》改为党报后，大力宣传弘扬劳模精神，以文字、图片、漫画等形式对劳动意识和阶级观念进行了宣传、记述、歌颂，农民模范吴满有和工人代表赵占魁成为重点宣传对象。为加大劳模宣传力度，根据地政府以不菲的稿酬奖励撰稿人，“专署下发通知立功专号为不定期刊，为了交流立功运动的经验指导其发展，欢迎各方面投稿，举凡立功运动的情况报道经验，模范人物及其事迹等，欢迎来稿，一经录用，登载每千字，酬200元”①，极大地提升了报刊宣传的社会效应。全民族抗战初期，国民党系统的报纸对共产党也作出了一定程度的积极、正面的宣传，如《文汇报》1938年3月15日发表《西北大战的展望》的社论对八路军和陕甘宁边区作了高度评价，赞赏军队和民众的艰苦奋斗的竞赛精神、革命情怀、遵纪守法的政治意识。随着抗战形势的变化，爱国抗战报刊遭到扼杀、摧残，禁止私立广播电台，限制、取缔广播收音机的报道，“黄道会”和汪伪“七十六号”的出现加剧了报界恐怖活动，中国共产党的宣传机构也受到了严重冲击。中国共产党采取极端冒险方式继续坚守新闻阵地，如地下党员邱韵铎不畏牺牲、奉命打入日伪内部从事新闻文化工作，革命作家关露接受共产党地下组织的秘密派遣打入敌人内部开展新闻宣传活动，新闻宣传机构在大义凛然的爱国气节中保存下来。“洋

① 专署通讯第二期，豫档，档案号：G13-6-530-7。

旗刊物”对根据地竞赛的宣传产生了积极影响，譬如斯诺在《密勒氏评论报》中陆续刊发陕北根据地大生产运动的情景，使国民党统治区人民了解了劳动竞赛以及经济建设的真实状况，冲破了国民党长达9年的新闻封锁，使国统区人民感受到了抗日战争的光明，对抗日民族统一战线的建立起了正向推动作用。另外，斯诺通过在陕北根据地历时4个多月的深入工农群众，并广泛采访毛泽东、周恩来、朱德、彭德怀等领导人，在《活的中国》一书中翔实地阐述了中国共产党提出的一系列抗战路线、经济建设方针和政策，客观记录了陕北根据地竞赛活动场景。此外，政府下达的训令和印发的指示也发挥了有力的宣传作用。如晋察冀军区以“一面战斗，一面生产，一面学习，一面工作”的口号，掀起大规模的生产竞赛。1940年9月18日，陕甘宁边区总工会发出《为增加工时与响应边委、边府开秋荒二十万亩的号召告边区工友书》，表示：“我们边区工人是发动和坚持神圣抗战的一支先锋军，是建设新民主主义共和国的柱石。今天我们在这战争与革命的新时代中，在中华民族遭遇空前的危难中，没有疑问的，我们工人阶级应该加紧生产，提高技术的实际行动，来表现我们在抗战中的伟大作用。”[①]1941年3月20日陕甘宁边区总工会发布的《关于迎接“五一”生产大竞赛的各项办法》，详细规定了竞赛相关事宜。1943年，军队的所有单位都投身于生产。竞赛活动不仅深入农业生产，也兼及商业和小规模的工业，宣传机构和渠道在竞赛动员中得到优化和拓展，增强了政策的宣传力度，保证了党的方针及时高效地贯彻执行。

（三）解放战争时期竞赛活动宣传机构在党的组织建设中完善

1.解放战争时期党组织的完备和优化为宣传机构的成熟提供组织后盾

解放战争时期，中共中央在基层组织架构的基础上，通过完善纪

① 陈家墩、姚荣启：《抗日战争时期的延安大生产运动（下）》，载《工运信息》2015年第23期。

律、制度的途径规范和整顿各层级组织建设。党组织的制度化，推动了宣传机构的系统化发展。一方面，加强宣传意识，如1945年3月中共中央晋察冀分局下达的第二次指示中提出在宣传部领导下成立新华分社、设通讯干事等措施，并强调要加强报纸和通讯工作，使“全党办报”的方针能够贯彻下去，除了打通思想以外，还要有坚强的组织工作才能实现。下大力解决组织工作中的一切问题，如配备干部、建立组织、准备电台、计划检查等。这样就能使“全党办报”的方针在晋察冀边区得以早日彻底实现。[①] 另一方面，注重制度的落实，中共中央严明了宣传机构的纪律，宣传党纪党规，加强党的集中统一领导，活跃党内民主生活。在规范化中开拓了多元宣传路径，如中共地下党积极筹办大型日报、改革《时代日报》、增加外文刊物《新华周报》，在上海创办了中联广播电台及通讯社等。中共中央还专门出台了严格的请示报告制度的决议，进一步明确了党的意志，也严明了宣传机构的纪律，对于宣传党政党纪、加强党的集中统一领导、活跃党内民主生活发挥了重大引导作用。以党建引领基层组织的整合优势逐步显现，中国共产党的组织体系趋向规范化、制度化，有利于保证党的路线、方针、政策的及时宣传、正确贯彻、有效执行，为党进行宣传动员群众、践行群众路线积累了思想储备和组织准备，也无形中强化了中国共产党的枢纽作用和核心地位。

组织架构的日益完善为宣传动员工作的稳步推进提供了制度保障，思想政治修养的培育在宣传动员工作中占据重要地位。中国共产党在政治宣传中要求有计划地训练大批具备管理军事、政治、经济、党务、文化、教育等项工作能力的干部，加强组织纪律性建设。面临夺取全国政权的紧迫任务，中国共产党人也重视对青少年马克思主义思想的培育。1948年7月，在中共中央和华北局的筹划下，各地学生集聚解

---

① 参见《晋察冀抗日根据地》史料丛书编审委员会、中央档案馆编：《晋察冀抗日根据地》第1册(下)，中共党史资料出版社1989年版，第996页。

放区加入马列学院、华北军政大学和华北大学等学校学习，对聚拢各阶层的意识共识、强化党员素养发挥了关键作用，宣传工作的理论基础进一步扎实、宣传思想日趋成熟。

2.解放战争时期以报刊为主要媒体的宣传机构的成熟和宣传技艺的精进

抗日战争胜利后，中国共产党的宣传活动以提振民众的解放热情、营造统一氛围为重点。1945 年 10 月 10 日，《建国日报》创刊，提供了政策宣传媒介。毛泽东、周恩来等领导人派梅益等人去上海“火线办报”，以“苏商”名义创办了时代杂志社，出版《新生活报》。共产党员以个人名义、以民营方式，联合进步人士办报，成为在上海的重要宣传途径，同时国际新闻社也在上海恢复了宣传活动。由于国民党当局的新闻控制，共产党新闻工作者秘密采访、编辑和发稿，通过多种方式发表在江西、湖南、湖北、云南、贵州等地报刊以及一些海外华侨报纸上。同时，举办多种和平统一的宣传活动，如 1945 年 12 月，操办抗战图片展览会，展出数百帧抗战史料图片，使广大民众直观、系统、全面地了解抗战全过程，激发强烈的爱国情怀。《新华日报》于 1946 年 2 月 27 日正式提出在国统区最大的城市上海出版。公开出版的大型日报对国民党垄断新闻宣传的既定政策构成严重挑战，国民党采取疯狂手段阻挠《新华日报》的出版，将其查禁取缔。

国内形势异常严峻，全面内战一触即发，为唤起全体民众反内战、反独裁、争取和平民主的意识，中共中央决定把《群众》杂志迁至上海出版，创设“群众中来”特别信箱专栏，加强同群众的密切联系，宣传共产党的政策和立场。注重联系群众实际的工作方法是党的组织力的鲜明体现，是贯彻力、执行力等整合能力的运用。“群众基本需要与政党的阶段性革命任务的耦合程度决定了党的群众组织力建设的张力，是否采取科学有效的宣传方式和组织手段，直接决定了被组织群众所展现出的合力大小。"[①]宣传方式与组织手段的互动发挥了党的组织力的教化功能,如1946年改革后的《时代日报》,运用马克思主义观点,科学阐释军事与政治、经济等的关系,成为剖析形势的阵地。竞赛活动的宣传也体现了群众路线是党组织力建构的路径选择,团结动员群众是党组织力的具体体现。如1947年1月8日《东北日报》发表了《合江张政委再度下乡亲自动手创造典型》的社论,积极宣传劳动竞赛;1947年1月的《合江日报》以52位劳模的事迹,宣传劳动竞赛;1947年1月17日《解放日报》的社论《要超过以往任何一年——论1946年解放区生产运动》指出,"由于全国和平民主新阶段的到来,今年解放区人民将首次获得在和平环境下进行大生产运动的机会","解放区的生产运动,仍然应当贯彻以农业为主的方针,因为解放区拥有广大的农村,一万万以上的人民绝大部分是农民;要保证全解放区人民丰衣足食的生活,繁荣解放区的经济,首先必须发展农业"。[②] 1948年12月10的《合江日报》真实报道了合江省的生产成绩,副业基本满足人民日用品需要,用生动的现实案例宣传竞赛。《人民日报》《解放日报》等权威报刊中有大量社论、报道、访谈等,记述竞赛活动的模范人物、组织机构、生产成果等,多个领域全面宣传弘扬竞赛活动,得到了群众的广泛认可和积极响应。又如东北解放区《东北日报》的报道,以劳动模范的事例为宣传模板:当赵国有、党会安、赵富有等的新纪录在报纸上公布后,各厂普遍掀起了竞赛运动。"以机械厂为例,9号至13号4天中即有70余名新纪录创造者出现。而机械三厂则在10号前已有150人受奖。在这些受奖人中,包括铸工、车工、刨工、铆工、铁工、焊工、电工等,各个工种的工人都动员起来了。"[③]生产中出现了前所未有的蓬勃态势,归功于这一时期报

① 王学俭、王秀芳:《中国共产党群众组织力建设的百年回望》,载《甘肃社会科学》2021年第2期。

② 史敬棠等编:《中国农业合作化运动史料》上册,生活·读书·新知三联书店1957年版,第719页。

③ 姚荣启编著:《中国劳模史(1932～1979)》,中国工人出版社2020年版,第205页。

刊、广播电台、通讯社等的社会影响力，为中国共产党的宣传动员开辟了多元化渠道。

新闻机构是政治路线的宣传媒介。中国共产党的报刊尽管几度遭受国民党的严重摧残和破坏，报刊记者也遭到秘密逮捕、迫害，在与国民党宣传阵地的抗争中，中国共产党仍坚持组织开展多种形式的新闻宣传活动。党的宣传机构围绕新民主主义革命的中心任务、路线方针和时事政策，以宣传和灌输马克思主义理论进行全党的思想政治教育。中国共产党不仅重视群众基础的扩大，也注重宣传工作中与群众实际相结合，根据各地的具体需求和地方特色，动员工农群众。

二、其他形式的竞赛宣传

中国共产党的非官方通俗化宣传的受众主要是普通群众。群众是历史发展的推动者，扮演着剧作者与剧中人的双重身份。中国共产党深刻意识到掌握群众的阶级属性、利益需求，才能针对性地实现宣传鼓动的最大效益，“必须用种种方法在各乡村各城市创办当地的小报，尤其应该注意到各工厂与各乡村壁报的编辑。必须编辑各种最通俗的小册子，做反帝、拥护苏联、土地革命、八小时劳动日的宣传与鼓动”[①]。中国共产党在不断探索和方式创新中取得了可观的宣传效果。

（一）根据不同的群体采取差异性宣传方针

1.农民的竞赛宣传

农民是群众中宣传客体的最大多数。囿于自给自足的小农经济和封闭落后的封建盘剥，农民对土地有浓厚的强烈的依赖意识，同时也涵养了其务实、朴素、勤劳的品性。由于农民长期以来被剥夺受教育的权利，也决定了农民较低的受教育程度，90％以上是文盲、半文盲，甚至

① 中共中央文献研究室、中央档案馆编：《建党以来重要文献选编（1921～1949）》第8册，中央文献出版社2011年版，第336页。

“党内许多工农分子，文化异常低落，大多数人字不识”[1]，偏低的识字率直接影响了对农民群体的宣传手段和方式。新民主主义革命时期党对农民劳动者的竞赛宣传，围绕土地改革、恢复生产和支前参战展开。中国共产党人结合土地政策，土地革命时期以“打土豪，分田地”为口号，宣传生产运动的急迫性和重要性，满足农民自古所渴求的土地所有权，鼓动农民参与生产竞赛的热情。抗日战争时期，中国共产党的土地政策随抗战时局的变化逐步系统化，通过简单、通俗、明了、直白、符合地域特色的宣传话语，如“乡村全部人口统一平均分配土地”等简明口号，扩大土地政策的影响，号召农民广泛参与生产竞赛。《中国土地法大纲》中明确“废除封建性及半封建性剥削的土地制度，实行耕者有其田的土地制度”[2]，并充分利用图画宣传和口头宣传等形式，普及中国共产党的土地政策和方针。中国共产党以政策宣传为中心工作，以服务大众为指向，动员农民群众参与恢复生产的劳动竞赛、支援前线的生产竞赛、反迫害运动的学习竞赛等多种竞赛活动，总结出了“联络农民的感情——这是宣传农民最重要的条件，与三五家作朋友，帮助他们或他们的子弟，写信、写契约、教书、教唱歌、教拳术、教体操、讲故事、自由谈话等。研究宣传农民最合当的方法，决定农村宣传最合宜的语言与态度”[3]的宣传技巧。中国共产党的宣传方式遵从基层宣传机构的思想原则，灵活结合于现实需要，在宣传形式上转化为普通百姓易于理解和口口相传的话语，如晋察冀的宣传部门以“工作！学习！生产！一面工作，一面学习，一面又要生产”[4]的口号，宣传扩大耕地面积，号召种植纺

① 《中央苏区文艺丛书》编委会编：《中央苏区文艺史料集》，长江文艺出版社2017年版，第26页。

② 中共中央文献研究室、中央档案馆编：《建党以来重要文献选编(1921～1949)》第24册，中央文献出版社2011年版，第417页。

③ 中共中央文献研究室、中央档案馆编：《建党以来重要文献选编(1921～1949)》第2册，中央文献出版社2011年版，第90页。

④ 中共中央文献研究室编：《毛泽东年谱(1893～1949)》(修订本)中册，中央文献出版社2013年版，第82页。

织原料等经济作物，提高粮食产量。更生动的是，陕甘宁边区政府根据党中央和毛泽东的指示，采取了诉诸农民视听感觉的戏剧艺术的宣传动员方式，更易于被不同年龄段的农民接纳，为农民的宣传动员提供了发展空间。

2.妇女的竞赛宣传

除了采用动员普通农民的宣传方式外，中国共产党还强化对妇女群体文化层面的提升，以识字运动、学习竞赛积极开发妇女群体的政治自觉性，启发妇女的民族意识、民主思想和基本的政治觉悟。另外，动员妇女参加生产运动，如学习耕种，开办手工厂，参加合作社、互助社。“很多的地方组织了劳动互助社与耕田队，以调剂农村中的劳动力，组织了犁牛合作社，以解决耕牛缺乏的问题，同时广大的妇女群众又参加了生产战线上的突击。”①“在延安那时一共只有两万多人，就办了三十多个学校，抗大、鲁艺、女大、陕公、延安中学、保育院小学、抗小、完小，等等。”②中国共产党发动对妇女竞赛活动的政治宣传，也通过戏剧、音乐、舞蹈等受妇女喜爱的艺术样式宣传新型劳动观、激发妇女的政治热忱。譬如，根据地自救运动中提出的“母亲叫儿打东洋，妻子送郎上战场”的口号，反映了鼓励妇女参与生产劳动与抗战相互配合的意图。中国共产党也注重广泛培养妇女党员，接纳妇女参与到党内教育训练和宣传工作中，既为贯彻执行党的政策提供了组织平台，确保其他群体及时有效地参与政府工作，又提升了妇女群体的政治素养，也强化了党群联系，为建构党、政、军、民和谐统一的社会形象贡献了卓越力量。

3.学生的竞赛宣传

一方面，针对学生的宣传和号召聚焦于学习竞赛，通过学生会组织

---

① 中共中央文献研究室、中央档案馆编：《建党以来重要文献选编(1921～1949)》第11册，中央文献出版社2011年版，第121页。

② 《伍绍祖文集：党建工作卷》，人民出版社2014年版，第420页。

起来,“学生会应把体育运动事业,当作自己的工作”[①]。另外,中国共产党强调加强青年学生的马克思主义理论教育,对于青年学生思想政治的指引、对党的教育体制以及宣传结构的改造都具有特殊的革命意义。另一方面,中国共产党鼓励青年学生、知识分子到农村、军队中去。在各抗日根据地,活跃着百余万青年抗日先锋队、抗日青年队等青年武装力量。此外,中国共产党对宣传和组织青年参加生产竞赛也给予高度重视,将其作为鼓舞全民参与生产竞赛、进行经济建设的生动教材。

4.干部的竞赛宣传

中共中央制定和实行了“干部教育第一”的战略措施,以马克思主义理论的学习竞赛为重点。1939 年,中国共产党成立了中央干部教育部这一中枢领导机构,相继颁布了一系列干部教育的文件,制定和实施适合本地区状况的具体教育措施,因材施教,强化学习竞赛意识。以整风运动为标志,加强高层领导的政治理论建设,也是宣传工作的重点内容。中国共产党以理论同实际相结合、主观同客观相符合的原则,在整风运动中成立了总学习委员会,总学习委员会下辖中共中央直属系统学习委员会、中央军委直属系统学习委员会、陕甘宁边区系统学习委员会,在学风学习、党风学习、文风学习中总结党的历史经验,形成了学习马克思主义理论的竞赛热潮。党中央对广大干部也进行阶级教育和宣传,如针对某些党的基层组织干部在竞赛活动动员中存在的强迫命令、严重脱离群众等现象,边区政府加强整顿,也对农村中党的基层组织进行调整,确保战争形势下竞赛活动的顺利开展。

5.军队的竞赛宣传

中国共产党统御红军的方法之一是利用士兵的好胜心理,在训练、行军及日常生活中举行各种革命竞赛来鼓励官兵,不仅实现了部队的

---

① 中共中央文献研究室、中央档案馆编:《建党以来重要文献选编(1921～1949)》第 2 册,中央文献出版社 2011 年版,第 204 页。

训练要求，也达到了消遣娱乐的效果。红军中实施竞赛方法，在班与班、排与排、连与连、营与营、团与团之间订立竞赛条约，各推举代表并请军政首长为公证人，竞赛期满后，由公证人讲评结果，赠奖品给得胜者，一般是旗帜、金钱、用具等。若为速度竞赛，对于成绩最优异的奖，画个飞机代表，其次则以火车、轮船、水车等表示；落后者会受到羞辱，则画个乌龟来代表。红军采用竞赛手段，实施于管理、教育、内务、民生诸方面，颇有效力。另外，加强士兵的思想政治教育也是竞赛活动的重要课题。1943 年，罗炳辉在开展部队机关的生产运动讲话中强调："我们都是劳动人民的子弟，来自工农，应该不忘工农的本质，发挥工农的劳动特长，不要以为'当了新四军还要耕田种地'，正因为我们新四军是工农自已的队伍，就是为了工农劳苦大众的解放事业而革命的，我们受了党的政治教育，尤其是共产党员是工农的先锋队，是领导群众的光荣者，对党的号召生产，更应百倍努力，不玩滑头，不好吃懒做，毫无马虎地劳动，并推动广大人民一起照样努力，这对抗战事业是伟大的贡献。"[①]1944 年 4 月，谭政在高级干部会议上强调思想政治工作的党性原则，论述了政治教育、军事教育、文化教育的关系，也为生产竞赛、学习竞赛、文娱竞赛的开展提供了指导和启示。中国共产党从思想、政治和组织上贯彻党的路线、纲领，以革命精神教育军队以便更好地服务群众、服务革命事业。

（二）坚持宣传方式灵活性和宣传要素变通性的结合

除了报刊媒介的宣传，中国共产党还采取各种通俗易懂的宣传形式，渲染强烈的竞赛氛围。

1.运用文字化的宣传方式，鼓励不同群体参与竞赛活动

中国共产党不仅利用各社会团体的图书馆、开办书铺等平台宣传党的政治思想，号召知识分子参与到理论学习竞赛中，而且还组织科

① 罗炳辉：《开展部队机关的生产运动》，载《淮南党刊》1943 年 4 月 20 日。

学、文学新剧团体，进行教育宣传工作，以保障竞赛活动流程的通畅。运用“粉笔队”这一宣传利器，在交通要道上书写标语，张贴传单、宣传画和文艺作品，广泛发挥各种刊物、党报、书籍、小册子、传单、简报、墙报、壁报、宣传橱窗等文字的宣传作用和宣传工具的职能。如《红色中华》《苏维埃文化》《青年实话》等刊发关于戏剧竞赛的文章及广告，初步构建了自上而下的覆盖党、政、军、群的生产动员平台。文艺作品作为宣传的重要载体，在劳模宣传中以文学、美术、戏剧、通俗读物、木刻画、年画等形式呈现，反映了艺术的大众化、地域化特色。抗日战争时期，太行区流传最广的是木刻画，有《从劳模大会归来》《帮助群众修理纺车》《劳动换来光荣》等，形象地刻画了生产竞赛中产生的劳模形象，生动流露出民众的竞赛热忱，也折射出劳动竞赛的宣传效果。此外，以简单文字、图片、漫画等直观形态对“南泥湾”这一抗日根据地生产竞赛的模版进行宣传、讴歌，鼓励生产竞赛运动和军民生产合作，“南泥湾”政策的成绩和硕果得到了传颂。解放战争时期，民盟地方组织也利用一切可行方式宣传劳动竞赛的目的、意义，大力宣传农业、工业等领域的增产节约运动、革命竞赛、纺织竞赛等，激励了人民群众积极投身反帝反封建的民族民主革命和经济建设中。1948 年下半年，民盟地方组织成员及其家属通过募集经费购买收音机、油印机等，并创立了新民印刷厂，承印《天下报》、编印《解放快报》，组织宣传品的翻印、分发，先后翻印了毛泽东的《新民主主义论》《论联合政府》《将革命进行到底》等著作，还组织成员秘密传阅毛泽东的《目前形势和我们的任务》等著作，秘密散发和张贴《中国人民解放军布告》，为农工民主党党员开展学习竞赛提供素材和资料。同时，中国共产党也注重宣传的系统性以及宣传作品的质量和特色，对宣传工作中存在的缺陷进行深刻反思，力使其突破简单狭隘的方式，更好地突出形式的多样性和生动性。

2.中国共产党通过有声艺术和行为艺术的传唱形式宣传竞赛活动

中国共产党尤其重视运用文艺形式进行宣传，配合各种政治运动、群众活动，根据地的竞赛活动贯穿于其中。据《红色中华》《青年实话》《红星》等苏区报刊的报道，苏区的演剧竞赛活动频繁，大型戏剧竞赛活动10余次，有针对儿童的游艺竞赛、文娱体育竞赛、活报竞赛，军队中的游艺竞赛、演剧竞赛等。举办的文艺表演充分发掘地域性的文化底蕴，以歌曲、小调曲、戏剧、民间歌谣和传说故事等特色娱乐形式，在朴素的生活场景中轻松提升了宣传的力度、广度以及感染力。从传播学的视角来说，艺术性强的宣传品比文字宣传单更具感染性。土地革命时期，井冈山革命根据地传颂着"毛委员背粮过黄洋界""朱德的扁担"等动人故事。抗日战争时期，陕甘宁边区热烈响应党中央关于开展大生产运动的号召，传唱着"两支枪，两支枪，一支枪，能打仗，一支枪，能开荒。打仗消灭鬼子顽固派，开荒生产粮满仓。保卫毛主席，保卫党中央，三五九旅是党的纲"，高唱"革命战士不怕苦，生产自给反封锁"的歌谣[①]，展现了生产竞赛的宣传动员风貌；"多开一亩荒，就多增加一分革命力量"，"加紧生产，努力苦干，多打些粮食也是抗战"[②]，可见广大农民已普遍认识到抗日和生产的关联性。

此外，话剧、歌剧、活报剧、地方戏曲等演出节目也助推了根据地群众的生产竞赛和支援前线运动。1938年7月，在毛泽东的倡导下，成立了陕甘宁边区民众剧团，演出剧目大都是根据当时陕甘宁边区的生产竞赛、劳动竞赛等创作，以秦腔《血泪仇》最为著名。美国著名记者埃德加·斯诺精辟概括了文艺宣传产生的社会效应："在共产主义运动中，没有比红军剧社更有力的宣传武器了，也没有更巧妙的武器了。许多军事、政治、经济、社会上的新问题都成了演戏的材料。"[③]边区音乐家也围绕抗日根据地创造了大量音乐作品，如《南泥湾》《共产党向太阳》《歌

---

① 参见中共中央党校党史教研室：《中国共产党史稿》第三分册，人民出版社1983年版，第165页。

② 中共中央党校党史教研室：《中国共产党史稿》第三分册，人民出版社1983年版，第167页。

③ 中国人民解放军文艺史料编辑部：《中国人民解放军文艺史料选编·红军时期》(下)，解放军出版社1986年版，第535～536页。

唱二小放牛郎》《黄河大合唱》等广为传唱;人民音乐家冼星海谱写的《生产大合唱》和陕北民歌《二月里来》等歌曲,激发了群众生产的热情。又如为轮机房老工人崔敬国编写的歌,"纺织厂、轮轴转,里边有个崔老汉。崔老汉,真和善,年纪虽大却能干"[1];艾青、贺敬之等文艺家为英雄创作的,如"学老赵、赶老赵,老赵是工人的好代表……"[2]竞赛活动的繁荣成果也成为一种更具动员性和感召力的宣传载体。最显著的成果是,边区部队在"一把镢头一把枪,生产自给保卫党中央"的口号鼓舞下,开展了南泥湾、槐树庄、大风川、葫芦河等地的屯田大生产运动。经过两年多的奋战,创造了"粮食堆满仓,稻谷翻金浪,猪牛羊肥壮,鱼虾满池塘"的动人景象,把荒无人烟的南泥湾改造成为"陕北江南"。[3] 张闻天在《从强迫劳动到自由劳动》中高度评价了劳动竞赛是创造新社会和新生活的自觉愉快的活动,也间接宣扬了竞赛活动的自为性本质。解放战争时期口号形式的宣传较为集中,如晋冀鲁豫根据地工厂提出"后方多流汗,前方少流血"等口号,哈尔滨机务段工会召开全段职工革命竞赛动员大会时的标语"一脚踢出事故去,双手接进冠军来""检得精,修得勤,烧得好,开得巧,铁道英雄哈铁找""出库不晚、管子不冻、机车不脏、事故不生,竞赛岂能失败;行车如风、修车如龙、验车如电、停车如钟,争取劳动英雄"等。[4]

3.中国共产党在宣传中加强人文关怀

中国共产党人注重提高民众的精神生活质量,用朴素的话语模式贴合群众的实际生活,反映大众化的生活面貌,关注群众精神层面的生活。瞿秋白来到中央苏区后经常告诫苏区戏剧工作者:以轻松愉悦的宣传方式凸显贴近群众生活、服务于群众的立党旨归。苏维埃政府利

---

① 何维忠:《南泥湾屯垦记》,天津人民出版社 1959 年版,第 39 页。

② 王光荣:《赵占魁和赵占魁运动》,载《党史文汇》2001 年第 11 期。

③ 参见中共中央党校党史教研室:《中国共产党史稿》第三分册,人民出版社 1983 年版,第 165 页。

④ 参见姚荣启编著:《中国劳模史(1932～1979)》,中国工人出版社 2020 年版,第 181 页。

用活泼的宣传方式，把党的思想、政策、主张化为轻松、通俗、大众化的话语，增加了群众生活的丰富性，开启了民智，祛除了封建残毒在文化教育活动中的影响，营造了比学赶超、不甘落后的竞赛氛围。

第二节　竞赛活动动员形式的模式化建构

动员作为一种行为实践，兼具语言形式和价值观念相结合的属性，是综合了思维与认识的一种具象表达方式，涌动着鲜明的意识形态色彩。中国共产党始终注重政治宣传、政治动员的方式，以提高民众参与公共事务的意识。根植于新民主主义革命时期的动员模式，映射着社会现实，服务于社会政治。竞赛活动动员形式的建构，涉及时代社会条件和革命时期政治机制的关系。动员话语自身也蕴含着一种权力，发挥着社会效应和政治功能，承担着规范思维和思想教化的作用，因而革命时期竞赛活动宣传动员是权力运作的一种载体。然而，处于社会底层、利益遭受损害的被压迫者、被排斥者倾向于服从现存的不对等的社会地位，而缺乏一种质疑乃至反抗的意识，因而动员模式作为一种权力运作形式的“话语建构”，需要建立在民众的认知和自觉的认同基础之上。在动员主体对动员客体进行意义赋予和诠释的过程中，并不依赖于强制或暴力，相较于粗暴的、冲突的、压制的权力形态，动员方式的建构反映了隐蔽的、内敛的权力运行态势。物质利益的促动和精神激励的手段作为竞赛活动动员的立足点，大致呈现出竞赛目标现实导向和理想情怀相统一的利益型动员、竞赛主体典型示范和群众参与相统一的诱致型动员、竞赛保障整肃队伍和改进作风相统一的压力型动员、竞赛动力氛围营造和压力传导相统一的强制型动员等形式，政党的权力表达蕴含于动员形式中。[①] 根据地竞赛活动的开展体现了动员形式的

① 参见贺治方：《国家治理现代化进程中社会动员研究》，中共中央党校博士学位论文，2019年。

力度和效能，营造了自觉参与经济建设、积极创建政治文化的氛围，促进广大人民群众劳动心理的变化，发挥主人翁的自为意识，为实现中国共产党不同时期的革命任务和政治目标而共同努力。

一、竞赛目标现实导向与理想情怀统一

以精神、物质并行的利益型动员，其激励机理在于满足动员客体的利益需求和热切期待，褒扬竞赛中的优胜者，给予实物奖赏或荣誉赞美，使劳动者的尊严得到认可，在此基础上发挥动员客体的主观能动性，引导个体内在认知方式的转变。

群众作为竞赛活动动员的客体，扮演着重要参与者、既得利益者的角色。毛泽东深刻意识到了“真正的铜墙铁壁是什么？是群众，是千百万真心实意地拥护革命的群众。这是真正的铜墙铁壁，什么力量也打不破的，完全打不破的”[①]。群众动员是群众基础巩固的途径，与新民主主义革命时期竞赛活动有着共同旨归，激励模式是调动客体积极性的有效路径。

1.以精神奖励模式为主的竞赛利益型动员

毛泽东《长冈乡调查》中记述，竞赛活动开展初期已具体规定了竞赛的评比标准、要求以及奖品的种类和数量等。奖励方式侧重于精神嘉奖，也以奖旗、奖状、纪念章等物品表示荣誉。陕甘宁边区的生产竞赛动员中，为贯彻生产自救方针，边区政府先后颁布了《陕甘宁边区人民生产奖励条例》《陕甘宁边区督导民众生产运动奖励条例》《机关、部队、学校人员参加生产运动奖励条例》等奖励条例，对生产竞赛中有突出贡献者予以精神为主的奖励。政府颁布奖励劳模条例，凸显了评选奖励劳模办法的规范化，也是对战时共产主义分配制度的突破。抗日战争时期，党和政府重视对先进劳动者的表扬、奖励，在精神上给予劳

① 《毛泽东选集》第1卷，人民出版社1991年版，第139页。

模政治荣誉、提升社会地位，充分发掘劳动者的积极性、主动性和首创精神，也发挥了对落后者的鞭策、鼓励作用，劳模运动空前高涨。

大生产运动中大批劳动模范和先进工作者涌现，成为被效仿和崇拜的对象，也是中华民族伟大革命精神的彰显。而通过官方报刊刊登英雄事迹的精神动员方式更为普及，如边区的《解放日报》以《开展吴满有运动》的社论赞颂延安劳动英雄吴满有，并多次宣传吴满有的事迹。1942 年 5 月 1 日，在吴满有的家乡吴家枣园召开大会，奖励表彰吴满有，并为他颁发了“劳动英雄”锦旗。1942 年 9 月 11 日，《解放日报》发表了《向模范工人赵占魁学习》的社论，高度肯定了赵占魁吃苦耐劳、无私奉献的高尚品质，并号召向他学习。1942 年 9 月 13 日，新华社著名记者张铁夫、穆青发表的长篇通讯《赵占魁同志》高度评价了赵占魁：“他没有突出的表现，也没有惊人的故事；三年来他平凡地工作着，犹如泉水滴凿着岩石。”[①]这不仅提振了先进者个体精神获得感和社会认同感，也扩散、推广了竞赛活动。另外，通过召开劳模表彰大会，给予劳模群体充分的肯定、赞同和尊重。1942 年 10 月至 1943 年 1 月，陕甘宁边区召开了隆重的奖励生产英雄的颁奖大会，奖励了王震、习仲勋、马文瑞等 22 名领导干部和 3 个先进单位，《解放日报》作了详细介绍，并给每位获奖者画像予以宣传。1943 年 11 月 26 日至 12 月 16 日，陕甘宁边区第一届劳动英雄代表大会在延安隆重召开，参加大会的有来自各地区各单位从农村、工厂、合作社、部队、机关学校选出的代表 200 多名。“大会表扬和奖励了 185 名劳动英雄，其中的 25 人获特等奖励，每人奖金 3 万元；获得甲等奖和乙等奖者以及参加大会的劳动英雄也获赠各种不同形式的奖励。大会期间，毛泽东等亲切接见了与会劳模代表，并且同他们座谈，中共中央还专门为劳动英雄举行了招待会，劳模们‘受到空前未有的尊重’。”[②]大会期间发表了《陕甘宁边区第一届劳动英雄大

---

① 张铁夫、穆青：《赵占魁同志》，载《解放日报》1942 年 9 月 13 日。

② 贾晓明：《陕甘宁边区的劳模运动》，载《人民政协报》2017 年 3 月 16 日。

会宣言》，给在生产运动中有特殊成绩的团体、个人颁发劳动奖章或奖状等。

陕甘宁边区劳模运动形成了政府支持下的不断制度化、规范化的运动，在生产工作的经验积累基础上接续制定出《陕甘宁边区政府关于劳动英雄与模范工作者选举与奖励办法》，并以政府令的形式颁布。一方面，选举办法更加细化、完善，规定对劳动英雄和模范工作者及被选举人无阶级、党派、职业、文化程度、性别等的限制，扩大了选举与被选举的范围，并赋予了劳模高度的政治权利。另一方面，关于奖励的办法，不仅给予劳动英雄和模范工作者名誉奖励，用口头的或画壁报等方式在全村宣扬其事迹，而且由县政府或乡政府发送奖状、奖章张贴门头，由党政工作人员派代表道贺或举行欢送招待会，极大地增强了劳模的社会荣誉感和个体成就感，既起到了生产竞赛的宣传作用，又凸显了劳模的教育功能。

晋察冀抗日根据地对英雄模范的精神奖励较为典型，除常见的颁予奖状、奖章和奖旗外，还有集会隆重表彰、通令表扬和称号嘉奖等形式。其一，集会隆重表彰。群英会仪式隆重热烈，会上有领导讲话，有群众欢呼，还有戏剧演出。1944 年 2 月 10 日，晋察冀边区首届群英大会在阜平县柏崖村隆重举行，为审定出的 104 位劳动英雄献旗、献花。第一届、第二届群英会召开时，边区委员会主任、副主任都出席会议并作了发言，火线剧社还演出戏剧《岳飞之死》慰劳到会英雄模范。[①] 阜平县群英会召开时，晚上由城厢、高街村剧团联合演出《胡顺义》《霸王鞭》《高街做鞋组》《穷人乐》等节目。[②] 灵丘群英会上各乡村剧团纷纷前往祝贺，“大辛庄全体儿童唱出英雄赞，并有大辛庄村剧团的音乐队的奏乐……独峪村全体小学生的霸王鞭……龙玉池剧团音乐队的奏乐”[③]。

---

① 参见《党政军民负责同志欢宴群英像一家人》，载《晋察冀日报》1944 年 2 月 18 日。

② 参见《阜平县群英会开幕》，载《晋察冀日报》1944 年 12 月 9 日。

③ 《灵邱群英会上文化娱乐活跃》，载《晋察冀日报》1944 年 12 月 28 日。

阜平槐树庄选出的英雄模范上主席台领奖，接受童子军献光荣花、送匾，并整队敲锣打鼓把劳动英雄送回家。仪式的庄严隆重、演出的热闹红火烘托出不同寻常的热烈氛围，彰显了“英雄模范”这一荣誉的光荣和崇高。其二，通令表扬。如边委会通令表扬模范妇女干部张品，并指出其优点，即忠诚民族和妇女解放事业，有坚强的群众观点，有革命的优良作风。[①] 其三，授予称号嘉奖。边区党政军民联合赠给戎冠秀“北岳区拥军模范——子弟兵的母亲”称号[②]，赠给崔洛唐“北岳区拥军模范——子弟兵大哥”称号[③]。作为小掌村抗联主任的赵老洁，工作不忘生产，生产不忘工作，全家生产都很积极，完县政府嘉奖赵老洁为“模范抗联主任”，全家为“生产模范家庭”。[④] 边委会通令嘉奖阜平民校教员陈继和，称赞其教育为群众服务的精神，堪称模范，特通令嘉奖。[⑤] 灵寿新开村李清忠突击20天割草1万余市斤、压肥500担，县生产委员会授予他“压肥割草万斤大王”的光荣称号，并通令全县，号召向李清忠学习。[⑥] 晋察冀边区军区工业部召开的表彰大会，授予刘润田“头等劳动英雄”称号；举办群英大会时分别授予邓世军同志“晋察冀边区子弟兵战斗英雄”称号、李勇同志“晋察冀边区爆炸英雄”称号。另外，特定场合的特别肯定也是一种精神嘉奖。劳动英雄栗乃文五十大寿，繁峙县各机关代表前往祝贺，送上寿桃、寿礼，县于专员和杨议长作专门讲话，高度称赞：“我们选的英雄是给群众能谋利益的英雄，今天我们做寿，是给能舍己为公的革命同志做寿。”[⑦]

---

① 参见《边委会通令表扬模范妇女干部张品》，载《晋察冀日报》1944年4月6日。

② 参见《边区党政军民联合决定赠予戎冠秀“北岳区拥军模范——子弟兵的母亲”称号》，载《晋察冀日报》1944年2月19日。

③ 参见《边区党政军民联合决定赠给崔洛唐同志以“北岳区拥军模范——子弟兵大哥”称号》，载《晋察冀日报》1944年4月9日。

④ 参见《完县政府嘉奖劳动模范赵老洁》，载《晋察冀日报》1944年3月1日。

⑤ 参见《边委会通令嘉奖阜平民校教员陈继和》，载《晋察冀日报》1944年7月9日。

⑥ 参见《李清忠同志荣膺“压肥割草万斤大王”》，载《晋察冀日报》1944年8月18日。

⑦ 参见《劳动英雄栗乃文五十大寿》，载《晋察冀日报》1944年12月23日。

此外，其他根据地也纷纷效仿、实行精神奖励的动员方式，如晋冀鲁豫边区大生产运动和群英大会，太行区开展的“新劳动者运动”、太行区第二届群英大会、“新劳动者运动”和“甄荣典运动”，晋绥边区大生产运动和劳模表彰等。“奖励”“榜样”“典型”“劳模”等作为竞赛活动宣传动员的核心词，彰显了革命时期精神激励的价值引导和教化功能。

2.以物质奖励模式为主的竞赛利益型动员

有些根据地以实物奖励的形式推动竞赛活动的广泛开展。根据民众所需，设定奖品，包括金钱、生产工具、生活用品等。毛泽东充分肯定了“提高劳动热忱，发展生产竞赛，奖励生产战线上的成绩昭著者，是提高生产的重要方法”[①]，强调“实行给奖”，调动广大群众的参与度。毛泽东初步探讨了激励模式中的奖品设置：“每一次竞赛，都要作出总结，并且给奖。……条约上写明如下各项：竞赛项目的最高标准，某村与某村竞赛，奖品的种类及数目（分为第一等，红旗；第二等，信纸百张；第三等，信纸五十张），竞赛的时间，负责人与公证人。”[②]竞赛的奖品体现了实用性特点。如赣东北省苏维埃在《关于耕种问题的决议》中提出，“以前（奖励）生产的奖品，多是奖旗、奖状。今年要实行奖励群众耕种，决定奖耕具、农具，如锄头、犁头、谷箩等”，并强调“一定要给以实物的奖品，省苏准备用一笔大款来奖励耕种”。上杭、新泉、武平、代英四县的《竞赛条约》中规定：“一等奖耕牛，二等奖农具，三等奖种子，如特别优胜另奖。”[③]革命根据地的奖励政策逐步多元、动员策略日益丰富，如在开荒竞赛中，中央工农民主政府为动员耕种，决定“奖励群众耕种棉花，除种棉田地免收土地税外，当地上级政府尚须分别给奖。种子由中央

① 毛泽东：《中华苏维埃共和国中央执行委员会与人民委员会对第二次全国苏维埃代表大会的报告》，载《红色中华》1934年1月26日。

② 《毛泽东农村调查文集》，人民出版社1982年版，第330、332页。

③ 参见王礼琦、李炳俊：《第二次国内革命战争时期中央革命根据地的劳动竞赛》，载《经济研究》1979年第4期。

政府设法购买，不要钱发给农民栽种"[1]。工农政府为了鼓励群众开荒，不仅以免交土地税等务实措施发动群众，在中央政府颁布的《开垦荒地荒田办法》中，还规定按劳动力分配土地，贫农中农及一切有选举权的劳动群众有优先权分配到土地，惠及客体利益的奖励方式更易于驱动群众的竞赛行为。中国共产党擅长发掘并运用客体的阶级属性和心理特质，意识到农民阶级属性中天然地具有强烈的务实精神，以利益驱动为出发点，给予群众强烈的安全感和归属感。如陕甘宁边区的植树竞赛动员中，边区政府颁布的《人民生产奖励条例》和《督导民众生产运动奖励条例》提出：地权归造林者所有，每年植活树木百株以上者有奖励；在公地上栽树者拥有树的所有权，非公土地上则与地主按股份分享收益。

以晋察冀抗日根据地的奖励力度和奖品设置为样板，其物质奖励与精神激励并重的模式具有代表性。物质上的奖励包括生产资料、生活资料或金钱，并划分了奖励等级和层次。

此外，对战斗英雄和武装斗争模范也设置了详尽的物质奖励标准。比如，第一届边区群英会英雄模范奖品如下：

地方战斗英雄：

第一等英雄：李勇，奖一等战斗英雄奖章一颗、骡子一头……

第二等英雄：康元，奖二等战斗英雄奖章一颗、牛一头……

第三等英雄：□□禄，奖三等战斗英雄奖章一颗、骡一头……

武装斗争模范：

李黄土，奖步枪一枝……

模范劳动者：

周二奖铣镐各一……

---

① 《中华苏维埃共和国临时中央政府土地人民委员部训令第二号》，载《红色中华》1933年2月13日。

拥军模范：戎冠秀奖骡子一头、铣镐各一、值200元实物。

部队战斗英雄：

一等：杨世明、刘世军、郑有年各奖一等战斗英雄奖章一颗、边币5000元……二等：谭实楼、李喜亭各奖二等战斗英雄奖章一颗、怀表一个……

三等：邢竹林、□凤刚各奖三等战斗英雄奖章一颗、边币□□元……[1]

竞赛活动也以物质激励的方式大力发动全体劳动妇女，鼓励她们参加生产冲锋队，参与到经济建设中。广大妇女被动员起来，在新政权中感受到了翻身解放，积极投入到劳动中，“侯金莲是槐疙瘩村的纺织能手，她的特点是劳动好，在土改翻身后分了3.7亩地，9间房子，生产情绪大大提高”[2]，并逐渐成为生产实践的生力军。

激励机制是竞赛目标现实导向和竞赛主体理想情怀相统一的利益型动员形式。动员实施过程是“把社会发展目标转化成为社会行动的过程。一旦它的发展目标真正反映了人民群众的需求，社会各界、各阶层广泛参与，人力、物力和财力资源又有保障，社会动员就得以实现”[3]。

二、竞赛主体典型示范与群众引导统一

中国共产党延续并继承了传统“德治”的社会治理方式，将劳模运动嫁接于竞赛活动中，推行新民主主义革命时期榜样引导的新德治。参照西方社会学家塔德、行为主义者斯金纳等对“模仿”行为的研究，更易于宏观诠释榜样的示范机理。[4] 榜样、模范意味着表率、有效仿的价

① 《边区党政军民共同评定公布战斗英雄与战斗模范工作者名单及奖品》，载《晋察冀日报》1944年2月17日。引文中“□”表示原始资料中字迹无法辨认。

② 《侯金莲和槐圪塔村妇女生产》，豫档，档案号：G05-7-1180-10。

③ 李征：《简论“政治动员”》，载《河海大学学报（哲学社会科学版）》2004年第2期。

④ 参见张承芬、韩仁生：《心理学导论》（第二版），人民出版社2010年版。

值。活跃于竞赛多个领域、各条战线上并且表现突出、有显著成绩的典范人物和模范人物，中国共产党对其劳模形象进行建构，为社会整合和社会管理树立了标杆和标准。榜样动员的内在规律，契合竞赛活动诱致型动员的方式，凸显政党的教化功能和引导作用，榜样的激励功能实现的程度也影响着动员效果的显现程度。

（一）劳动模范典型的树立

中国共产党早在延安时期就高度重视英雄模范的树立。在中央苏区时期，中国共产党就曾在各公营工矿企业的劳动竞赛中评选劳动模范，对先进分子予以物质和精神奖励，在形式和内容上逐步全面、有序，成效也愈加显著。1938 年 1 月，边区政府在抗日军政大学举办了“延安工人制造品竞赛展览会”，奖励了 147 名优秀个人和 10 个先进工厂，毛泽东称赞他们为“国防经济建设的先锋”，在《新中华报》的报道中称他们为“劳动英雄”。1938 年 12 月，在边区建设厅召开了陕甘宁边区第一次由政府举办的劳模运动颁奖大会，奖励了 19 位劳动英雄，表明劳模形象的建构已发展为政府倡导支持的模式。生产建设领域的劳模运动向更深层次推进，组织化的劳模运动促使劳模形象也得到进一步巩固和深化。1943 年，中共中央和西北局提出“发展生产，加强教育”的中心任务，朱德总司令动员陕甘宁边区所有部队开展生产大竞赛，强调积极发掘劳动英雄，以带动群众性劳动竞赛的开展。3 月 3 日《解放日报》发表了《生产大竞赛》的社论，号召全边区所有劳动军民广泛开展竞赛运动，“发动这个劳动人民和那个劳动人民竞赛，这个农村和那个农村竞赛，以及战士和人民竞赛，这样来造成全边区军民轰轰烈烈的生产大竞赛”①。1943 年 5 月，张闻天也致函边区难民工厂，“发动工人与工人之间、小组与小组之间、部门与部门之间的竞赛”②，竞赛活动推进到了高

① 《生产大竞赛》，载《解放日报》1943 年 3 月 3 日。

② 陕西省总工会工运史研究室编：《陕甘宁边区工人运动史料选编》上册，工人出版社 1998 年版，第 71 页。

潮阶段，涌现出一大批劳动英雄和模范工作者，还有外籍人士。如1944年5月召开的劳模大会，奖励了日本人岗田和擅长织布的支莲。除了在农业、工业、合作社、军队、机关的劳动英雄之外，在畜牧、植棉、打盐、运盐、安置移民、办义仓、拥军优抗、防奸等方面的劳模也竞相产生，产生的劳模有退伍残废军人、妇女、青年、学生等成分，甚至还有“二流子”转变为劳动英雄的。如“二流子”申长林接受改造后也化身为劳动模范。在新劳动观的引领下，只要通过正当劳动就可以改变政治地位，获得社会认可。竞赛活动从农村、工厂到部队、机关学校，纵深扩展到文化、政治、军事及其他方面；劳动英雄的范围和领域也不断拓展，“由个人英雄走向集体模范，模范村，模范班、排、连及工厂机关中的模范单位”①。在农村中出现了像延安的吴家枣园、淳耀的白嘛村、安塞的马家沟、绥德的王家坪和郝家桥、华池的城壕村、定边的贺家园等模范村，在部队中出现了张治国班、马绍义排、王福寿排、段全才连等模范班排连。② 此外，也有通过多样化形式对个体劳动英雄的事迹加以弘扬的。如吴满有的形象既出现在《移民歌》等红色民歌中，诗人艾青也写长篇叙事诗《吴满有》对其劳动精神加以褒扬，还有边区的第一部艺术影片《边区劳动英雄吴满有》，边区的烟厂还曾专门生产过一种“吴满有”牌香烟。③党和政府充分践行群众路线，以形式多样的动员渠道吸引群众参与到生产建设中，领导集体与群众的积极配合、双向互动促使竞赛活动成为真正的群众运动。

（二）劳动模范的遴选标准

中国共产党在新民主主义革命时期竞赛活动的阶段性动员中，直接或间接地设置了英雄模范的遴选标准。晋察冀抗日根据地是抗日战

---

① 陕甘宁边区财政经济史编写组、陕西省档案馆编：《抗战时期陕甘宁边区财政经济史料摘编》第2编，陕西人民出版社1981年版，第569页。

② 参见陈舜卿：《抗日战争时期陕甘宁边区的劳模运动》，载《西北大学（哲学社会科学版）》1985年第1期。

③ 参见鲁艺：《吴满有其人其事》，载《山西档案》2006年第9期。

争时期第一个较大规模的根据地，随着领导干部对劳模运动重大意义的突破性认识，由此制度的拟定、政策的施行也较为成熟。以晋察冀抗日根据地选拔英雄模范的标准为参考，总结中国共产党对英雄模范的认同标识和评价体系，极具代表性。晋察冀抗日根据地英雄模范的选拔不仅要求自身本职工作突出，而且在群众工作中还需有带动效应，能积极推动整体工作的统一协调。表彰的模范主要有三大类：战斗英雄、劳动英雄和模范工作者。战斗英雄的选举标准："一、积极打击敌人，破坏敌人交通，围困敌伪点碉，保卫家乡保卫边区保护群众利益，获得显著成绩者；二、服从组织纪律，彻底执行政策法令，团结群众，深得群众拥护者；三、积极生产，努力劳动，武力与劳力结合卓有成绩者。"劳动英雄的选举标准："一、积极从事生产事业之一（包括农业、工业、合作运动、贸易、畜牧以及纺织等手工业），成效卓著或有新的创造者；二、在生产事业中，能推动帮助别人，卓有成绩者；三、遵守政策法令，拥护政府军队，爱护人民，团结群众，热爱边区，足称模范者。"模范工作者的选拔标准："一、参加或领导任何一项工作部门的工作中有新的创造或成效卓著者；二、团结群众，团结干部，得到周围群众和干部的拥护者；三、执行政策法令并能推动影响别人执行政策法令者。"[①]三类模范须具备三个共同的条件：首先，在本职工作（战斗、生产和其他工作）方面优秀，成绩显著；其次，在团结群众中产生积极效果，与群众关系和谐，得到群众拥护；最后，严格遵守并执行党的方针政策。在"一切为了抗战"的时代背景下，模范的选拔标准更注重后两个条件。如完县列举的模范教员的条件，更倾向于对党的策略和意志的认同。即使行业特点鲜明的模范教员评选标准也不仅要求教学工作好、效果好、参与民校工作积极，而且需符合所规定的标准："一、做到自己动手，解决一个月以上的生活问题，并能热心帮助与推动其他会员生产的。二、深入到户，帮助群众

① 《晋察冀边区行政委员会关于召开第二届群英大会暨生产品展览会的决定》，载《晋察冀日报》1944年10月20日。

订计划（两户），能组织一个拨工组，并保证所在村没有一个懒汉。三、积极领导儿童生产，做到将12岁以上儿童能在1/2以上组织拨工，并有显著成绩者。四、保证民校健全，保持群众生产经营，并能找出两户接受科学知识，进行研究试验的。五、在战斗中能领导群众，并能进行生产的。六、创造出三篇生产农业教材的。”[①]由此反映出这一阶段的竞赛活动以生产和战斗为中心展开。此外，组织之间的模范选拔和竞争也设定了类似的标准，比如完成生产任务的方式方法要正当，生产好并且工作学习也要好，机关人员也要全体参与其中，所在村生产工作要争取多培养模范者等。1944年2月，晋察冀边区第一届群英会通过的《晋察冀边区战斗英雄战斗模范大会宣言》，号召“互相学习打日本、种庄稼和做工作的本领”，并宣誓“把生产和战斗结合起来，多打粮食，多打胜战！打倒日本法西斯强盗！”[②]晋察冀边区的模范选拔在既竞争又团结的氛围中进行，在生产与战斗结合的时局背景下，积极践行党的政策方针，发挥模范个体的带头、骨干作用，与群众相互团结、共克时艰。不可避免地，抗日根据地的模范选拔工作也存在漏洞和失误。有些地方出现了对英雄模范要求过高、标准苛刻、不切实际的现象。如将英雄理想化，认为英雄无所不能，加重了英雄模范的心理负担；有的认为模范必须是完美的，发现有缺点就不能当模范了，需要撤掉；有的强调英雄个人的成绩，把英雄与群众隔离开，模范容易被孤立，“如对红石村抗联主任靳福祥的培养，认为成绩都是靳福祥的，引起群众不满”[③]。中国共产党对劳模形象的建构趋于制度化和程序化，这一过程中所产生的弊端也在持续探索中逐步被克服。

此外，在淮南抗日根据地也依据地域特色制定了劳模的遴选要求：“从每一个村为起点，每一个乡，每一个区，每一个县，每一个分区，都要

① 《完县提出模范教员条件》，载《晋察冀日报》1944年4月4日。
② 《晋察冀边区战斗英雄战斗模范大会宣言》，载《晋察冀日报》1944年2月18日。
③ 《灵邱培养英雄模范的几点经验》，载《晋察冀日报》1944年11月26日。

选择若干对象去培养(每个支部以两个以上的劳动英雄,和十个以上的生产模范为适宜),以便在比较长的时期内用千中选百、百中选十、十中选一的办法,考验与选举出我淮南地区各村、乡、区、县、分区的模范小组、模范生产者与劳动英雄。模范小组、模范生产者与劳动英雄的标准主要是:甲、能苦干与会苦干的模范;乙、公私兼顾的模范;丙、组织群众与计划生产的模范。此三项标准中,甲项的目的在于提倡勤劳与提高技术;乙项的目的在于提倡既要顾公,又要顾私,切忌偏向;丙项的目的在于提倡组织别人与提高生产工作中的计划性。模范小组、模范生产者与劳动英雄的产生过程,一方面是从平时的工作检查与相互竞赛中逐渐考验,另一方面是在这种平时考验的基础之上,于秋收以后,进行群众选举。"[①]在党中央统一调配和指导下,各根据地劳模的产生、选举等措施具有相似性。

英雄模范的选举与表彰贯穿于各个根据地的各个时期,明显体现在历届群英会和劳模表彰大会中,以生动鲜活的劳模形象推进了竞赛活动在多重领域的开展。比如,1938 年 5 月,《晋察冀日报》报道了樊二宝、李贵生、陈洛学抓回 2 名逃跑日军士兵,受到表扬并被评为自卫队员模范。6 月,表彰完县妇女积极站岗、参加妇救会工作、上识字班等模范行为。1939 年 1 月,陕甘宁边区政府建设厅主持举办了第一届农业展览会,对恢复和发展农业有突出贡献的生产人员均给予了奖励;5 月开展的第一届工业展览会上,表扬和鼓励了工业方面的优秀人员。随着大生产运动的全面开展,涌现出大量劳动英雄和模范工作者,他们成为陕甘宁边区生产建设的重要动力。另外,在其他领域和行业也涌现了大批英模,如军队中的李位、机关中的黄立德、合作社中的刘建章等先进代表人物。1940 年的生产总结大会奖励了 618 位劳动英雄,1941 年的"五一"纪念大会上奖励了 274 位劳动英雄。1941 年 10 月 9 日制定

① 《淮南抗日根据地》编审委员会编:《淮南抗日根据地》,中共党史资料出版社 1987 年版,第 287 页。

的《九个月工作报告》提出了“工会应领导工人积极参加经济建设，提高劳动热忱，保证1941年生产计划的完成”的工作部署。1942年10月至1943年1月，中共中央西北局召开了高干会，毛泽东同志在会上作了《经济问题与财政问题》的报告，提出“发展经济，保障供给”的总方针，号召陕甘宁边区全党干部要把经济工作视为一切工作的重心，动员群众普遍参加生产；也总结和批判了不重视动员人民以及发展生产中的错误作风。在高干会中，毛泽东同志亲笔为受奖个人和团体题字，给王震的题字是“有创造精神”，给晏福生的题字是“坚决执行屯田政策”，给刘秉温的题字是“善于领导群众”，给惠中权的题字是“实事求是，不尚空谈”，给刘建章的题字是“合作的模范”；给三五九旅的题字是“发展经济的前锋”，给延安县委县政府的题字是“发展经济的模范”，给延安县南区合作社的题字是“模范的合作社”。1943年2月3日，中共中央机关报《解放日报》发表了《向领导经济建设受奖同志学习》的社论。边区第一次大规模的表彰高干会的召开，提高了干部对经济建设的认识，鼓舞了劳模运动的普遍开展，促进了陕甘宁边区生产建设事业的发展。[①] 1944年2月8～14日，晋察冀根据地召开第一届群英会，掀起晋察冀英模运动的第一个高潮，选出英雄模范104名，包括地方战斗英雄、地方模范、部队战斗英雄、部队模范四个群体。其中，地方模范又细分为武装战斗模范、模范工作者、模范劳动者、模范公民和拥军模范五类。第二次规模盛大的边区劳动英雄和模范工作者表彰大会于1944年12月21日至1945年1月14日在延安边区参议会大礼堂隆重召开，历时41天的空前盛会，再次掀起宣传学习英雄模范的高潮。会议全面检视了边区生产建设的成就，总结和交流了各方面的经验。毛泽东同志在会上发表了“必须学会做经济工作”的重要讲话，充分肯定了劳动英雄和模范工作者的作用，勉励大家不要骄傲，要保持光荣称号。陕甘宁边区政

---

① 参见陈舜卿：《抗日战争时期陕甘宁边区的劳模运动》，载《西北大学学报（哲学社会科学版）》1985年第1期。

府民政厅厅长刘景范在会上作了“更加推广劳动英雄和模范工作者的运动”的总结报告，系统总结了边区开展劳模运动的经验，并指明了发展方向。大会评选出特等劳动英雄和模范工作者 74 名、甲等 200 名、乙等 189 名，以及 13 个先进集体单位，并给予了隆重表扬和鼓励。

模范表彰非常全面：模范妇女、模范儿童（如李顺香）、模范童子军（如王朴、张六子等）、模范干部（如模范妇女干部张品）、模范老人、模范公民（如谷正刚），战斗英雄（如邓世军、李勇、阎清才等）、拥军模范（如戎冠秀、段喜娥）、模范抗属（如王国宝）、模范劳动者（如劳动英雄胡顺义、模范女看护吕俊杰、模范被服厂工人崔国英、模范劳动者韩锡才等），模范农会（如唐县农会、平山农会）、模范妇女会（如正定妇女会）、模范青救会（如曲阳青救会）、模范剧团（阜平）、模范村（如平山县秘家会村）等；英雄模范有农民、工人、医护人员、教师、干部等不同职业，有战斗英雄、抗属、拥军、劳动等不同领域，有老人、儿童、妇女不同年龄性别，有个人也有集体。凡是有生产的地方就能够产生劳动英雄，有工作的地方就能够产生模范工作者，各行各业各个方面的工作领域都有模范。[①] 在发展植棉、纺纱、畜牧、养蚕等事业时，各级领导也积极发挥模范带头作用，毛泽东、朱德、周恩来、陈云、张闻天等带头参与生产等，促进了社会各阶层自主自为的劳动，凝聚了团体力量。

（三）劳动模范的学习推广

以英雄模范为中心骨干，树立典型教育和影响普通劳动者，以激发更多的英雄模范是开展英模运动的根本目的。在边区各地几乎都提出并开展了模范的学习竞赛，除开展吴满有运动、赵占魁运动外，晋察冀边区至少 12 位英雄模范被提到“运动”高度而展开推广。1943 年 5 月、6 月、10 月、12 月，《晋察冀日报》先后提出“广泛开展李勇爆炸运动”，“学习李勇同志的英勇、坚定、沉着，学习李勇同志善于组织推动的模范

① 参见岳谦厚、张宏华：《晋察冀抗日根据地的英模运动——以〈晋察冀日报〉为中心的考察》，载《河北学刊》2019 年第 3 期。

行动”,“向李勇看齐”,“造成学习李勇的热潮”,“李勇要成千百万”。平山县开展贾玉运动时明确要求“各地区将他的积极参加战斗、参加生产的方法,拥军优抗的热忱,特别是生产与战斗结合成功的经验,通过各种组织,传达到村,并号召全县群众,尤其是人民武装干部与队员,一齐向贾玉同志学习”[①]。劳模运动的广泛宣传,不仅巩固了劳模形象,也在言传身教中带动了其他劳动者的生产热情。

无论战斗英雄还是劳动英雄、模范工作者,他们回到本地大都继续战斗并带头开荒生产、组织拨工组和合作社等,发挥带头引领、组织领导的作用。为了影响群众、提高领导,发扬积极分子和干部的积极性、创造性,以便完成组织农村劳动力和发展生产的任务,有计划地去培养模范互助组、模范生产者、劳动英雄以及善于领导生产运动的模范干部,是一个极端重要的环节。[②] 地方战斗英雄李勇在群英会上就作出“战斗英雄成为劳动英雄”“不但自己做得好,保证全村做得好”“向胡顺义(模范劳动者)看齐”的诺言,回家后很快做出自己的生产计划,把在农业生产和家庭副业方面如何开展、如何做、达到什么样的目标都详细地列出来,还提出要战斗和生产相结合,要公私兼顾、做拥政拥军模范,要领导本村生产。李勇积极领导全村工作,计划组织全村男劳动力的80%参加拨工互助组,组织全村人力和畜力拨工做到三省二(拨三个工省人力两个工);保证自己住的村子逐户做计划(占整个行政村户数1/4),自己亲自帮助五户做并亲自检查他们、帮助他们完成计划;帮助贫苦抗属孤寡灾难民解决困难,不荒一亩地(一方面自己做并影响推动别人);受奖的骡子供贫苦抗属和灾难民使用。[③] 这些计划都得到了很好的执行,李勇和他的游击组被“全村公认是生产好样的”[④]。1944年,

---

① 《平山生产委员会决定开展贾玉运动》,载《晋察冀日报》1944年9月28日。

② 参见《淮南抗日根据地》编审委员会编:《淮南抗日根据地》,中共党史资料出版社1987年版,第287页。

③ 参见《李勇作出计划积极行动》,载《晋察冀日报》1944年3月28日。

④ 《李勇和他的游击组》,载《晋察冀日报》1944年4月27日。

模范劳动者胡顺义到 4 月份已全部完成送粪整地种麦，还组织拨工，帮助群众做计划，把自己的牛借给本村孙得成；刘三妮想买牛，差 500 元钱，胡顺义借给她；还帮助改造了懒汉张永旺等，带动了本村的生产和其他工作。[①] 模范劳动者韩凤龄回村后组织了两个妇女拨工组，帮助三户做了生产计划[②]；还领导银坊村制定了详细具体的生产计划，除生产方面还包括教育方面，成立韩凤龄小学、建立分队读报制度，制定卫生方面的大扫除等日常卫生计划，贯彻战斗与生产的结合、贯彻减租交租等政策。[③] 生产模范葛存领导全村争取“耕一余一”，全村亲密团结，男女老幼都参加生产。[④] 拥军模范戎冠秀领导全村实行拨工压绿肥[⑤]，还被选举为下盘松村冬学校长，冬学起名为“戎冠秀冬学”[⑥]。模范教师桑文义创立新型民办小学，做到教育与生产结合、与战斗结合。[⑦] 由此，战斗、警戒、生产、组织、教育、卫生、社会改造等方方面面的英雄模范应运而生，不同行业、多个领域推举出的劳模成为被学习、效仿的榜样：有精耕细作积肥用肥好的，如于致祥、陈来福、李志清；有把人民的爱国心与他们切身利益结合而开辟工作的，如张瑞、韩复生、王治国；有妇女生产好的，如戎冠秀、张化全、王秋芬。在拥军优抗上做得好的，有戎冠秀、关大妈、李杏阁、崔洛唐、聂荣福、郑秀花、贾洛峰；还有模范抗属李凤英，模范干部家属韩凤龄、李书亭，锄奸英雄有张宝玉、苑林山，坚守民族气节的英雄有杨怀英、温三郁、侯松坡。在工业方面，像军工模范技师韦彬，工人劳动英雄刘润田，苦心钻研、搞发明创造的牛步峰，造纸业的劳动英雄卢瑞等，都有许多宝贵的经验。[⑧] 在优秀典型的带动和引领

① 参见《胡顺义领导生产近况》，载《晋察冀日报》1944 年 4 月 13 日。
② 参见《韩凤龄回村后组织了两个妇女拨工组》，载《晋察冀日报》1944 年 4 月 13 日。
③ 参见《在韩凤龄领导下银坊向全县比赛生产》，载《晋察冀日报》1944 年 6 月 29 日。
④ 参见《三专区生产模范葛存领导全村争取“耕一余一”》，载《晋察冀日报》1944 年 5 月 24 日。
⑤ 参见《戎冠秀领导全村实行拨工压绿肥》，载《晋察冀日报》1944 年 8 月 6 日。
⑥ 参见《戎冠秀冬学》，载《晋察冀日报》1945 年 1 月 5 日。
⑦ 参见《一专区模范教师桑文义创立新型民办小学》，载《晋察冀日报》1944 年 11 月 18 日。
⑧ 参见程子华：《晋察冀边区二届群英大会闭幕词》，载《晋察冀日报》1945 年 2 月 23 日。

下，形成了积极劳作的社会气氛，群众生活获得了改善。胡顺义所在的朱家营自然村，1944 年“产粮一百四十七石，山药十万零五千斤，菜五万两千斤，除交租二十一石八斗，交公粮七石多之外，尚余粮一百一十八石二，全村大小一百三十一口，每人平均九斗粮食、一千斤山药、五百斤菜，较战前每人平均三斗粮食的生活提高了七倍”[①]。劳模运动不仅缓解了经济困难、推动了生产建设事业，而且也带动了思想的革命，体现了中国共产党的政治诉求。奖励劳动英雄，发展生产竞赛，反对贪污浪费，惩治懒惰分子，克服脱离群众的官僚主义，一切为着战胜敌人而努力。[②] 劳模运动鲜明地表达了“劳动光荣”的观念，极大地提高了劳动者的地位。

新民主主义革命时期，以竞赛活动为标识的劳模运动，在中国共产党的执政智慧中体现出程式化和制度化特征，形成了建立在传统文化优质因子基础上的崭新劳动观，为新中国成立后国家荣誉制度的优化和完善提供了经验和镜鉴。

三、竞赛层级队伍整肃与作风改进统一

竞赛是普遍性参与的而非志愿报名、少数人参加的比赛。这意味着，它的目的并非仅仅展现出优胜者所能够达到的最高水准以激励他人，而更多地在于通过这一模式，清晰地区分出表现先进、普通和落后的不同层级。“藉由层级的划分，原本的落后与普通者将倍感压力，而被迫通过努力来跟上先进者的水平。”[③]竞赛活动中党的领导干部、基层党员、劳动英雄等发挥模范带头作用的群体，也扮演着压力施动者的角色。压力型动员方式的实施，彰显了基层组织建设中党的队伍整肃与

① 《胡顺义和朱家营村完成今年生产计划》，载《晋察冀日报》1944 年 10 月 28 日。

② 参见中共中央文献研究室、中央档案馆编：《建党以来重要文献选编(1921～1949)》第 20 册，中央文献出版社 2011 年版，第 390 页。

③ 周海燕：《作为规训的生产——以大生产运动叙事为中心的话语考察》，载《开放时代》2012 年第 8 期。

作风改进的协调统一。压力型动员模式的落实建立在风清气正的党风前提下，党的组织建设和作风建设是建立和谐党群关系的基础，是践行群众路线最基本的保证，也是动员机制有效运行的桥梁。

1.领导干部的垂范作用

中国共产党领导干部的带头作用是扩大党的政治影响力、争取群众团结的途径。在动员工作中，党和政府注重干部自身的榜样意识培养，严格监督干部的形象建构。领导干部立足于党的政策和制度，进行自我规范、自我修养、自我塑造，与普通劳动人民共同劳作，以身作则，鼓动群众参与竞赛活动，形成了正向的压力型动员模式，展现出党政干部模范、表率作用。

在井冈山革命根据地，毛泽东、朱德等领导干部经常参加运粮运动，传颂着“毛委员背粮过黄洋界”“朱德的扁担”等感人故事。改编的《苏区干部好作风》山歌中也颂扬了领导干部的高贵品质：“哎呀哟，苏区干部好作风，自带干粮去办公。日着草鞋来干革命，夜走山路打灯笼。”[①]毛泽东在《长冈乡调查》《才溪乡调查》中记述了苏维埃政府首先在这两个最著名的“模范乡”实行“苏区干部十带头”（即在政治学习、扩大红军、发展生产、购买公债、执行勤务、支援前线、遵纪守法等方面带头）试点。在抗日根据地陕甘宁边区，“在杨家岭，毛泽东在他窑洞门前选了一块空地，一清早，他还没睡觉（工作了一夜），就荷着锄头出门开荒；一有空，他就去浇水、拔草”[②]。“南泥湾政策”实行期间，朱德大力号召生产竞赛运动和军民生产合作。在发展植棉、纺纱、畜牧、养蚕等事业时，党的领导人积极发挥模范带头作用。“周恩来、任弼时等都有一架手摇纺车，经常像女同志那样盘腿而坐，练习纺纱。有一次纺纱比赛，萧劲光和周恩来一起参加了。”[③]毛泽东、朱德带头开荒种菜，陈云、

---

① 《中央苏区文艺丛书》编委会：《中央苏区歌曲集》，长江文艺出版社 2017 年版，第 59 页。

② 诸葛渔阳：《浴血奋战在敌后战场》，人民出版社 1997 年版，第 249 页。

③ 诸葛渔阳：《浴血奋战在敌后战场》，人民出版社 1997 年版，第 249 页。

张闻天带头参与生产等,促进了社会各阶层资源的整合和力量的凝聚团结。[①] 南泥湾大生产运动中,王震事必躬亲,毫无官僚作风,积极发挥模范带头作用,深刻把握了生产竞赛、动员群众的精髓。领导干部的带头作用使陕甘宁边区取得了经济建设的巨大成就,产生了良好的社会影响力,进而促进了社会资源的整合。

基层机关干部也树立了与民共苦、勤政为民的良好形象,组织“生产协助委员会”,主动协助群众生产。为了不违农时,各机关工作人员在休息日分赴乡村从事劳作,如赣东北苏区政府第一副主席汪金祥、土地部长余全德等同志与群众一同耕田、挑粪。同时,中国共产党还以制度形式规定党员干部要充当模范和先锋。1931 年,中央苏区党的第一次代表大会通过的《党的建设问题决议案》就提出:“强固无产阶级领导,是要在一切实际斗争与工作中表现自己的积极性,成为群众所信仰的模范者,才能够真正成为领导广大的群众中的领导阶级。”[②]党员干部在革命极端困苦的情势下,自觉担负起发展生产的重大责任。领导干部不仅在行动上严于律己,更强化作风上的廉洁奉公、艰苦奋斗,其示范效应隐含着辐射性的动员力量,孕育了优良的社会声誉,铸造了社会整合的向心力,凝聚了各阶层群体的政治共识。

3.普通党员的模范作用

中国共产党始终强调加强党员思想政治工作的教育,努力发展基层党组织中的先进典型,在动员工作中坚守政治定力和方向。陈云在《怎样做一个共产党员》一文中将“群众模范”作为共产党员的标准之一,指出共产党员是无产阶级中的先进分子,“共产党员的模范作用,还表现在对于革命利益严肃的立场上面,对于一切为国为民的事业,应该

---

① 参见何有良:《中国苏维埃区域社会变动史》,当代中国出版社 1996 年版,第 181 页。

② 中共中央文献研究室、中央档案馆编:《建党以来重要文献选编(1921～1949)》第 8 册,中央文献出版社 2011 年版,第 630 页。

始终不变地坚持自己的立场”[①]，党员的举动影响着广大人民群众；并动员每个共产党员在实践活动和日常生活中以模范党员的姿态，积极发挥先锋作用。周恩来也多次要求共产党员必须在思想上、政治上、行动上做全体官兵的模范，忠实于革命事业，以百折不摧、艰苦耐劳的意志，以谦逊和睦、诚恳平和的态度引导和团结民众。此外，中国共产党人还具备高度敏锐的自我剖析、自我检查、自我反思精神。1939 年，刘少奇在延安马列学院作的《论共产党员的修养》演讲中阐释了共产党员自身的弱点，“不论是无产阶级或是非无产阶级出身的党员，不论是老党员或是新党员，他们会或多或少地带有旧社会的思想意识和习惯”，批判了党员个人存在的错误思想，从而深刻论述了加强共产党员修养的必要性，“不但要在艰苦的、困难的以至失败的革命实践中来锻炼自己，加紧自己的修养，而且要在顺利的、成功的、胜利的革命实践中来锻炼自己，加紧自己的修养”[②]，全面分析了提高党员修养的方法与途径，为党员自身建设、形塑模范榜样提供了路径与指引。部队中党员素质建设也是中央政府高度关注的内容，提出“共产党员必须在民族自卫战争和建立三民主义共和国的伟大斗争中，起模范战士的作用”[③]。1944 年 4 月，中央宣传部、总政治部发出《关于学习、散发谭政同志关于军队政治工作问题报告的通知》，要求各部队根据报告精神，改进部队建设和政治工作，加强思想政治学习，成为英勇作战、执行命令、遵守纪律的模范。中共中央提出：“只有向民众学习，向环境学习，向友党友军学习，了解了它们，才能对于工作实事求是，对于前途有远见卓识。”[④]共产党员的模范、骨干作用，改善了官兵、军党、军政、军民关系，有效克服了军

① 《陈云文选（一九四九——一九五六）》，人民出版社 1984 年版，第 76 页。

② 《刘少奇选集》上卷，人民出版社 1985 年版，第 103、101～102 页。

③ 中共中央文献研究室、中央档案馆编：《建党以来重要文献选编（1921～1949）》第 15 册，中央文献出版社 2011 年版，第 762 页。

④ 中共中央文献研究室、中央档案馆编：《建党以来重要文献选编（1921～1949）》第 15 册，中央文献出版社 2011 年版，第 640 页。

力疲软、政治不民主、民众无组织、内部不团结的不良现象。

3.英雄模范的示范作用

英雄模范工作内含着以英雄模范为介质有效连接中国共产党与群众、国家与基层的用意。英雄模范不仅要率先推动生产和战斗,更是实现政府与群众、国家与基层互动的桥梁,要带动促进基层群众在接受中国共产党的政策过程中形成对中国共产党的政治认同。[①] 英雄模范承担着多重责任与任务:经济上要努力劳动,发展生产;军事上要武力与劳力结合,战斗与生产结合,用战斗保卫生产,保护收获;政治上要拥护革命,公私兼顾,不仅“自己生产情绪与政治情绪均经常饱满”,“且能起领导他人影响他人之核心政治作用者”。[②] 中国共产党对模范的要求不仅停留在生产动员、推动工作进展上,而且希望劳动榜样、英雄模范发挥更高标准的政治影响力。英雄模范承载着更艰巨的使命,在要求自身遵守、贯彻、执行党的政策法令的同时,要密切团结群众、组织群众、领导群众。中国共产党对英雄模范的政治定位,转变为联结中共与群众的中介和通道。英雄模范高度认同中国共产党及其领导的政府、军队,将号召群众、组织动员的政治影响力和政治效能延伸到基层群众和基层实践中,意识到生活的改善和作为英雄模范的光荣都与中国共产党的领导密不可分。北岳区拥军模范洛唐哥称八路军是中国人民的真正救星,并对群众讲:“只有共产党在这里才瞧得起咱们这穷光蛋,想一想吧,共产党、八路军所作的有一点对不起咱的吗?乡亲们,照着共产党的号召行事没错!”[③]杜元林在灵丘生产会议上说:“今天生活改善,揭开锅有米,都是共产党、八路军给的,我们不要忘记这个根。都要做拥军模范,还要拥护边区政府和边区抗联会呢!”[④]曲阳群英会上崔翠娥对

① 参见岳谦厚、张宏华:《晋察冀抗日根据地的英模运动——以〈晋察冀日报〉为中心的考察》,载《河北学刊》2019年第3期。

② 《五专区订出劳动英雄标准》,载《晋察冀日报》1944年3月11日。

③ 《一分区举行纪念“五一”“五四”暨洛唐哥给奖大会》,载《晋察冀日报》1944年5月26日。

④ 《灵邱开二次生产会议总结第一阶段布置第二阶段工作》,载《晋察冀日报》1944年7月9日。

共产党有极大的信任:“我有七个儿子,都交给共产党领导吧!”[①]易县劳动英雄张德明感慨:“自共产党、八路军来了,咱们才有了地位,有了生活,才有了今儿个光荣。他是咱们的救星,我要永远跟着他前进,希望大家也跟着他。”[②]英雄模范的动员成效不仅体现在改善了生产关系,提高了生产力,也体现在稳固了思想领域的意识形态,提升了个人觉悟,如生产运动中的劳动英雄杨朝臣,“他是八路军的退伍军人,他对生产非常努力,有很大成绩,他生产的东西除解决了自己的生活需要外,多余的还贡献给公家,这是值得我们每一个同志要向他学习的”[③]。其他抗日根据地也积极开展效仿劳模、创造劳动英雄的运动,广泛发扬革命竞赛精神,既增强了阶级凝聚力,又缓和了党群关系。解放战争时期,东北解放区各级工会领导的生产竞赛,激励了众多企业不断刷新生产纪录,先进模范人物也层出不穷,其中青年工人赵国有的先进模范事迹和马恒昌小组的竞赛经验被编写成《生产小组的好样子》一书,通过媒体向全国的工矿企业传播,充分发挥了选树标兵、劳模动员的作用。

4.宣传媒介的压力作用

报刊等宣传媒介和渠道也为竞赛活动造势,间接施予压力。如《青年实话》《红色中华》等报刊及时跟进竞赛动态,尤其是定期刊发比赛或竞赛的过程、目标、结果,既给参与区域或队员的双方造成舆论上的压力,也激发了双方竭力胜出的动力,达到推波助澜的效果。竞赛压力型动员的多元模式,产生了一系列的积极效能,实现了队伍建设、作风组织的改进,也培养了群众的政治认同感,有助于群众政治地位等切身利益的保障,稳定了党组织在基层的地位。

在竞赛活动动员中,中国共产党重视各阶层文化水平和政治素养

---

① 《曲阳群英会上英雄们畅谈翻身感想》,载《晋察冀日报》1944 年 12 月 10 日。

② 《各英雄互相检讨》,载《晋察冀日报》1944 年 12 月 31 日。

③ 《淮南抗日根据地》编审委员会编:《淮南抗日根据地》,中共党史资料出版社 1987 年版,第 236 页。

的修炼，尤其注重干部队伍、中共党员、劳动英雄、农民群体的模范教育和引导功能，党的干部是党的事业的骨干，党员是贯彻执行党的工作的主力，劳动英雄是践行群众路线的关键桥梁，是竞赛活动宣传动员的堡垒，农民阶层则是与党建立政治认同的决定力量。农民不是天然的社会主义者，必须对农民进行教育。[①] 农民阶层被视为竞赛活动的主流群体，面临着经济、文化、政治等层面的巨大压力，为补足农民文化水准、道德素养等方面的落后状况，党积极引导农民群体参与社会事务，通过加强农民阶层的文化修为提升劳动群体的政治觉悟。中共中央和地方政府在农村革命根据地兴办大量学校，吸纳广大工农群众及其子女入学，推行扫除文盲运动，动员农民群众参加识字运动、学习竞赛。通过在各乡村各城市创办小报、各工厂编辑壁报等，教育农民克服小农局限性，引导农民打破封建统治阶级的落后意识，启迪他们向自由、平等、民主等进步思想转变。“主要的宣传方法是：各地召集群众会议，由参加全国苏维埃区域代表大会代表出席报告大会的经过，作热烈的鼓动，号召群众造成拥护苏维埃，拥护红军，拥护共产党的群众广泛运动。”[②]中共借此扩大政治影响，在根据地内则可以用革命竞赛的方法去进行宣传。农民群体有了识字基础，中共便可以以文字形式传达党的政策和主张，实现更广泛的竞赛宣传和动员。

新民主主义革命时期，中国共产党的组织机构和基层部门日趋完善，为客体利益的满足提供了管理上的条件，譬如“将当前强调的重点事务分解为竞赛指标，以县际竞赛来推进工作，以各类数据来衡量成绩，是苏区稳定时期县政运行的重要方式”[③]。基层建设的巩固，确保了党在动员工作中的战斗力和激励政策中的行动力。地方基层组织的主

① 参见贾钢涛、赵玮：《大革命时期毛泽东农民革命观略探》，载《毛泽东思想研究》2015 年第 1 期。

② 中共中央文献研究室、中央档案馆编：《建党以来重要文献选编（1921～1949）》第 7 册，中央文献出版社 2011 年版，第 254 页。

③ 何友良：《苏区制度、社会和民众研究》，社会科学文献出版社 2011 年版，第 221 页。

导性、控制性、感召性来源于中央机构较高的权威性，竞赛活动宣传机构的职能作用在地方基层组织与中央机构的双重管控中得以发挥。中国共产党采取“由上而下思想打通，组织整顿，纪律制裁，目的是去掉障碍，去掉障碍才能彻底实现土地改革；土地改革之后，由下而上地整上来，这是巩固党，扩大战果，在毛泽东思想基础上，把党的经常制度、正确作风建立起来，使党的面貌焕然一新”[①]的宣传步骤，把土地改革、整党建政和生产劳动结合起来，强调各群体、各阶级团结的重要意义。随着基层党组织运行的规范化，宣传机构也得到优化、完善，始终坚守“理解自己的目标、理想和追求的关系，并以一种极大的热忱去贯彻党和国家的路线、方针、政策，以十分自觉的态度去遵守与维护党和国家的路线、方针、政策”[②]的原则，发挥机构的宣传教育职能。党的教育围绕党的中心任务展开，通过媒体的公开“挑战”，这种“鲶鱼效应”使竞赛活动一方面带给了特定竞赛民众、干部或特定组织心理上的紧促感、精神上的压迫感，另一方面营造出“比、学、赶、超”和不甘落后的竞争氛围。在“以革命竞赛的方式发动个人与个人、乡与乡、区与区、县与县各种生产的竞赛”[③]氛围中，其既能成为调动民众激情的动力，也能成为鞭策觉悟后进分子的压力。[④] 在宣传工作中，以党内科学的阶级观点和阶级路线为前提，以群众利益为重，树立党员全心全意为人民服务的思想作风，始终强调走群众路线。广泛的群众性的竞赛动员是中国共产党开展群众自我教育的途径和方式，实现了群众由物质力量的竞赛精神过渡到阶级觉醒的政治意识，引导群众思想循序渐进地趋近党的路线、方针、政策，为新中国成立后党继续开展竞赛活动提供了宣传经验和独特智慧。

---

① 《刘少奇选集》上卷，人民出版社1985年版，第391页。

② 黄建军：《中国共产党思想领导能力建设研究》，人民出版社2018年版，第427页。

③ 中共江西省委党校党史研究室、江西省档案馆编：《中央革命根据地史料选编》（下），江西人民出版社1982年版，第242页。

④ 参见谭琪红、陈信凌：《中共革命时期民众动员的生成机制——从中央苏区竞赛活动说起》，载《江西社会科学》2017年第6期。

第五章　新民主主义革命时期根据地竞赛活动的主要成效

新民主主义革命时期竞赛活动的开展主要集中在根据地时期的22年，最初是由农民在生产开荒中自发组织发起的，在党独特的强有力的宣传动员模式下，继而扩展到其他领域，如工业企业中的劳动竞赛、军队中的竞赛、提升文化水平的学习竞赛、加强政治理论的教育竞赛等。竞赛活动几乎覆盖所有群体，涉及诸多方面及部门，并创造了辉煌的成绩。

首先，在经济层面取得了丰硕成果。在极短时期内显著提高了生产力，保障了前线供给，改善了根据地军民的生活，缓解了严重的财政困难，克服了阶段性的经济危机，为争取革命胜利提供了物质保障，也为解放后农业发展和工业生产的恢复和建设奠定了扎实的经济基础。竞赛活动的实践，也推进了中国共产党人对经济发展理论的探索，为毛泽东经济思想的创立提供了源泉和动能；为新中国成立初期“一五”计划的实施和中国计划经济体制的微观运作提供了经验借鉴和发展思路。其次，竞赛活动的开展具有伟大的政治意义。政治认同的觉醒是社会整合的内生动力，竞赛活动为社会整合建构了实践场域，缓和了阶层矛盾，唤醒了不同阶层的政党认同。中共中央在竞赛活动中展现了强大的群众动员能力，在争取民众力量和凝聚党政军民关系中发挥了特有的整合效力，有效发挥了党政军民统一协调的配合作用，为新民主主义革命胜利创造了思想条件和精神保障，有助于不同阶层的利益调整和心理塑造，为缓和并解决社会主要矛盾提供了经验和启示。再次，竞赛活动的道德引领作用也较为显著。以新型劳动观为基准理念的竞赛活动，推动了劳动者思想文化的进步，引导群众改变了落后的劳动思维，培育了艰苦奋斗精神、劳模精神等，引领着社会向更加稳健的态势发展。在竞赛动员中倡导团结意识，发扬爱国主义、集体主义的情怀，一定程度上开化了封建思想，突破了妇女群体的狭隘思维，引导她们主动参与社会事务、争取政治权利；在中国化马克思主义的理论指导下，形成并巩固了人民的、民族的、大众的新民主主义文化；开展的学习马克思主义理论的竞赛，提高了群众受教育水平，建构了革命事业的主流价值意识。最后，对于政党自身建设、自我优化也具有深刻借鉴意义。中国共产党广泛拓展基层组织，铺垫了发动民众的平台，调动了民众的革命热情和生产积极性；同时，培养了一大批生产管理和经济建设方面的干部、人才，塑造了大量优秀的为人民服务的党员，增强了党的革命纪律性，有利于党更高效地开展群众工作、进行民众教育、组织权力和财富的再分配，提升社会各阶层的聚合力，建构并巩固着光辉的党政形象，充分彰显了中国共产党的政党优势和执政能力。此外，马克思主义政党对外部整体环境的预判，激发了个体主动性的发挥，促进了观念意识的解放和革命精神的延续，塑造了群体团结、社会和谐的价值取向，也是新民主主义革命时期竞赛成效的体现。

第一节　经济困境的缓解与物质基础的奠定

一、土地革命时期竞赛活动的经济成果

土地革命时期，随着战争局势的发展，中央根据地和其他一些根据地出现了严重的缺粮饥荒、经济生活恶化的局面。在根据地政府组织

的生产竞赛中，根据地的农业、工业、商业、交通、财政和金融等建设工作得到一定的恢复和发展。

20 世纪 30 年代初，苏维埃政府对农业的关注和投入增加，更多荒地被开垦。据记载，1933 年的开荒竞赛中，“江西、福建、粤赣、闽赣四省开垦了 21 万石荒田，闽浙赣省开垦了 11 万石”[①]。赣南闽西区域的粮食产量较上一年增加了 15%，闽浙赣区增加的更多，川陕根据地粮食也获得了好收成，水利事业也得到兴修和重建。1934 年，中央苏区的生产竞赛取得了丰硕的成绩。据《斗争》报道：“在帝国主义国民党统治下的白区，荒田可惊人地日益增加。而在苏区，则荒田渐被消灭。根据中央土地部大约的统计，去年在中央苏区（江西、福建、粤赣、闽赣四省）消灭了二十一万担，与闽浙赣合计，共消灭了三十二万担。这是苏维埃经济建设上的一个具有重大意义的胜利。”[②]中央苏区掀起热烈的竞赛活动，开展评比、树立典型、表彰先进，开荒出现了热潮，如“濯田左拔乡张庆有一家一个半月开荒一百二十一担，下坊村松橱头夫妻二人，开荒七十担，宁化一个女同志开了十五担荒田，兴国上沙区杨登乡杨牛村红属钟氏一人开十八担荒田”[③]，均受到报纸上通报表扬。根据地政府组织“比赛周”“竞赛月”等竞赛突击计划，掀起了生产竞赛高潮，竞赛成果显著。个体手工业生产也得到大力支持和鼓励，设立了手工业生产合作社，为工业生产中竞赛活动的普及搭建了平台。

闽浙赣苏区是土地革命时期竞赛活动试点成功的缩影。尽管敌人对苏区骚扰频繁，但闽浙赣省苏维埃政府采取生产竞赛的积极措施，农业生产有了较大发展。苏区的每一场竞赛一般都是有周密组织流程的生产实践。上级党政机关发布了竞赛活动的指示，在政府采取奖励植棉的措施后，广大农民群众展开了植棉竞赛，并创造了佳绩。赣南、闽

---

① 中共中央党史研究室：《中国共产党历史》上卷，人民出版社 1991 年版，第 357 页。

② 《把春耕的战斗任务，提到每一个劳苦群众的面前》，载《斗争》1934 年 3 月 2 日。

③ 王观澜：《春耕运动总结与夏耕运动的任务》，载《红色中华》1934 年 5 月 28 日。

西的棉花生产有了很大发展，“胜利县有一家农民，所植棉花卖得千多元。这种例子在瑞金也不少”①。党中央机关报《红色中华》也详细报道了闽浙赣苏区的农业生产成绩：“（一）谷子，一九三三年平均每亩收谷子四担，比去年多收一担。（二）棉花，每家群众种棉一、二亩，收成大增，每元可买二至三斤，全省不需要白区供给。（三）油菜，每人种一、二亩，收成比革命前增加一倍。（四）开荒地，一九三三年开垦了三万多亩，增加几十万担谷子的收获。”②闽西各县按区乡政府的实际情况，在生产竞赛的成果基础上，规定农民每家至少要比 1932 年多种两种杂粮菜蔬。农民参与生产竞赛的热情更加高涨，农产品产量可观。1934 年 9 月 23 日《斗争》刊登了根据地广大农民在各级政府领导下大力发展稻谷和杂粮的生产情况和收获的成绩：“在杂粮种植方面，一九三三年已超过革命前水平。稻谷收成增加 10%，杂粮收成一般增加 20%，有的县份增加 30%甚至 40%。一九三四年闽西根据地的麦子由一九三三年的三万五千零七十五石加种到七万零七十八石，湖豆、雪豆从六千九百四十石加种到一万零二百五十二石。”③每年除了够本地群众消费外，还有很多谷子、棉花、油、茶叶等农业品运销到其他根据地。毛泽东也撰文赞扬了闽浙赣边区在 1933 年取得的辉煌的农业成果。

竞赛活动在农业生产中的有效示范，也鼓动了其在工业中的盛行。工业领域的劳动竞赛，刺激了工业短期内的迅猛发展。如皖浙赣根据地在遭受国民党残酷的经济封锁之下，方志敏带领赣东北苏区军民制定了工业发展方针，不仅在省、县一级加强工业发展，在区、乡也兴办小工业；各地规模不等的煤矿、铁矿、木炭厂、锅炉厂、铁砂厂、炼铁厂、硫黄厂、樟脑厂、造纸厂、制糖厂、榨油厂、被服厂、织布厂、织袜厂、制鞋厂、石灰厂、农具厂、木船厂、中药厂等林立，大致形成了适应战争和军

① 《春耕运动在瑞京》，载《斗争》1934 年 4 月 7 日。

② 《继续完成突击运动来庆祝二苏大会》，载《红色中华》1934 年 1 月 7 日。

③ 《两个政权，两个收成》，载《斗争》1934 年 9 月 23 日。

民生活需要的工业体系轮廓。在苏维埃政府的动员下，生产竞赛开展得轰轰烈烈，家家纺纱、村村织布，县县都有小织布厂；有的根据地组织群众多种甘蔗、熬制粗糖，满足了军民吃糖的需要；有的号召群众动手找硝，组织熬盐竞赛。据有关统计，苏区每年熬制的硝盐达一千万斤，除满足了苏区军民日常食用外，用于兵工厂制造弹药的硝盐也很富足。有的根据地木制品行业的生产竞赛也开展得如火如荼，如苏维埃政府在江西德兴开办的两个大规模的棺材厂，生产的独木棺材颇受沪、杭一带富商的青睐，每口价值五百银元，每年创收二三万银元。竞赛活动在工业领域的广泛开展，为苏维埃政权经济结构的协调性和整体性提供了实践依据和参考。苏维埃政府为实现工业部门的平衡性，大力拓展交通邮电等事业，修桥铺路、建立渡口、添置船只，也为设立邮站、发行邮票解决了交通障碍，惠及了广大群众。竞赛活动涉及苏维埃政府经济体系的大部分行业，贯穿了苏区社会大生产的整体进程，为苏区经济体系的完善以及革命斗争的进展提供了有力保障和全方位支撑。中国共产党和苏维埃政府在极端艰难困苦的战争环境中动员群众、勠力同心，建立起了初具规模的省营经济、合作社经济和私营经济，恢复和发展了工农业生产；维持了根据地民众的基本生活，保障了军队生产供给的需要，有效粉碎了敌人的经济封锁，为支援革命战争积累了物质基础。

二、抗日战争时期竞赛活动的经济成果

竞赛活动是抵御和克服经济困境的有效发展模式。抗日战争时期，陕甘宁边区是经济建设的核心地带。受制于陕北地区的自然条件，当地形成了传统的以个体家庭为单位的小农经济，劳动力较为分散，生产效率低。中国共产党领导的边区政府推广多种形式的农民劳动互助组织，随后又设立了综合性合作社，为竞赛活动的实践提供了群众基础和组织保障。竞赛活动在边区大规模开展，农业方面超额完成了开荒

规划，工业水平也显著提升，彰显了劳动力的主观能动性和集体力量的优越性。

农业方面是竞赛成效的重要体现。首先是粮食产量大幅度增长。边区农业耕地从1937年的826万亩增加到1945年的1425万亩，增加近600万亩；粮食总产量逐年增加，1937年是126万石，1944年达到175万石。[①] 粮食产量的持续攀升，也带动了生产资料的丰富。1943年，边区粮食总产量达到181万石，除了满足当年消费外，有了21万石余粮，牛达到220781头，驴达到167691头，羊达到2033271只。边区原来没有种植棉花的习惯，但由于军队服装供应的巨大需求，边区进行科学调研，发展大规模植棉，棉花种植面积达150287亩，产棉173万斤，达到边区棉花需要量的一半以上。[②] 这样基本解决了困扰陕甘宁边区数年的粮食与经济危机，巩固了根据地政权，也充分印证了周恩来曾分析的"在陕甘宁边区搞生产的最高峰只有三年，即1943、1944、1945年。而这几年恰好是移难民大量涌入边区的时期，据统计1937～1945年边区各级政府共安置了移难民63850户，266619人"[③]。"1944、1945年是陕甘宁边区大生产运动蓬勃发展的两年，去年（指1943年——引者注）秋后到今年春播中，全区共垦荒地（包括熟荒在内）七万五千亩，开渠一千一百五十里长，变旱田为水田者一千顷，每亩增收粮食三斗，即增收三万石。"[④]1944年，晋察冀全边区共扩大耕地面积53万亩，旱地改水田11万亩，施肥量比1943年增加30%～50%，增产粮食3400万斤，增添牲畜2.2万头，部队机关也参加了大生产运动，做到了自给一个半到两

① 参见陕甘宁边区财政经济史编写组、陕西省档案馆编：《抗日战争时期陕甘宁边区财政经济史料摘编》第2编，陕西人民出版社1981年版，第85～86页。

② 陕甘宁边区财政经济史编写组、陕西省档案馆编：《抗日战争时期陕甘宁边区财政经济史料摘编》第2编，陕西人民出版社1981年版，第76～84页。

③ 陕甘宁边区财政经济史编写组、陕西省档案馆编：《抗日战争时期陕甘宁边区财政经济史料摘编》第9编，陕西人民出版社1981年版，第399页。

④ 中共中央文献研究室、中央档案馆编：《建党以来重要文献选编（1921～1949）》第20册，中央文献出版社2011年版，第398页。

个月的口粮和全部菜金。[①] 1945 年，陕甘宁边区“耕地面积扩大至 15205 亩，战前增长 79.4％，植棉扩大至 35 万亩，较 1943 年增长 270.6％”[②]。据统计，1944 年太行区部队和群众即开荒 33 万亩。大生产运动带来大丰收，1944 年夏秋两季，太行区共收获粮食 6.15 亿公斤，是抗战以来最大的丰收年。棉花产量也创抗战以来最高纪录，据太行区 24 个县的统计，种棉 9.1 万余亩，产棉花 75 万公斤。[③] 与此同时，蔬菜、水果、山货等也获得了好收成。大生产运动促进了农业的大丰收，农业的大丰收又促进副业的大发展。农民手中有了粮食，养猪、养羊、养鸡等家庭副业也跟着发展起来了。同时，由于“组织起来”，发展农业生产，农业有了剩余劳动力和剩余资本，又促进了加工工业、运输业的大发展。其中，纺织业的发展最为耀眼。[④] 据统计，到 1945 年全边区共安置移民、难民 6.39 万户，26.67 万人，占边区总人口的 16.7％。[⑤] 陕甘宁边区民众响应政府在《晋察冀日报》上发表的《陕甘宁边区政府对生产运动的指示》，聚合生产竞赛的劳动力，创造了生产竞赛佳绩，使边区的粮食供应不仅满足了当地群众的生存需要，也解决了移难民的粮食问题。

另外，农业生产中的竞赛活动方式借鉴到工业生产领域，促进了工业的繁荣。在农业发展的同时，工业建设也取得初步进展。边区工厂数量迅速增加，行业类型也迅猛扩展，职工数量实现了突破性增长。竞赛活动的普及带动了一系列行业的连锁发展。在大生产运动中大力发展起来的植棉、纺纱、畜牧、养蚕事业，不但巩固了农业，而且扩展了家庭手工业和手工工场，边区日益迈向自给自足、丰衣足食的目标。陕甘

---

① 参见宋劭文：《1944 年大生产运动总结及 1945 年的任务》，载《晋察冀日报》1945 年 3 月 6 日。

② 陕甘宁边区财政经济史编写组、陕西省档案馆：《抗日战争时期陕甘宁边区财政经济史料摘编》第 1 编，陕西人民出版社 1981 年版，第 285 页。

③ 参见军事科学院军事历史研究部：《中国抗日战争史》下卷，解放军出版社 1994 年版，第 391 页。

④ 参见姚荣启编著：《中国劳模史(1932～1979)》，中国工人出版社 2020 年版，第 91 页。

⑤ 参见李文：《陕甘宁边区新闻事业》，人民出版社 2017 年版，第 15 页。

宁边区的工业生产也有相当程度的发展，先后办起了炼铁、炼油、制药、修理机器、制造军火的工厂；在绥德、延安、子长、关中等地开发了大量煤矿，保证了军需民用。“边区工业之父”、著名红色专家沈鸿又筹建了工艺实习工厂。在军事工业局局长李强和总工程师钱志道等的共同努力下，军事工业发展得更快了。[①] 工农业生产的发展推动了商业的繁荣和市场的活跃，原来的萧条地区转变为繁荣的商业中心。在竞赛活动中边区政府对劳动力的分配和调剂愈显合理性，形成集聚性的合作组织。“今年（指1943年——引者注）群众的生产情绪是从未有过的高涨，这主要是由于减轻负担政策的刺激和鼓励，其次是合作运动。合作运动才开始，还没有显著成绩，但蚕丝、铁、锌、纺织、油坊、粉坊、运输等业合作社所吸收的社员已有几万人之多，资金在一百万元以上。”[②]竞赛活动是合作运动的独特方式，在集体合作中展开个体的竞赛，强化了整体功能性，竞赛活动在更广泛的区域被推广。如晋绥边区的大生产运动，1943年5月1日《抗战日报》上登载了晋绥边区总工会河西办事处主任郎觉民撰写的公营工厂开展大生产运动的报道：“工人的政治觉悟是很高的，他们知道劳动是为了什么，他们在‘后方生产也是抗战’的口号下，不懈怠地工作着，尽力供给前方的需要，开展了形式灵活的生产竞赛。工厂与工厂的挑战，个人与个人的竞赛，抢做义务工，在各工厂成了极为普遍的事实。吕梁印刷厂工人支三虎、牛三孩为迎接‘五一’国际劳动节，竟日夜连班，要求加义务工八小时。冷玉成提出挑战条件，第一个就是增加产量50%到60%。二分区被服厂，行政上预定三天完成的任务，经过工会的动员，在‘拥军送棉衣上前线，少使战士受冷寒’的口号下，两天就完成了。缝纫工人康必芳竟于九小时内缝了100件军衣，这惊人成绩开创了被服厂生产的新纪元。”[③]1944年，林伯渠在边区

① 参见姚荣启编著：《中国劳模史（1932～1979）》，中国工人出版社2020年版，第28页。

② 《薄一波文选（一九三七——一九九二年）》，人民出版社1992年版，第32页。

③ 郎觉民：《生产战线上的晋西北工人》，载《抗战日报》1943年5月1日。

第二届参议会上高度总结了竞赛的多领域成效:“在毛主席杰作《经济问题与财政问题》的指导下,纠正了从财政到经济的保守观点,确立了从经济到财政的发展路线。之后,生产第一,全体军民齐动手,开展了大规模的生产运动。农业方面,以耕地面积论,三年间军民垦地达两百万亩以上。以植棉论,三年间从三万九千余亩扩展至三十一万五千余亩,若非天时不利,今年已能完全自给。以副业论,食盐运销每年维持三十万驮上下,成为平衡出入口的主要因素。其次,牲畜的发展率,亦年有增加。”[①]竞赛活动的可喜成就归因于中国共产党的科学引领和独特的宣传动员模式,同时也离不开群众的积极配合。

抗日战争时期的“南泥湾开荒垦田”是竞赛活动最为典型的案例。1942年,朱德总司令在《新华日报》上发布了开展劳动竞赛的号召,战士们积极响应,各单位形成了你追我赶的竞赛态势,《战声报》和各团的《生产快报》中捷报频传。三五九旅涌现出大批的劳动模范,并不断刷新开荒纪录。三五九旅在加紧训练、提高部队战斗力的同时,一面防守一面生产,开展了南泥湾、槐树庄、大风川、葫芦河等地的屯田大生产运动。战斗在其他战线上的广大群众也开展了轰轰烈烈的革命竞赛,开荒质量和数量也有了极大提高。“原计划每人每天开荒半亩,在劳动竞赛热潮的推动下,后浪追前浪,一浪高过一浪,进度日日刷新,达到了每人每天开荒1亩以上。王德才遥遥领先,创造了日开荒5亩的最高纪录。我团(指八团)实际开荒39天,共开垦荒地41000亩(其中水田875亩),平均每人开荒25.9亩,超额完成了旅部赋予我们的开荒任务。有两个连队(三连、七连)创造了全旅开荒最高纪录,各开荒4000亩以上,超过任务的一倍。”[②]南泥湾71岁的劳动英雄朱老汉被王震委任为三五九旅的农业生产副官,在朱老汉的指导下,南泥湾的平川里长出了玉米、小麦和油菜,山坡上种出了谷子和土豆,还种植了水稻,成就了“陕

① 林伯渠:《边区民主政治的新阶段(1944年12月)》,绥德县档案馆:档号3-3。
② 《余秋里回忆录》上册,人民出版社2011年版,第137页。

北好江南"的美誉。三五九旅不仅解决了军民粮食问题,其他方面也有很大改观。王震充分利用南泥湾适合发展养殖业的地理特点,带领战士们饲养大批的羊,1943 年初,三五九旅基本实现了两人一只羊的标准。1940 年下半年,三五九旅又兴办了"大光纺织厂",边区日用、衣服、生活必需用品等基本自给。三五九旅在 1941～1943 年的短暂时间内,开辟了 32 万亩良田,凭借 1 万多件农具生产出 9000 多万斤的粮食,并挖出了 1000 多孔窑洞,盖起了 600 多间房屋。毛泽东、朱德在南泥湾视察时,看到"陕甘宁边区合作社发展统计表",上面记录了开荒地亩、消灭文盲的数字、打粮食的数量、交公粮多少,以及开办的商店作坊工资等。毛泽东问起部队的伙食情况,王震马上汇报说:"刚来那年每天只吃两顿饭,是用瓜菜拌小米或玉米面的杂和饭,1942 年以后每人每天能吃三顿饭,可吃 1 斤半粮 1 斤半菜,每月还能吃到 2 斤肉,不仅吃饭的问题解决了,其他的问题也解决了。"① 三五九旅克服了各种艰难险阻,把荒山野林变成了"平川稻谷香,肥鸭满池塘,到处是庄稼,遍地是牛羊"的陕北江南,真正将"自己动手,丰衣足食"的口号演绎成了漫山遍野的丰收景致。三五九旅每年上缴边区政府大批粮食,还会赠予周边贫苦百姓一部分,极大程度上减轻了群众负担,赢得了更广泛的群众支持与拥护,为抗日战争的胜利提供了经济后盾。王震创造的发展生产、建军养兵的新模式受到了毛泽东的高度赞赏。在中共中央西北局高级干部会议上,毛泽东为三五九旅颁发了"发展经济的前锋"的锦旗。

抗日战争时期的竞赛活动以劳模运动为推动力,在多个领域内深化。中国共产党注重劳模示范效应的推广,在劳模运动的引领教育中,边区生产力有了突飞猛进的发展,逐步克服了财政经济窘况。这一时期生产力得到极大提高,也带动了其他领域的飞速发展,为解放战争时期社会全面进步积淀了经济基础和实践经验。

---

① 参见《昔日"旧模样",今天"好江南"》,"学习强国"陕西学习平台,http://toutiao.cnwest.com/data/sxtt/share/news/2021/05/30/content_1578274.html。

三、解放战争时期竞赛活动的经济成果

抗日战争胜利后,中国共产党收复了大批城市和广大乡村,开辟了东北解放区,建立了广泛的新解放区。解放区面积的扩展和人口的增加也为竞赛活动的广泛施行提供了区域条件和劳动力支撑。毛泽东在1945年底提出:“各地立即准备一切,务使一九四六年我全解放区的公私生产超过以前任何一年的规模和成绩。”[①]各解放区在中共中央、各中央局和各级人民政府的领导下,在经济、政治、文化、社会等领域持续以竞赛活动的方式突击发展,很大程度上恢复了抗战遗留的战争创伤。

解放战争中,人民解放军以劣势装备战胜了国民党的优势装备军队,不仅因为有中共中央、中央军委的正确领导和广大战士的浴血奋战,还依赖于敌后各解放区的经济建设。解放区人民群众积极参与竞赛活动,各解放区的多个领域都有了突飞猛进的发展,为前线人力、物力、财力等方面提供了强大支援。

其一,在农业方面,各解放区通过兴修农田水利、生产互助、发放农业贷款等措施,农业生产得到恢复和发展,如山东、晋冀鲁豫、东北等解放区出现了十数年未有的大丰收。有数据统计,山东解放区1946年生产粮食62.5亿公斤,人均达222.5公斤;晋冀鲁豫解放区1946年生产棉花1.25亿公斤[②],农民的生活有了切实保障。

其二,在工商业方面,城市的工商业扭转了萧条状态,有了较好的发展趋向。解放区各城市的工业迅速复苏,任弼时在解放区经济问题座谈会上指出:“我们控制着富有战略性的原料,如煤、铁、棉、粮食、金矿、汽油等,政治上具有有利条件,土地问题解决后农民购买力提高。”[③]同时,

---

① 《毛泽东选集》第4卷,人民出版社1991年版,第1175～1176页。

② 参见中共中央党史研究室:《中国共产党历史》第1卷下册,中共党史出版社2011年版,第446页。

③ 《任弼时年谱(1904～1950)》,中央文献出版社2014年版,第515～516页。

解放区工人克服困难，努力生产，如安东纺织厂，在人民政府接管期间，生产棉布近21.3万匹、棉纱1.36万余件，棉纱除自用外还可供12家民营织布厂。[①] 自抗日战争胜利到1946年春，晋察冀边区银行逐步发展壮大，分支机构迅速扩大，晋察冀边币的流通范围也不断扩大。[②]

其三，在国有企业和私营企业中，群众性的创新竞赛蓬勃开展，劳动生产率大为提高。如兵工弹药厂每月超额完成所定的计划，每天的生产量增加到原来的150%以上。1949年9月东北人民政府开展创新纪录运动，据不完全统计，开展几个月就有19940多个新纪录出现，劳动生产率比开展创新纪录运动时提高13%，与当年的6月比则提高32.8%。短短几个月，相当于为国家增加了约1/3的财富。与此同时，东北人民政府工业部所属的170多家骨干企业，涌现出5万多名新纪录创造者，他们都是提高生产的重要骨干，活跃在生产一线，推动着创新纪录运动的不断发展，为解放战争的胜利不断作出新贡献。[③] 在特定行业的具体部门中，竞赛活动也取得了骄人成绩。如1946年冬哈尔滨火车站召开表彰大会总结竞赛运动的成绩：产生了92名“开路先锋”；全站员工在竞赛后的出勤率达98.6%，而竞赛前的出勤率只有97.2%；竞赛后的营业收入达到2162万余元，比竞赛前增加了四五倍；竞赛后的列车事故率比竞赛前减少了一半。[④]

其四，个体层面取得的竞赛成绩，如东北铁路总局机械六厂锅炉工关得云在劳动竞赛中改进了生产方式，每天烧煤量降至起初的一半，节约了原料成本。在创新纪录运动中，各企业的工人在技术的改进上狠下功夫，生产效率大大提高，“如张尚举划线组六尺车床划线，由四月的

---

① 参见辽宁省地方志编纂委员会办公室主编：《辽宁省志　纺织工业志》，辽宁民族出版社2001年版，第43～45页。

② 参见李德主编：《新中国金融业发展历程》上卷，人民出版社2015年版，第39页。

③ 参见姚荣启编著：《中国劳模史(1932～1979)》，中国工人出版社2020年版，第205页。

④ 参见姚荣启编著：《中国劳模史(1932～1979)》，中国工人出版社2020年版，第184页。

一百七十八小时减到现在的十一小时半的新纪录，效率提高了十五倍”[①]。

解放区各级人民政府积极响应中共中央“发展经济，保障供给，统一领导，分散经营，军民兼顾，公私兼顾”的财经工作方针，在个人、区、乡、县、省之间，以灵活多样的实践形式开展竞赛活动，在竞赛中取得了优异成果，创造了大量的生产、生活资料，既满足了战争的物资供给，为解放战争积累了坚实的物质基础，也实现了减轻人民负担、改善人民生活的目标，夯实了新中国成立的经济根基。

第二节　群众路线的巩固与社会整合的实现

新民主主义革命时期的竞赛活动，是贯彻群众路线的表现方式。竞赛对经济实践、对国内的社会政治生活、对道德风尚都有着深刻的影响。[②] 在竞赛活动的运作中，间接缓和了阶层矛盾、唤醒了民众的政党认同，体现了竞赛活动的政治成效，也反映了中国共产党社会整合的执政目标。“社会整合”在广义上包括社会的、政治的、文化的、思想的整合等众多不同的面相，狭义上则专指社会的整合，具体是指社会管理和社会结构的改造。[③] 革命语境中的社会整合，基于政党的阶级属性，通过建构党群关系、践行群众路线的途径提高了党的社会影响力和领导力，在优化社会结构的过程中提升了党的社会管理能力。竞赛活动中彰显了个体政治角色意识的觉醒和群体价值认同的延续，形成一支政治化的群众力量，为中国共产党争取最广大民众、巩固政权提供了立党的经验与启示，也蕴含着中国共产党关于未来政治图景的共同期待。

---

① 姚荣启编著:《中国劳模史(1932～1979)》,中国工人出版社 2020 年版,第 202 页。

② 参见辛华编:《苏联共产党第二十五次代表大会主要文件汇编》,生活・读书・新知三联书店 1977 年版,第 104 页。

③ 参见宋学勤:《“与民族国家的建构同步”:中共城市社会整合思想与实践(1949～1957)》,载《党史研究与教学》2017 年第 3 期。

一、践行了群众路线，强固了党群关系

中国共产党在长期革命和执政过程中，始终坚持依靠群众的原则。中共中央和地方政府通过与群众建立亲密的联系，践行群众路线，群众路线的建构是群众动员的条件和前提，是政治整合的要求和保障。竞赛活动的开展深刻体现了中国共产党强大的群众动员能力，缓解了党群关系，在争取民众力量、凝聚政党共识中发挥了特有的价值导向功能。

1929 年 9 月 28 日，《中共中央给红军第四军前委的指示信》中第一次提到了“群众路线”的概念：“关于筹款工作亦要经过群众路线，不要由红军单独去干。”[①]同年 12 月，《红军第四军第九次党代表大会决议》强调：“红军的打仗，不是单纯地为了打仗而打仗，而是为了宣传群众、组织群众、武装群众，并帮助群众建设革命政权才去打仗的。”[②]中共中央以群众路线作为宣传、动员、组织起来的理论依据，在革命实践中更加自觉地运用群众路线的领导方式，群众工作的方针亦更加成熟，而充溢于新民主主义整个区间的竞赛活动，则是群众路线意识的深刻体现。竞赛活动宣传、动员、开展、践行的流程反映了群众路线的内涵，凸显着党群命运与共的关系。1934 年 1 月，在江西瑞金召开第二次全国工农兵代表大会，毛泽东在会上作了《关心群众生活，注意工作方法》的报告，论述了党在群众工作中的职能和指向：“我们对于广大群众的切身利益问题，群众的生活问题，就一点也不能疏忽，一点也不能看轻。”“真心实意地为群众谋利益，解决群众的生产和生活的问题，盐的问题，米的问题，房子的问题，衣的问题，生小孩子的问题，解决群众的一切问题。我们是这样做了么，广大群众就必定拥护我们，把革命当作他们的

---

① 中共中央文献研究室、中央档案馆编：《建党以来重要文献选编（1921～1949）》第 6 册，中央文献出版社 2011 年版，第 516 页。

② 中共中央文献研究室、中央档案馆编：《建党以来重要文献选编（1921～1949）》第 6 册，中央文献出版社 2011 年版，第 727 页。

生命，把革命当作他们无上光荣的旗帜。”[①]随后，刘少奇在《怎样进行群众工作——给群众工作的同志们一封信》中也强调了群众工作是党发展壮大的关键。毛泽东第一次从哲学高度对党的群众路线作出理论概括是在《关于领导方法的若干问题》中，他指出：“在我党的一切实际工作中，凡属正确的领导，必须是从群众中来，到群众中去。这就是说，将群众的意见（分散的无系统的意见）集中起来（经过研究，化为集中的系统的意见），又到群众中去作宣传解释，化为群众的意见，使群众坚持下去，见之于行动，并在群众行动中考验这些意见是否正确。然后再从群众中集中起来，再到群众中坚持下去。如此无限循环，一次比一次地更正确、更生动、更丰富。”[②]毛泽东将群众路线与马克思主义唯物史观有机结合，阐明了群众路线的规律性与合目的性。

群众路线的贯彻深刻体现在土地政策的践行中，中国共产党以开展生产为主的竞赛活动为渠道，适时调整和改变土地政策，以满足群众对土地的经济需求和对土地所有权的热望。中国共产党采取贴近群众、说服教育的动员策略，推动了土地改革的进行，在生产竞赛潜移默化的影响下实现了对农民的集中化整合，也开启了民智、提高了农民思想觉悟，形成了团结和谐的军民党群关系。

土地革命时期，毛泽东在《怎样分析农村阶级》《关于土地革命斗争中的一些问题的决定》等重要文件中，规定了以“劳动”与“不劳动”作为区别富农与地主的标志，以“经常剥削”与“轻微剥削”作为区别富农与中农的标准，进行了查田运动，完善了土地革命中“依靠贫农（包括雇农），联合中农，削弱（或‘限制’）富农，消灭地主阶级”[③]的阶级路线。这一时期的土地政策对阶级划分更加明细，有利于扩展各阶层人群，准确

① 中共中央文献研究室、中央档案馆编：《建党以来重要文献选编（1921～1949）》第11册，中央文献出版社2011年版，第149、151页。

② 《毛泽东选集》第3卷，人民出版社1991年版，第899页。

③ 毛泽东：《在八县查田运动大会上的报告》，载《红旗》1933年6月14日。

把握各阶层的初级需求以实行竞赛动员。在粮食生产动员中，中国共产党号召“各级政府的负责同志更应该负责把粮食合作社的意义和作用，做最普遍的深入的宣传，领导群众，帮助群众，使每一乡至少要建立一个粮食合作社”[①]，充分证实了生产竞赛是检验土地政策的有效手段，也验证了根据地边支援前线经济、边进行后方补给的土地政策是切实可行的。

抗战期间，边区政府推行减租减息、消灭旧式富农的政策。对土地政策的调整，也丰富了生产竞赛的政治含义。生产竞赛的动员，被明显赋予了政治色彩，边区民众以共同劳动的形式逐步实现价值观的趋同。

解放战争时期，毛泽东详细分析了各阶层的土地占比，提出：“我们的土地改革所反对的对象，人数甚少，而乡村中能够参加和应当参加土地改革统一战线的人数（户数），则有大约百分之九十以上这样多。这里必须注意两条基本原则：第一，必须满足贫农和雇农的要求，这是土地改革的最基本的任务；第二，必须坚决地团结中农，不要损害中农的利益。”“地主富农应得的土地和财产，不能超过农民群众。”[②]对地主富农较为包容，隐含了“平均主义”的意味。抗日战争胜利后，中国共产党倾注了更多的精力复苏经济、发展生产，强调“要深刻认识大规模有领导的减租运动，是发动群众最重要的关键，是农民群众翻身的必经之途，是开展生产运动的必要前提”[③]。解放战争时期，中国共产党实行针对性划分土地的策略。1947 年 11～12 月，在陕甘宁、晋绥、晋察冀、晋冀鲁豫、华东等老解放区，东北等半老解放区，以及鄂豫皖、豫皖苏、豫陕鄂、江汉、桐柏等新解放区，广泛开展以土地改革为中心的群众生产运动。劳动竞赛是短期内迅猛提高生产力的有效途径，中国共产党基

① 《中华苏维埃共和国中央人民委员会布告第二十一号——关于倡办粮食合作社问题》，载《红色中华》1933 年 7 月 14 日。

② 《毛泽东选集》第 4 卷，人民出版社 1991 年版，第 1251、1250～1251 页。

③ 中共中央文献研究室、中央档案馆编：《建党以来重要文献选编（1921～1949）》第 23 册，中央文献出版社 2011 年版，第 18 页。

于竞赛创收的现实，实行抽补、调剂政策，采用“抽多补少、抽肥补瘦、抽近补远”的措施，有效解决了贫雇农土地不足的问题；在晋察冀、晋冀鲁豫和华东解放区基本废除了封建土地制度。在新开辟的鄂豫皖、江汉、桐柏、豫陕鄂、陕南、豫皖苏等解放区，开展了开仓济贫、分土地、分浮财运动。土地政策的调适反映出中国共产党在群众路线中秉持的对权力和财富的再分配原则，生产政策的制定也凸显出政治层面整改的方向，即实现各阶级的利益均沾和权利平衡。

群众路线是生产竞赛与土地政策紧密结合的直接成果，中国共产党不仅以保障工农群众的基本利益为前提，实行减租减息的土地政策，取缔杂租、劳役和各种形式的高利贷，给予农民最大范围的经济实惠以改善农民生活，而且也关照地主、富农、雇主、资本家的合法利益，实行劳资两利、公私兼顾、合理负担的原则，为动员各阶层群众提供了路径。土地使用权被农民掌握后，普通群众感受到了主人翁地位，激发了参与竞赛活动的自主性，创造了更加丰硕的生产资料，形成了生产劳动的良性循环。土地政策的优化，满足了民众平等公正的心理需求，促进了广大劳动人民对中国共产党的高度认同，进而巩固了党群关系，坚定了取得革命胜利的决心和信心，也彰显了中国共产党对动员理论的娴熟运用，以及强大的社会整合能力。

二、营造了团结氛围，凝聚了群体合力

竞赛活动营造了不同阶层团结和谐的社会氛围。竞赛活动在不同领域的拓展，为中国共产党培养、造就了大量经济建设、文化建设、社会建设的骨干人才，同时也积累了丰富的组织领导、融合各阶层民众的经验。中国共产党引领下的竞赛活动，激发“群众以主人翁的资格参加生产，已经是十分欢欣鼓舞，到劳动英雄运动的开展，群众更以争取‘新社会新状元’的热情来努力生产，不只是更加提高了劳动群众的经济生

活，而且更加提高了劳动群众的社会地位”[①]，进而为治理空间的稳定提供群众基础，也是各阶层、各群体团结和谐的重要保证。竞赛活动的举行，既巩固了官兵关系、上下关系，和谐了军民关系、军政关系，又强化了中共中央和地方政府的政治意识。正如毛泽东视察南泥湾时评析的那样，竞赛活动“带来了许多副产品：改善官兵关系；增强劳动观念；增强纪律性；改善军民关系；军政关系也好了；促进了人民的大生产运动”[②]。

首先，强化了军民聚合力。劳动竞赛中，建立了军民互帮互助的融洽关系，如陕甘宁边区的大生产运动，三五九旅热情参与到农民的生产竞赛中是军民关系和谐的生动展现。群众也为军队提供了全方位的后勤服务，如土地革命时期，乡村中的农民不仅自觉组织生产突击队、冲锋劳动队等进行生产竞赛，保障了部队官兵的粮食供给，而且积极参加扩红运动，还有自主组织洗衣队、缝衣队等的妇女群体，积极参与后勤保障工作。此外，中央苏维埃剧团自发组织巡回演出队上前线慰劳红军战士，“在X教导团表演的时候，得到了战士们热烈的欢迎，大家募集了三十九块钱慰劳剧团。但是，我们的红色剧员，深刻地了解要使一切利益服从战争，立刻又把这笔款项全部捐给红军”[③]，体现了民众对革命事业的高度支持与配合。抗日战争时期，军民关系在共同抗战的共识中得到进一步升华。军队和党政机关以认真端正的态度检讨党政军民关系上的缺点和疏漏，公开地自我批评，实事求是地总结经验，并在行动中磨砺了党性。各根据地组织、动员开展拥政爱民和拥军优属的竞赛运动，战士从全党利益出发，摒弃部队中存在的个人主义、分散主义、无组织状态等各种违反党性的错误倾向，发扬了集体主义作风，积极有

---

① 《劳动英雄与生产运动》，载《解放日报》1946年3月11日。

② 毛泽东：《论军队生产自给，兼论整风和生产两大运动的重要性》，载《解放日报》1945年4月27日。

③ 《火线上的互相慰劳》，载《红色中华》1934年7月21日。引文中“X”，原文如此。

效改善了与其他阶层的关系。如淮南区党委在关于拥政爱民和拥军工作的指示中，发动新年劳军运动，募集过年食品，与民众共享，军民之间建立了亲密的友善关系。随着拥政爱民运动的开展，各解放区政府和人民也掀起了拥军优抗运动，热烈地劳军。群众自动地给军队种菜种瓜，称“劳军菜”“劳军瓜”；妇女大量制鞋劳军；军队过境驻扎，人民则热忱照顾军队的住宿。[①] 军队与群众之间形成了互相尊重、彼此照顾的和谐情景，筑牢了根据地党政军民之间的团结意识。解放战争时期，多地还举行了为解放军制衣的竞赛，在多维度中形成了军民相互体谅、团结互助的风气，为革命事业的顺利发展提供了良好社会氛围。

其次，党员内部之间深化了和谐关系，也巩固了与党外人士的团结和协作。抗日战争时期，在历次举办的马克思主义理论学习竞赛过程中，毛泽东先后撰写了《抗日时期的经济问题和财政问题》《开展根据地的减租、生产和拥政爱民运动》《组织起来》《游击区也能进行生产》《论军队生产自给，兼论整风和生产两大运动的重要性》等一系列著作，在系统阐述竞赛活动实施方针的基础上总结了党政军民关系建立的经验，为巩固党组织内部团结协作提供了理论导向。中国共产党依据各根据地的现实情况，强调以党内团结为宗旨，集中力量定期展开组织调整、整顿和扩展工作，明确了党的纪律，党的规章制度愈加健全。党的队伍不断壮大，也更加规范化，表现为基层党组织接收党员的要求愈加严格，主要以工人、农民及学生中的积极分子为发展对象，应具备革命利益的大局观和政治素养，提高了党员质量，党内的叛变分子、阶级异己分子和投机分子等明显减少，有效提升了党员的整体素质，党组织的战斗力和凝聚力得到很大增强。此外，也与党外人士建立了民主平等的良性互动。中国共产党严格遵守这一原则，在晋冀鲁豫边区召开的临时参议会第一次会议中，133 名参议员出席，共产党员 46 名，占 1/3；

① 参见李新等主编：《中国新民主主义革命时期通史》第 3 卷，人民出版社 1961 年版，第 261 页。

陕甘宁边区第二届参议会的第一次会议，选出的边区政府18名委员中，共产党员有7名，超过了1/3，共产党员徐特立坚决执行“三三制”原则，当即申请退出，以换党外人士白文焕递补。共产党员将党的政策以及强烈的民主意识贯彻落实于实践，强化了人权保障、保持了政府廉洁，巩固了各阶层的联系，建构了军民一致、军政团结、政治民主的示范先进形象，凸显了政治教育的极大成功。

最后，中国共产党开展普及马克思主义民族观教育的学习竞赛，显著提升了少数民族的政治归属感，有效整合了各民族力量。中国共产党注重加强对少数民族人民的文化思想政治教育，在落实民族平等原则、完善民族工作机构的基础上，还创办了多种形式的教育机构，如民族学院、少数民族班、蒙古青年队和少数民族工作队，设立了专门的系统从事少数民族工作的问题研究室，培养了大量县、区、乡的参议员或政府委员等少数民族干部。少数民族干部也参与到整风运动、学习竞赛中，积极宣传党有关民族问题的纲领、政策，与汉族民众互相配合、密切团结，深入到敌后少数民族聚居区，建立了抗日救国会等爱国团体。此外，中共中央先后制定了关于回族、蒙古族等问题的提纲，规定实行民族平等，尊重民族文化、风俗习惯和宗教信仰等，强化了少数民族的政治认同感，各民族关系也不断改善，为社会整合提供了创造性启示。

三、塑造了政党形象，汇聚了社会共识

竞赛活动作为强化群众路线的具化形式，既反映了中国共产党变革现行社会、建设新社会的尝试，又体现了服务于政治需要的意图。中国共产党通过培育不同阶层群体的民主意识、与群众建立亲密关系，同时注重强化党的自身建设，为政党认同提供了实践路径。中国共产党以贴近群众、服务群众为奋斗宗旨，培养群众的政治认同感；以消解对主体的疏离，重构包括对政党的意识文化、制度规范、政绩政策、形象标

识等要件的认同[①]，在社会管理的深入中实现了社会整合。

社会动员为竞赛活动创造先决条件，社会动员的过程也是政党形象的塑造过程。中国共产党通过政党形象的塑造来感召和引导群众产生政治共鸣，是实现政治认同的重要渠道和方式。一方面，政治认同是政治价值观的体现，政治学家威尔特·罗森鲍姆在《政治文化》一书中具体阐述了政治认同的含义，认为政治认同是在政治生活中产生的，描述了个体对国家、政党、组织、机构的强烈归属感，以及对政治思想的认知和感情。[②] 另一方面，在革命场域中，群众的政治认同深刻表现为对政党政治信念的坚守和对政治信仰的追求，因而政治认同具有可塑性，"既是个体意识作用的结果，同时也依赖客观社会存在的一些条件，是客观社会存在与个体意识作用相结合形成的"[③]，体现在政府与民众的互动中，即形成了党群关系。党群关系是主体透析现实政治环境，依据客体的经济诉求、情感归属、价值取向等，采取与客体切身利益互动的政治文化和政治制度行为，反映着社会成员对政治权威和体制的拥护、支持程度，是保持政治系统、社会稳定的关键因素。

首先，中国共产党赋予了民众某种程度的民主权利，以此建立不同阶层民众对政党的信任、亲近感和归属感。民主是群众主体地位的体现，只有给予群众社会认可、人权尊重等政治上无差别的平等对待，才能真正发动群众、争取群众、依靠群众。在竞赛活动的群众动员中得到充分彰显，如劳模推举中运用了民主选举的方法，兼顾到民众较为分散的居住状况和文化水平的差异，边区政府采取了多种生动活泼的选举方式，包括"画圈法""画杠法""画点法""投豆法""烧洞法""投纸团法""背箱子""乍胳臂"等丰富多彩的投票方式；还以制度形式优化选举方式，其中《关于劳动英雄和模范工作者选举和奖励办法》具体规定了民

① 参见杨玲：《政党认同的价值定位与路径探析》，载《临沂大学学报》2019 年第 2 期。

② 参见[美]罗森鲍姆：《政治文化》，陈鸿瑜译，(台北)桂冠图书有限公司 1984 年版。

③ 李素华：《政治认同的辨析》，载《当代亚太》2005 年第 12 期。

主的选举模式和方法；毛泽东在陕甘宁边区第二届参议会上强调："从军队中、农村中、工厂中及政府机关中，用群众民主选举的方法选出优秀分子。"[①]中国共产党民主选举原则的践行，为社会稳定和发展提供了制度前提和保障，也赋予了妇女更多的参与政治活动的权利。妇女参加县、乡、村普选的人数和比例大幅增加，据不完全统计，抗战时期有81％～83％的妇女报名参加了村和区的投票表决[②]，妇女逐步承担起崭新的社会角色和重要任务。此外，党的各级领导机构和基层领导成员，基本是由党的会议民主选举产生，是党内民主集中制建设的呈现。民主原则在基层得到了切实贯彻和落实，党员干部在党内生活中也自觉践行民主集中制原则。民主政策营造了社会团结和谐的氛围，缓和了阶级矛盾，体现了马克思主义政党最根本的组织原则和基本要求；人民民主是马克思主义政党建设的关键，塑造了中国共产党取信于民的伟大形象。

其次，中国共产党与群众建立亲密的战友关系，构建群众对党的情感认同，以此有效化解各阶层的冲突，争取了民众的共识。如在抗日战争时期，领导干部和基层党员同农民共同参加大生产运动，种菜、耕地，承担粗活重活累活等；解放战争时期，基层党员干部贴近最贫困群众，动员群众参与"诉苦运动"，倾听他们的苦楚。毛泽东与劳模之间形成的战友式交情是竞赛活动中尤为真切的干群互动的表现。1943年陕甘宁边区劳动英雄大会上，吴满有作为特等劳动英雄被毛泽东请到杨家岭赴宴，毛泽东与他座谈生产经验，并为吴满有亲笔题词；《解放日报》还详述了毛泽东接见孙万福的场景："（孙万福）激动又有些颤抖地抱着毛泽东的肩膀。"[③]毛泽东在第一届劳动英雄大会和第三届生产展览会

---

① 《毛泽东文集》第3卷，人民出版社1996年版，第241页。

② 参见王若飞：《我们怎样在敌后抗日根据地建设起新民主主义的政治》，载《解放日报》1942年7月7日。

③ 参见《四五两日劳动英雄大会　众英雄热烈交换经验》，载《解放日报》1943年12月9日。

后还邀请申长林等17位劳动英雄座谈生产经验，介绍生产情况。毛泽东与吴满有等多名劳模建立了更深的互动和交往，朴素、亲和的相处模式消除了群众与领导的距离感。1944年2月，吴满有得知毛泽东也要参加生产并要交公粮之后，写信给毛泽东，要帮忙分担毛泽东的生产任务。1944年7月，毛泽东在延安接见了16位合作社英雄，《解放日报》中详细描述了毛泽东和蔼地与各位英雄握手，亲切询问姓名、年龄等情形。1944年8月，毛泽东邀请吴满有到住处畅谈，共商陕甘宁边区农村发展规划，毛泽东还请他吃饭、亲自为他斟酒，并且双手敬他三杯。又如，延安南区合作社模范刘建章带领秧歌队给毛泽东拜年，并商谈合作社的问题，反映出领导干部与群众平等的和谐关系。爱泼斯坦的采访记录中也记述了毛泽东与劳动英模交往的融洽场景，劳动模范与毛泽东一起看电影，还得到了毛泽东的贵重奖品。毛泽东以集体会见、个人交谈等多种方式与劳动英雄建立了良好的个人关系，既实现了动员群众的效果，又极大地促进了英雄模范政治价值的发挥，强化了英雄模范对中国共产党的认同，于无形中建构了中国共产党人的光辉形象，巧妙地实现了社会整合的目的。

最后，中国共产党高度重视党的自身建设，不遗余力地进行党组织的优化。党组织结构在新民主主义革命的不同阶段发生着重大转变。土地革命时期，党组织相对松散，党员质量和水平存在严重不足。经过严峻的革命战争的锻炼，党的基层组织逐步覆盖至偏远乡村，党员数量也蓬勃发展。苏维埃运动在农村取得了“巨大的成功”，扩红征兵和土地改革政策都一定程度地赢得了民心，对“贫苦”的农村资源进行了多方位的整合，由此“中国内部政治的各种方式较量”使共产主义存在着扩张的巨大政治空间。[①] 经过艰辛的调整和适应，抗日战争时期陕北边区建立了700多个基层组织，边区民众高度组织化，有力地巩固了中国

① 参见朱潇潇、徐宇：《美国主流媒体视域下的中国共产党形象研究（1930～1937）——以〈华盛顿邮报〉〈纽约时报〉为对象》，载《苏区研究》2020年第2期。

共产党在边区的政权。同时，在边区农村也发展了大量新党员和基层干部，党组织的构成也发生明显转变，农民占据主导地位，工人成分大幅下降。解放战争时期，党的组织得到很大的发展和扩充，到1947年党员已发展到270余万名。随着战争形势的演变，竞赛活动的动员和开展中明显暴露了思想、作风不纯的问题。中共中央和地方政府及时发现党组织中的缺陷和疏忽，严格纠正了党组织中蔓延的错误思想，引导党员个体和组织在竞赛活动及其工作中树立正确的意识和态度。比如，在竞赛活动动员中，及时纠正党员严重的官僚主义作派和强迫命令的作风，深入群众中，体会群众艰辛。在土地改革政策执行时，澄清党员的阶级观点和意识，扭转了包庇地主、袒护富农分子的现象。在分享生产竞赛成果和绩效时，遏制了个别党员利用职权侵占群众利益的行为，坚持按劳分配的原则和方针，实行与群众同等待遇。另外，党中央还时常有组织、有条理地开展整党运动。健全组织领导，首先要建立和强化区村两级的领导，只有区村领导健全，才能贯彻党的政策，才能把生产运动搞好。[①] 以批评与自我批评为基本路线，以说服教育为方式，开展“三查”运动和“三整”运动，克服了党内官僚主义作风，明确了无产阶级的立场，筑牢了党廉洁奉公的政党形象，强化了党支部建设。通过规范党员的筛选流程、大规模加强党的政治思想教育、开展党内马克思列宁主义的学习竞赛、完善基层党组织架构等措施，不仅培养了廉洁奉公、艰苦朴素的党员干部模范，而且树立了为人民服务的马克思主义政党形象，也筑牢了各阶层的政治定力。

群众的政治认同，体现了中国共产党动员群众的能力，发挥了社会各阶层的聚合力。中国共产党在新民主主义革命时期建构的政治认同、积累的思想统一的基本经验，为新中国成立后的社会整合、利益调整及心理塑造提供了启示、思路和模板。

---

① 参见黑龙江省档案馆编：《黑龙江革命历史档案史料丛编　大生产运动(1945.9～1949.10)》，1985年，第159页。

第三节 思想文化的进步与主流价值的培育

竞赛活动并不是一种单纯的物质产出的方式，还具备抽象的内蕴和特质。如康德认为竞赛的特点是将其当作发展文化的动机而利用，同时这种竞赛本身并不排除相互的爱，也以文化创造的面相成为规训民众的手段。① 中国共产党以学习竞赛的形式加强对群众的文化教育以及对中华民族优秀文化的认同。文化认同可以协助具备族群感的人找到心灵的归宿，也要防止文化认同演变为狭隘的部族主义，因而对民众政治理念的培育也是不容忽视的环节。文化教育与政治动员具有同质性，民众的政治认同在文化水平的提升中也不断强化。政治认同是任何国家存在的基本条件，但是我们不必以积极的同化政策威胁弱势文化族群的生存，我们事实上可以让文化认同与政治认同并存，并且让它们产生良性的互动与滋长②，这种实现理路也是学习竞赛的践行过程和成效表达。

马克思主义理论的学习运动是中共中央和根据地政府实行的加强文化教育的方式，鼓励不同层级学员之间相互学习、竞争和监督。针对边区知识分子和党员干部这一关键群体，通过整风运动，由体力竞赛延展到意识形态的教化和巩固中，形成了系列实践话语，以及“生产模范”偶像的出现，均将物质产出与意识形态的输入紧密联系在一起，它建构了生产和使用这一话语的主体，建构了话语主体的社会行动。③ 中国共产党试图实现不同阶层群众在文化层面的认同和统一，以政治理念的

---

① 参见冯玉珍：《理性—非理性批判——精神和哲学的历史逻辑考察》，人民出版社 2013 年版，第 386 页。

② 参见江宜桦：《自由主义、民族主义与国家认同》，(台北)扬智文化事业股份有限公司 1998 年版，第 90 页。

③ 周海燕：《作为规训的生产——以大生产运动叙事为中心的话语考察》，《开放时代》2012 年第 8 期。

输入和价值观的引导建构马克思主义主流意识，进一步巩固马克思主义政党对群众意识形态的把控。

一、普及了文化教育，提升了群体素养

中国共产党在巩固经济建设和政权建设的同时，也重视加强文化教育。在根据地创建了大量简易的教育机构和培训学校，提供了思想改造的有效渠道，文化教育得到了大规模普及，底层群众的识字率、文化素养显著提升，也暗含了中国共产党对不同阶层群众采取的高度组织化的整合策略。

首先，教育机构的大范围普及。中国共产党领导开展了普及性的社会教育，建立了大量夜校、半日学校、补习学校、识字班，接受教育的人数急剧增加。据统计，1934 年 3 月，中央根据地有列宁小学 3000 多所，学生 10 余万人。抗日战争时期，根据地政府仍不遗余力地扩大边区的办学规模，1943 年的《新年献词》中就强调："'发展生产，加强教育'将是 1943 年的中心任务。"[①]中共中央和各根据地政府举办了教授群众识字、阅读、艺术创作等内容的学习竞赛。竞赛过程实行层级监视，向职位较高的上一级汇报学习情况；在成果验收中配合其他奖惩制度，在下一级或同级之间以等级梯度的方式进行奖励，并鼓励公开检举学习不达标的行为，从而提高了不同阶层的文化知识储备和学习成效。群众学习文化的自觉意识大幅度提升，并把理论知识转化为积极参与社会活动、支持抗战的实践行动，巩固了根据地政权。

其次，教育模式的创新。中国共产党针对青年群体在农村发动冬学运动，开创了教育平等、义务教学的模式。冬学由来已久，最早关于"冬学"的记载见于陆游《剑南诗稿 · 秋日郊居》一诗："儿童冬学闹比

① 陕甘宁边区财政经济史编写组、陕西省档案馆编：《抗日战争时期陕甘宁边区财政经济史料摘编》第 8 编，陕西人民出版社 1981 年版，第 256 页。

邻,据案愚儒却自珍。”其注释云:“农家十月乃遣子入学,谓之冬学。”[①]新民主主义革命时期,具有文化普及和政治动员双重属性的冬学运动,是民众利用冬季农闲时节学习文化、接受知识,由村政府组织的文教委员或临时组成的冬学委员会主持。其以说服教育为目的,以自愿参加为原则,对识字不满1000个、年龄在15～45岁的根据地群众进行免费义务教育,适应了变化多端的抗战局势,对乡村改造产生了重大意义。冬学运动在边区大规模推广,根据地建立后更为普及。山东抗日根据地的冬学竞赛成效较为突出。1940年,山东抗日根据地召开国民教育座谈会时明确提出:“动员所有文化宣传教育机关进行普遍深入的抗战宣传工作,提高大众坚持抗战与坚持统战的信心,激发民族的抗战热情,发扬民族的自尊心与自信心,动员组织民众参加抗战建国工作。”[②]家庭成员之间相互鼓励、积极动员,利用闲暇时间识字,有文化基础的村民主动担负教授汉字的职责,促进了群众思想面貌的改观。学习赶超的竞赛环境,激发了乡村浓烈的文化氛围,群众文化素质和政治觉悟均得到了明显提升,也体现了根据地政府在教育平等模式的建设中进行的伟大尝试和探索。在冬学运动筹备期间,经过宣传教育,妇女纷纷入学,妇女识字班大量涌现。据不完全统计,1940年沁州、沁源、襄垣、黎城、辽县、平定、榆社等7个县参加识字班学习的妇女共有5260多人,年龄在15～40岁。[③] 1941年,太岳区有310个妇女识字班(沁县除外),参加识字班的(仅6个县的统计)有1993人,识字最多的达1000个。[④]1943年左权县芹泉村妇女工作调查显示:“识字最多的识三百多字,最少识二百余字,主要是青年中年识字很高。”[⑤]“黎城北流村的妇女学习

① (宋)陆游:《剑南诗稿》卷二五,中华书局1976年版,第691页。

② 山东省档案馆、山东社会科学院历史研究所编:《山东革命历史档案资料选编》第5辑,山东人民出版社1982年版,第340页。

③ 参见沁源县妇女联合会编:《沁源县妇女运动史资料选》第1辑,1987年,第1～2页。

④ 参见沁源县妇女联合会:《沁源县妇女运动史资料选》第1辑,1987年,第13页。

⑤ 《芹泉村妇女工作调查》(1943年3月10日),山西省档案馆,宗卷A166-1-137-6。

气氛更是浓厚，她们组成学习小组，将生字写在布片上和纸片上，做成'生字片'，挂在纺织工具和家具、农具上，有的还缀在自己衣袖上，瞅空就问，闲下就学，经常巩固，识字很快，涌现出像张双英、张三英、吴先梅、申屹周等先进分子。"[①]解放战争时期，在各解放区的冬学运动中，学习竞赛模范在村落、群众之间的宣传动员中发挥了重要的桥梁作用，传播了文化、传递了政策、鼓舞了情绪、发扬了先进，对普通民众产生了深刻政治影响。

再次，妇女群体的文化素养提升与思想开化。各地政府针对妇女群体创办了文化课程、特色训练班等。为了照顾农村的实际，既不耽误妇女的劳动和家务，也照顾到她们的情绪和心理，组织不同年龄的农村妇女，设立了专门的妇女识字组；课程设计上密切贴合生活实际，开设了实用性较强的卫生常识课、助产训练班等。在晋察冀边区建立以前，当地妇女能够上学读书的真是凤毛麟角。晋察冀边区建立后，由于政治上的民主，男女在教育方面实现了平等。理论与实际紧密结合的教育理念，激发了妇女高涨的学习热情和兴趣，引导了妇女群体的思想开化。妇女的文化水平普遍提高，晋察冀边区唐县"青年妇女马青花，从前一字不识，现在能识五六百字，能背写 422 字，能读群众报，能写黑板报"[②]。根据地妇女的政治觉悟不断提高，她们的自我意识和社会地位也逐步增强，妇女群体在边区基层组织中发挥着重要作用，优秀的妇女被提升为干部。[③] 由此学习竞赛成为改造农村社会、传播文明进步思想的主要途径。

最后，民间艺术的发扬与重塑。中共中央和根据地政府以改进教育方式、落实教育理论为目的，充分发动民间艺术的宣传活动，传播地方文化特色，丰富了学习竞赛的内容。如苏区时期政府组织的秧歌已

---

① 申福枝:《黎城妇女运动史》，山西古籍出版社 1997 年版，第 15 页。

② 《唐县东长店村初步消灭了文盲》，《晋察冀日报》1945 年 4 月 4 日。

③ 参见延安时事问题研究会编:《抗战中的中国政治》，上海人民出版社 1961 年版，第 375 页。

发展为成熟的民间文化，大量戏剧作品和歌曲在根据地广泛演出，点燃了群众学习、效仿的热情，地方性文化得到大力弘扬，生动愉悦的表现方式展现了文化的特色，在群众的普遍追捧中有效传承了特色文化。陕甘宁边区的竞赛活动不仅鲜活地演绎了社会生活实际，而且推进了区域文化的大众化。在文娱竞赛的促动下，大型歌剧《周子山》、秦腔《血泪仇》和《白毛女》等相继诞生。文化与艺术的相映生辉，彰显了群体性的文化共识已经深刻嵌入中国共产党的政治实践中，为新民主主义的文化建设指明了发展方向，为民间艺术的传承引航。

二、解放了观念意识，突破了封建思想束缚

在新民主主义革命话语中，竞赛活动和竞赛精神被赋予了既定的群体意识，竞赛活动的精神衍生物推动了观念意识的解放，谱写了以劳动为主题的精神诗篇。竞赛活动不仅是一种调查研究、实事求是工作方法的显现，而且是民众精神境界提升的途径，譬如在对自力更生、艰苦奋斗的“南泥湾精神”的发扬，对勇于进取、敢为人先的劳模精神的传承中，号召解放封建愚昧思想，转变了民众落后的观念意识，形成了新型劳动观，引领着新民主主义经济建设、文化建构、社会文明等向现代化轨道迈进。

首先，凝练了南泥湾精神、劳模精神的话语。响应中共中央、根据地政府的英明决策，陕甘宁边区通过生产劳动竞赛，不但走出了经济困境，创造了“粮食堆满仓，稻谷翻金浪，猪牛羊肥壮，鱼虾满池塘”的动人景象，把荒无人烟的南泥湾改造成为“陕北江南”[①]，也树立了“自力更生、艰苦创业、同心同德、团结奋斗”的“南泥湾精神”标杆。毛泽东对这一精神作了诠释：“我们希望有外援，但是我们不能依赖它，我们依靠自己的努力，依靠全体军民的创造力。”[②]这不仅体现了“革命战士不怕苦，

① 中共中央党校党史教研室：《中国共产党史稿》第三分册，人民出版社1983年版，第165页。
② 《毛泽东选集》第3卷，人民出版社1991年版，第1016页。

生产自给反封锁”[1]的艰苦创业情怀，也展示了部队训练有素的战斗力，展现了军民斗志昂扬的精神面貌。南泥湾精神是在群众吃苦耐劳的品格和领导干部、劳模的榜样示范中凝结而成的，如王震旅长身先士卒，双手打满血泡，依然和战士一起开荒；甄荣典受了伤，依然坚守在岗位。竞赛活动是体力的竞技，更是伟大精神的延续和传承。《解放日报》的接续报道，既赞誉了吴满有的劳动精神，又高度评价了他无私奉献、以集体利益为重的集体意识。另一个边区精神文化建设的典型范例是“钢铁英雄”赵占魁。他于1939年被分配到延安农具厂担任熔炉看火工期间，为制造犁铧和枪炮，“三年如一日，在炎热太阳的炙烤下，在两千度以上的熔铁炉旁边工作整日，不叫苦，不倦怠”，“始终如一，积极负责，老老实实，埋头苦干，大公无私，冲锋在前”[2]，凭借顽强拼搏的精神，被毛泽东称赞为“中国式的斯达汉诺夫”。1943年11月在延安举行的一百多名劳动英雄代表出席的大会上，毛泽东赞誉劳动英雄们为“人民的领袖”，并为劳模亲笔题词，为王震题的词为“有创造精神”，为何维忠的题词是“切实朴素，大公无私”，为独臂战将晏福生的题词是“坚决执行屯田政策”，表达了边区政府对生产英雄的高度评价和对其精神的充分肯定。党的主要领导人毛泽东、朱德、林伯渠等都先后在劳动英雄大会上讲话，接见劳动英雄，称赞他们的政治觉悟、阶级觉悟、创造力量和带头作用。[3]

其次，宣扬了蕴含中国共产党独特政治理念的竞赛精神。竞赛精神是劳动英雄个体精神和集体主义的凝集。农村中的劳动英雄是以私为主、公为副；机关部队及公营工厂中的劳动英雄是以公为主，私为副。不同行业凝练了共同的政治意识，即反对贪污浪费、惩治懒惰分子、克

---

① 中共中央党校党史教研室：《中国共产党史稿》第三分册，人民出版社1983年版，第165页。

② 陕西省总工会工运史研究室编：《陕甘宁边区工人运动史料选编》上册，工人出版社1998年版，第694页。

③ 参见王明生、董颖鑫：《陕甘宁边区劳模运动的政治分析》，载《学海》2010年第5期。

服脱离群众的官僚主义，一切为着战胜敌人而努力。在优秀品质和伟大精神的宣传和烘托中，不同视角下的劳模精神终归都统合为竞赛精神，引导着竞赛活动的政治效应由个人到集体、从局部到全面的升华。工人、农民、干部、知识分子等各阶层民众的劳动创造，鲜明地表达了“劳动光荣”的观念，劳动者的社会地位得到了明显提高，充分体现了群众由自发性到自觉性的转变，为社会发展、经济建设营造了积极向上、乐观稳健的社会气氛。

再次，改变了农民群体的观念意识。中国共产党通过组织劳动竞赛、学习竞赛等大规模的社会教育实践活动，纠正了农民生产工作中出现的“不组织农民也会生产”等糊涂认识，一定程度上冲击了旧的落后意识，提升了农民整体思想水平和社会认知，使农民阶层对劳动观念和群众观念有了明确认知。因此，竞赛活动的精神意蕴也承担着意识形态的引导功能，譬如农民传统意识的牢笼和封建思想的枷锁逐步被打破，愈来愈多地渗入了文明的质素，闪耀着集体主义的道德光辉，充分彰显了农民质朴、无私奉献、乐于助人的高贵品质和情怀。如“劳动英雄”吴满有，将当年收获粮食的一半缴了公粮，且积极购买公债；战斗英雄李子清、史明朝、苏会才，将奖金全部作为生产资金，投资合作社。[①]起骨干作用的劳模以党的事业为出发点，以集体利益为中心，发挥了个体的主观能动性，在利益均衡中实现了自我价值的最大化。

最后，打破了妇女群体的封建思想束缚。妇女群体思想水平的提升是国民思想进步的显著标识，列宁多次强调妇女群体是革命的主力军，妇女群体参与解放运动的程度决定了革命的成败。她们通过冬学运动、学习竞赛的形式，不仅提高了识字能力、在科学文化水平上有了极大提升，思想觉悟也有了更大进步，因为她们生活更困难，她们体现出了更敏锐的抗战意识[②]，促使她们逐渐地从婚姻家庭中解放出来，追

① 参见《一分区战斗英雄和模范把奖金投资合作社》，载《晋察冀日报》1944年4月9日。

② 参见延安时事问题研究会编：《抗战中的中国政治》，上海人民出版社1961年版，第367页。

求平等的社会地位和政治诉求，反映了妇女解放意识的空前提升。一方面，妇女参与社会建设和发展经济的意识逐渐增强。据统计，1942 年至 1944 年，参加纺织运动的山西妇女成为支撑抗日根据地的重要力量，仅太行、太岳、晋西北山区的纺织妇女总人数就达 47 万余人，华北等革命根据地的妇女纺织运动也取得了优异成绩。《红色中华》上《扩大红军与慰劳红军——两个顶呱呱的新女性》的社论，热情表彰了甘述玉和尹成玉敢于打破传统妇女形象、塑造新型模范的魄力，彰显了妇女群体参与到社会事务中的勇敢精神，以及她们为经济发展和社会稳定作出的巨大贡献。另一方面，妇女劳动者突破了封建思想的束缚，发扬自尊自信、自立自强精神。如老一辈革命家、曾任中央局妇女部长的李坚真回忆了在苏区政府动员下的妇女走上生产战线的场景："过去江西的妇女多数是做家务和参加田间辅助劳动，犁田、耙田和播种这些活都是男人干的。现在妇女要承担主要劳动，必须学会犁田、耙田。于是，我们在各乡组织了生产教育委员会，请犁耙田能手直接教妇女们学会生产技能。""江西妇女有不少是小脚，小脚怎么下田呢？我们就动员青年妇女放脚。第一步，要她们解开裹脚布，穿上鞋袜，先在旱地干活，每天晚上用热水烫脚，让她们慢慢习惯在地里走路、干活；第二步，穿上草鞋下地；第三步，打赤脚下水田。江西的妇女真好，为了支援革命战争，她们硬是咬着牙下水田劳动。"① 与此同时，一些妇女自身思想进步后，也对其他群体如二流子和懒汉进行说服教育。在她们的感化和教育下，二流子改变了游手好闲的生活方式，主动参与劳动竞赛；榆社县的腐化妇女郭梅花接受了其他妇女思想的感召，改过自新，成为纺织劳模。② 此外，在平衡家庭与社会劳动方面也体现了妇女互帮互助的品格和思想觉悟。妇女思想的解放和政治觉醒也表现在具有强烈的自我牺牲精

① 转引自姚荣启编著：《中国劳模史（1932～1979）》，中国工人出版社 2020 年版，第 7 页。

② 参见太行革命根据地史总编委员会：《太行革命根据地史稿（1937～1949）》，山西人民出版社 1987 年版，第 73 页。

神，凸显了妇女群体意识的进步和以民族利益为重的格局，妇女群体的历史使命感和社会责任感有了明显增强。

三、坚持了主流话语，形成了体系架构

以“马克思主义理论”为核心的话语建构，成为中国共产党获得广泛社会认同的强大驱动力；意识形态的推进作为一种控制和改造社会的手段，表征了中国共产党强大的执政能力和政党特色。根据地思想政治教育事业的工作重点是对党员干部的教育，党员政治素养的培育是稳固党员政治定力的基本遵循。

首先，中国共产党以大量学校为平台，系统化培育干部理论素养。新民主主义革命进程中，中国共产党始终注重加强自身建设，对党员干部的政治教育、监督考察是重要组成部分。1932 年以来，中共中央先后创办了瑞金列宁师范学校、中央列宁师范学校等，成为湘赣、湘鄂赣、赣东北等苏区培养干部的阵地。中央苏区于 1933 年创办了马克思共产主义学校即中央党校等一系列正规的干部学校，培养出了党、政、工会的大量干部。运用丰富的可操作性的干部培育经验，以马克思列宁主义基本原理、党的建设、苏维埃建设、工人运动、历史、地理、自然科学常识等为教学内容，贯通于实践，培养了大批理论功底深厚的干部。各地苏区如江西苏区党政组织与地方干部教育相结合，积累了干部教育的深厚经验。军事工作部门和地方工作部门的干部人才，具备了较高的政治觉悟和深厚的理论水平，巩固了党组织的马克思主义理论根基。抗日战争期间，中共中央培养出的优秀军政干部被委派到各地，投入到地方政权的巩固和抗战实践中，进一步推动了马克思主义的大众化传播。抗大总校迁往晋察冀根据地，便利了轮训区级干部及开办乡级党员训练班，在马克思主义理论的滋养中深化了对党员干部的思想政治教育。解放战争期间在自然科学和人文科学领域也培养出了相当数量的阶级意识强烈、积极拥护党的政策、吃苦耐劳的军政干部，党员干部的文化

功底和政治素质均得到极大水平的提高。

其次，创立马克思主义理论机构，探索出的一系列马克思主义理论成果为党的意识形态建设积累了丰厚资源，成为研究马克思主义学术发展史的不朽文本。其中，马列学院的创建具有重大意义，也为马克思主义中国化的学术史作出了伟大贡献，为中国共产党的党史研究提供了范式和模板。同时，设置的丰富课程，突破了原有知识体系的架构，凸显了马克思主义中国化的深入发展以及中国共产党人理论基础的巩固、深化。马克思主义理论学者还积极开展学习竞赛和学术交流活动，成果丰硕，如《抗日战争丛书》《中国现代革命运动史》《社会科学概论》《近代世界革命史》《陕甘宁边区实录》等著作的产生，并且编辑了《战争中的日本帝国主义》《日本帝国主义在中国沦陷区》等时事问题系列丛书。1942 年又成立了中共中央编译局，翻译和出版了高达几百万字的马列著作，促进了马克思列宁主义的研究达到高峰。这些理论成果凝结了中国共产党人的集体智慧，昭示着中国共产党人探索马克思主义中国化道路的艰辛以及伟大的创新能力。

最后，净化了党员思想。针对知识分子、干部的整风运动是思想政治教育的关键形式。整风运动在边区的全面推展，促进了知识分子、党员干部群体思想的统一，坚定了马克思主义立场。其间，毛泽东的经典著作成为重要的学习参照，是党员干部和知识分子思想政治培养和教育的重要内容，也作为马克思主义中国化的重要文本得到了广泛传播和研习。毛泽东的多数经典篇目都创作于延安时期，囊括多个领域，如哲学方面的《实践论》《矛盾论》等论著，是整风运动的原因、必要性及整改措施的充分论证和阐释，为马克思主义意识形态的建构提供了理论源泉。其立足于社会现实，运用巧妙的话语技巧，宣传了党的政治理论和路线，为全党马克思主义理论风气的形成厚植了国情的考量。其中也系统阐释了党的实事求是的思想路线，构成了毛泽东思想的科学体系框架，马克思主义中国化第一次飞跃的形态也依稀可见。

中共中央和边区政府从体力劳动和思想教育的双重维度植入党的政策和方针内涵,使体力竞赛与思想改造紧密呼应。生产和整风双重领域的同步推进,不仅扭转了广大群众的劳动观,树立了奠基于体力劳动的劳动光荣、劳动创造的新观念,而且对党员干部和知识分子这一特殊群体进行党的主流意识的灌输和引导,纠正了知识分子、干部群体"劳动低贱"的价值观,明确了体力劳动和脑力劳动的价值旨归。中国共产党以大众话语的表达方式,逐步将马克思主义在广大农村和农民阶层中传播、扩散、覆盖。以马克思主义理论为指南,在面对各种错误社会思潮和理论观点时,使广大人民群众具备辨别是非、区分利害的能力,增强了各阶层民众意识形态的聚合力,从而探索了农村基层政权稳定的模式,初步形塑了马克思主义在农村意识形态中的主导地位和一元化样态。

竞赛活动创造的成效,不仅体现在物质层面,更为深刻地表现在竞赛参与者逐步实现了社会角色的转型,实现了向"革命者"身份的过渡。不同阶层群众的阶级属性赋予了其作为私有者的务实精神。在阶级权利和性别权利的障碍中,竞赛活动的主体以实际行动不断发展成可靠的革命力量,为新民主主义革命贡献了伟大的个体力量,发挥着主人翁的爱国精神和集体情怀,昭示着能动性的主体地位以及历史创造者的角色。

在特定革命场域中,由长期合作的个体成长为有组织的团体,进而形成了个体之间、个体与集体之间、个体与国家之间、群体与群体之间、群体与国家之间复杂的社会关系,竞赛活动的践行也映射了一系列社会关系的培育历程。各阶层群体在竞赛活动中展现的自力更生、艰苦劳动、团结奋斗的朴素品格,形成了强大的社会感染力,凝聚了群体力量,建构了共同生活的、长久维持的、彼此胶着的社会结构。社会结构随新民主主义革命事业的推进,表现出复杂性、整体性、层次性,而在中国共产党的执政优势中呈现出相对稳定性,逐步契合于向现代化社会发展的内在逻辑。

第六章 新民主主义革命时期竞赛活动的基本经验与当代启示

中国共产党在新民主主义革命时期动员、发动群众并组织社会多方力量参与各种形式的竞赛活动，“领导人民浴血奋战、百折不挠，创造了新民主主义革命的伟大成就”[①]，探索并发现了党和人民的真理性价值原则，积累了具有丰厚继承性的宝贵经验。其一，中国共产党始终强化思想政治的引领功能，首先以政党的自我调适锻造中国共产党人的品格，其次建构意识形态的机理范式，发挥政党服务人民的鲜明性。其二，中国共产党始终高度重视劳动群体的权益，站稳劳动人民的立场。其三，夯实群众路线，在培育新型劳动观、唤醒个体政治角色意识过程中，使“农民的经济理性同革命的意识形态紧密结合起来，占农村人口绝大多数的贫苦农民能够坚定地维护中国共产党的管辖”[②]。其四，始终坚持改革创新，发挥群众首创精神，鼓励劳动人民的自主创造。其五，中国共产党始终强化劳动精神的培育，既倾注于劳模的教育引领，又塑造劳动精神的革命面相。其六，中国共产党始终推进党的组织力

① 《中共中央关于党的百年奋斗重大成就和历史经验的决议》，载《人民日报》2021 年 11 月 17 日。

② 王邦佐等：《执政党与社会整合：中国共产党与新中国社会整合实例分析》，上海人民出版社 2007 年版，第 56～57 页。

建设，一方面以制度巩固党组织力根基，强化社会治理效能；另一方面，党组织践行民主原则，是政党品格的内在规定和潜在构成。竞赛活动的叙事话语围绕中国共产党领导人民进行的革命、建设和改革等一系列核心事件展开，联结成整体性的话语框架，内嵌于党和人民百年奋斗的历史脉络中。

竞赛活动不仅为中国共产党在新民主主义革命时期掌握政权、确立政党合法性奠定了群众基础和阶级力量，也为新中国成立后的经济建设、社会建设、文化建设等提供了基层治理的范本和群众动员的模板。其一，新时代围绕经济建设这个中心，营造劳动光荣的意识理念，强化劳动服务于发展大局。其二，大力弘扬劳模精神，一方面以竞赛活动中形成的革命精神、创造的红色基因铸就劳动精神的革命情怀；另一方面以革命精神滋养政党文化，塑造文化向度的劳动价值，在文化认同中筑牢中国梦的精神基底，于新征程中赓续中国共产党精神谱系。其三，坚持以人民为中心，不仅突出劳动群体的联动效应，发挥劳动群体的主力军作用，而且做实劳动者维权服务，“坚持一切从实际出发，及时回答时代之问、人民之问”[①]。其四，与时俱进，推进劳动教育改革创新，厚植时代担当精神。

中国共产党以“顺应人民群众对美好生活的向往，坚持以人民为中心的发展思想”[②]为内生动力，贯穿于劳动创造、群众路线、自我调适、文化传承等核心议题中，根植于中国特色社会主义实践中，延续在社会主义核心价值机理中，与经济转轨、社会转型、社会矛盾集中多发高发的新时期的复杂局面叠加，由此自主探索出了一条中国特色社会主义治理之路，擘画着中国共产党关于未来政治图景的共同期待。

---

① 《中共中央关于党的百年奋斗重大成就和历史经验的决议》，载《人民日报》2021 年 11 月 17 日。

② 习近平：《在庆祝中国共产党成立 95 周年大会上的讲话》，人民出版社 2016 年版，第 18 页。

第一节　中国共产党领导竞赛活动的基本经验

竞赛活动作为劳动群众参与社会事务的一种形态，人民立场是题中应有之义。中国共产党以追求富强、培养民德为目标诉求，重视劳动群体的权益，反映了中国共产党的政治立场；以政党职能为组织依托，发挥群众的首创精神。在政治语义结构中创生的话语模式，为夯实群众路线方针提供了社会和文化整体发展的理论前提和实践动力。新民主主义革命时期的竞赛活动，持续为社会主义革命和建设发力，体系化的竞赛被有意识地加以革新，体现了其本身合理的社会经济规律性。组织竞赛本身不是别的，而是为了发展生产力的所有成分和社会关系的一切总和，而自觉利用社会发展的客观规律[①]，竞赛活动经验的总结正是客观规律运用的具体形式。

一、强化思想政治引领

旗帜鲜明讲政治是以工人阶级为主体的马克思主义政党的属性和特点。一支善于检视、自我调适的政党力量为争取最广大民众、建构执政话语提供了革命基础和立党保障。劳动群体展现出的国家意识、政治责任、社会担当、创造精神等是强化思想政治引领的重要保证，凸显了新时代劳动精神与马克思主义政党精神、中国共产党政治文化三者的高度统合性。

1.自我调适锻造政党品格

自我调适是服务型政党的基本要求，是强化基层党组织与各级党政机构形成有机联动的关键环节，是巩固治党之基的路径选择。新民主主义革命时期，中国共产党深度把握基层治理能力与基层治理需求

① 参见苏联科学院社会学研究所：《社会学与社会发展问题》，复旦大学分校社会学系译，浙江人民出版社 1982 年版，第 406 页。

的差距，提出了基层行政体制改革的设想，初步建构了基层治理的框架，凸显了马克思主义政党实事求是、坚持真理的特色。

以新民主主义革命时期的劳模形象塑造为例，其过程存在消极现象。如“偏关某某村有个黑不浪(伪警)，敌人被赶走以后，就在干部面前投机，说漂亮话，装得很积极。干部被迷糊了，认为他已觉悟，也不研究历史，就要选他当劳模。选出以后他自以为得了势，就打骂群众，村内谁都讨厌他”[①]。又如“过分忽视了劳英运动中的成绩和过分夸大其缺点，致使很多劳动英雄因各种原因而消极甚至垮台”[②]，“不少劳模当选之后，变得骄傲自满、有功臣思想、唯利是图；还有的劳模变成‘捞模’，捞名誉、捞官位、捞待遇，甚至捞老婆”[③]。劳模不仅没有发挥带头的典范效应，而且被诟病，激化了与民众的矛盾，阻碍了正常工作和生产。根据地政府敢于正视劳模形象坍塌的现实，及时反思了塑造英雄模范过程中的缺点和弊病：对于英雄模范认识上有偏差，如“我们过去的英雄模范不如现在力量大，过去的培养、选拔英雄模范，主要是靠上级来选拔，没有造成群众运动。经上级选拔的英雄模范，有些容易脱离群众，容易骄傲自满，使英雄模范巩固不住，容易垮台。再一点，我们对于英雄模范的培养是不够的。有些英雄模范发生骄傲，没有得到领导机关的及时的经常的培养，甚至脱离了群众”[④]。“有的同志没有认识英雄是群众革命的英雄主义的表现，是从群众中产生的，只看他某一时期某一工作上好，就提为英雄或模范，既没有从他的历史上、前途上、社会地位上、与群众关系上全面来看，又没有深入到群众中去选拔。自己坐

---

① 《晋绥边区生产会议资料之八：劳模选举、培养及使用问题》，晋档，档案号：D08－076。

② 《劳动英雄与生产运动》，载《解放日报》1946年3月11日。

③ 转引自张成乐：《从普通人到劳模：劳动模范的塑造——以太行根据地为例(1945～1947)》，载《苏区研究》2020年第2期。

④ 程子华：《晋察冀边区二届群英大会闭幕词(一九四五年一月二十九日)》，载《晋察冀日报》1945年2月23日。

在上面决定，如三区李喜绩模范夫妇遭群众不满。”[①]随即中共中央采取有效措施加以制止，大力加强对劳模的监督和引导，如修武县委及时纠正不良风气：干部要改正作风，切实做好选举劳模工作；上级政府不要频繁命令下级干部抓典型；劳模端正心态，当选后更要积极工作、带头工作；群众积极学习劳模的经验，大家拧成一股绳发展生产。[②] 中国共产党高效的治理能力，使劳模回归到预期角色定位中，并始终保持高度敏感性和警觉性，果断采取修正措施，及时遏制竞赛活动中的命令主义、“近视眼”、“急性病”、小气等恶劣风气。

中国共产党在革命时期对国家治理问题的艰辛探索，既为新中国成立后社会主义建设给予深厚的经验支撑，又凸显着历史与现实互动性的观照，发挥了根本性、全局性和长远性的启迪作用，为新时代深化基层机构和治理体制等提供了组织力的保障，有力推进了基层治理的现代化。

2.奠定意识形态的机理范式

中国共产党建构劳动精神的机理，在政党形态的视角体现的是营造浓厚舆论氛围的意识形态的再生产过程。中国共产党的这一政治实践呈现为：采取多元化的竞赛宣传和动员，积累物质财富、创造精神资源，并运用竞赛成果进行劳动教育、劳动激励、劳模选树；随着劳动竞赛模式的普及和劳模运动的推进，劳动的政治功能逐步显现，进一步通过政治表彰、价值诠释实现了劳动精神的推广。这一过程充分发挥了劳动群体的主观能动性，促使劳动由自在层面逐渐上升至自为意义的高度，有效规避了“可能发生的强制把大家生活截然划一的平均主义思想”，“这种思想实际上就是小资产阶级的幻想，它对于发展机关、部队、学校的生产事业是极端有害的”。[③] 劳动所呈现的始终是一个完整的

① 中共灵丘县委党史研究室：《晋察冀日报(抗敌报)选录》，2005 年，第 339 页。

② 参见《修武县生产积极分子》(1946 年)，豫档，档案号：G05-3-372-1。

③ 《开展大生产运动是全边区军民的神圣任务》，载《晋察冀日报》1944 年 2 月 13 日。

人，人的发展体现了劳动主体的使命感，孕育了新型劳动意识形态。

首先，劳动精神与马克思主义劳动价值理论在政治文化维度上具有一致性。在中国革命语境中萌发的劳动竞赛，其劳动群体的成分决定了劳动者的阶级性，所反映的是工人阶级和农民群体为主的实践品格和精神面貌。劳动精神的培育，自然离不开党的推动和维护作用。作为马克思主义政党，以政党理论解析劳动精神，势必溯源于马克思主义劳动观。正如马克思和恩格斯所认为的，“人们生产自己的生活资料，同时间接地生产着自己的物质生活本身”[①]。新民主主义革命时期的劳动竞赛则深刻体现了劳动是人类生存的前提，也是构成社会进步的原始动力；劳动发挥着独特的不可替代的作用，劳动是唯一的价值源泉[②]，创造了人类赖以存在的现实世界。共产主义的劳动伦理蕴含着充分发挥历史主动精神的意味，中国共产党将马克思主义劳动理论同新民主主义革命时期的劳动生产实践进行政治性的结合，塑造了马克思主义劳动观的中国话语。由此，中国共产党人的劳动观是马克思主义劳动观和马克思主义群众观的现实运用，建构的劳动精神成为中国共产党革命精神和精神谱系的重要元素。

其次，劳动精神是马克思主义政党精神的直观反映。中国共产党的政党性质决定了其是一个高度重视意识形态的政党，“如果没有意识形态，它就没有存在的根基，而且在政治环境中不能完成任何任务”[③]。劳动精神的原初话语是劳动模范将生产劳动与阶级解放和政治革命联系起来的，无产阶级的劳动生产既体现了劳动作为人的本质力量的复归，也彰显了无产阶级在社会生产中实现了劳动群体改善民生、政治认同、促进自我全面发展的政治价值；而劳动竞赛的实践正是体现无产阶

① 《马克思恩格斯选集》第1卷，人民出版社2012年版，第147页。

② 参见《马克思恩格斯全集》第26卷，人民出版社1972年版，第75页。

③ [美]理查德·卡茨、威廉·克罗蒂：《政党政治研究指南》，吴辉译，江苏人民出版社2020年版，第742页。

级在政治上的自为性和主动性的方式，刻画了新民主主义革命时期政治叙事话语，也生动表达了“劳动创造财富”的经济学主题。中国共产党将这一主题持续深化，诠释为全新的劳动政治观，推动了意识形态的再生产，从而奠定了以马克思主义劳动观为意识形态导向的机理范式。

二、站稳劳动人民立场

作为在意识形态领域具有明确导向的政党，“党的根基在人民、血脉在人民、力量在人民，人民是党执政兴国的最大底气”[①]，重视劳动群体权益、以人民为中心的宗旨是无产阶级政党的底层逻辑，理念与目标的一致共同强化了党的政治功能。竞赛活动为国家治理体系和治理能力提供了多重维度的思考和借鉴。

新民主主义革命时期，中国共产党“领导农民的土地斗争，分土地给农民；提高农民的劳动热情，增加农业生产；保障工人的利益；建立合作社；发展对外贸易；解决群众的穿衣问题、吃饭问题、住房问题、柴米油盐问题、疾病卫生问题、婚姻问题”[②]，传达着鲜明的人民性。农民是社会治理的关键客体，只有当革命的口号与农民的个体生存感受产生共振，并且革命的组织能够提供给农民所需要的安全感时，才能吸引他们加入。[③] 给予农民最急迫最实在的利益是换取他们广泛支持的有效方式。农民接受、参与革命最直接的利益驱动是获得土地，土地是农民所需要的安全感，因此土地问题也是中国共产党致力于废除封建土地所有制的动力。《井冈山土地法》中提出“没收一切土地归苏维埃政府所有”的土地国有化政策；随着土地革命的深入，中国共产党适时完善土地政策，在《土地问题决议案》《怎样分析农村阶级》等文件中，规定了

① 《中共中央关于党的百年奋斗重大成就和历史经验的决议》，载《人民日报》2021 年 11 月 17 日。

② 《毛泽东选集》第 1 卷，人民出版社 1991 年版，第 136～137 页。

③ 参见李金铮：《农民何以支持与参加中共革命？》，载《近代史研究》2012 年第 4 期。

田地归耕种的农民所有、地主土地私有转变为农民土地所有等。在“五四”指示中提出将地主土地分配给农民，随后颁布了《中国土地法大纲》，标志着在全国彻底消灭封建剥削制度的纲领性文件的诞生，实现了由表象到实质的蜕变，逐步向各阶级利益均沾和权利平衡的现代化思维迈进。土地改革不仅是财富再分配的经济革命，而且是社会治理的政治革命。社会治理也涉及民众健康问题、关注人民身体素质，推行卫生防疫运动等，深入到民众的细微生活中，如给予孕妇特殊福利：“各机关团体学校不得推却怀孕或携有婴儿的女工作人员，她们的工作时间为四至六小时，且不妨碍其喂乳时间，免除参加重体力生产，孕妇休息期间酌发大米、白面等营养食品，或增发休养费 10 元，孕妇生产时发给生产费 10 元，小产妇休养费 15 元，休养一个月，女公务员在经期，给生理假三天，卫生费 0.5 元。”①

在保障农民经济利益的同时，也高度重视、尊重民众的政治权益。“一切问题的关键在政治，一切政治的关键在民众”②，组织群众参与到政治运动中，赋予群众更广泛的民主权利，是中国共产党政治整合的重要方式。劳模英雄的选树是体现民主的鲜活范例，民众直接参与其中，以能力为导向、机会平等。土地革命时期，代表工农劳苦大众意志和利益的工农兵代表大会制度建立在民主选举基础之上。抗日民主政权的产生也是通过直接选举，边区政府采取了多种生动活泼的投票方式，包括“画圈法”“投豆法”“烧洞法”“投纸团法”“背箱子”“乍胳臂”等，确保了识字率偏低的选民的普遍参与。一些解放区制定了婚姻条例、改善工人生活条例等保障人权财权的施政纲领，开启了全新的法制发展阶段，厚植了更广泛的群众基础，为政党合法地位的确立储备了政治认同的资源。

中国共产党“之所以成为先进部队，它之所以能够领导人民群众，

① 陕甘宁三省区妇联编：《陕甘宁边区妇女运动大事记述》，1987 年，第 84～85 页。

② 《毛泽东文集》第 3 卷，人民出版社 1996 年版，第 202 页。

正因为，而且仅仅因为，它是人民群众的全心全意的服务者，它反映人民群众的利益和意志，并且努力帮助人民群众组织起来，为自己的利益和意志而斗争”[①]。其在竞赛活动的行动纲领、理论政策、领导制度等层面储备了马克思主义政党长期执政的基础。

三、坚持党的群众路线

坚持群众路线方针是中国共产党取得新民主主义革命胜利的关键要素。党在多元化的社会治理中坚定不移地贯彻辩证唯物主义知行统一观，由此形成了一套既有革命性又具现代性的群众路线模式，积累了建构革命话语的基本经验。

党的群众路线萌芽于建党初期，在革命实践中逐步发展、成熟。党的六大总结大革命失败经验时，明确了争取群众是党的总路线。中国共产党在赣南闽西开创了大片农村革命根据地，建立工农民主专政的中华苏维埃共和国，成为群众路线理论在中央苏区的率先实践。群众路线的概念在“九月来信”中明确提出，其含义在古田会议上进行了初步阐述。竞赛动员的实践与群众路线的理论结合，丰富了群众路线理论，并逐步运用于社会治理的方方面面。毛泽东在《关心群众生活，注意工作方法》《实践论》《〈农村调查〉的序言和跋》等中表述了群众路线的形成过程，在《关于领导方法的若干问题》中高度凝练出了“从群众中来，到群众中去”的论断。随后，群众路线被提升到了党的根本政治路线和组织路线的高度，中共七大将其作为规章制度写入了党章总纲。随着对群众路线认识的加深，刘少奇在《关于修改党章的报告》中再次强调了党的群众路线是党的根本的政治路线，也是党的根本的组织路线；党的一切组织和一切工作必须密切地与群众相结合。[②] 群众路线的践行是以满足群众需求为目的，以改革土地政策为路径，以生产竞赛为

① 《邓小平文选》第1卷，人民出版社1994年版，第218页。

② 参见《刘少奇选集》上卷，人民出版社1981年版，第342页。

动力，保证了战时人民生活的基本需求。

群众路线在新民主主义革命实践中生成，在竞赛活动的践行中巩固。基层党支部在竞赛活动实践中注重多样化、通俗化的宣传，并积极开展革命教育，激发群众革命热情；在调动群众力量中发挥了党组织强大的宣传动员能力，为社会治理提供基层力量。群众动员机制与监督体系双向并举，实现了社会发展与社会治理的有机统一。竞赛活动的实践证明，中国共产党执政地位的合法性和话语权是在宣传群众、组织群众、依靠群众、密切联系群众中确立、发展和巩固的。竞赛活动的动员、宣传、开展等环节与群众路线的主体、目标、功能、价值导向高度契合，具有逻辑行为的一致性。执政党扎根于基层社会，是贯彻群众路线的体现；党领导基层社会治理，是落实群众路线的典型特征。群众路线理论嵌入到基层社会治理中，巩固了党的基层组织。党领导基层社会治理是中国共产党历史使命所决定的，在党的自身建设中得到了严格贯彻："中国共产党必须经常警诫自己脱离人民群众的危险性，必须经常注意防止和清洗自己内部的尾巴主义、命令主义、关门主义、官僚主义与军阀主义等脱离群众的错误倾向。"[①]群众路线是体现中国共产党处理同人民群众关系问题的态度和方法，契合于社会治理的政治立场。"有无群众观点是我们同国民党的根本区别，群众观点是共产党员革命的出发点和归宿"[②]，充分凸显了团结群众、依靠群众是中国共产党执政的显著特色和明显标志。

中国共产党的百年奋斗历程，是党的历代中央领导集体紧密结合中国革命、建设和改革的实际，坚持和运用马克思主义群众观的实践过程，也是中国共产党与最广大人民群众之间建立密切联系、吸纳政治参与、凝聚社会共识的群众路线的贯彻过程。

---

① 中共中央文献研究室、中央档案馆编：《建党以来重要文献选编（1921～1949）》第 22 册，中央文献出版社 2011 年版，第 535 页。

② 《毛泽东文集》第 3 卷，人民出版社 1996 年版，第 71 页。

四、激发群众首创意识

竞赛活动的发起是农民群体的创造性行为，在革命事业中得到高度认可和广泛普及。竞赛活动中，互助型劳动生产结构的组建，发挥了党团、工会的政治动员优势，推动了各领域竞赛活动的繁荣发展；竞赛过程中对生产工艺的变革和对劳动模式的创新均体现了群众的自觉自为的首创精神。由此，中国共产党人将群众首创精神融合到依靠群众、发动群众的实践维度中。

首先，把群众组织起来是尊重和发挥群众首创精神的必然要求。中国共产党将牢固树立群众观点贯彻到思想路线、经济工作、战略战术、政权建设等方面，密切党同人民群众的血肉联系。在井冈山革命根据地创建时期，毛泽东已明确提出群众工作是与消灭敌人、打土豪并列的革命任务。随后，在瑞金召开的第二次全国工农兵代表大会上，毛泽东深刻指出夺取全中国的胜利需要与千百万群众团结起来。在延安举行的五四运动20周年纪念会上，毛泽东也强调革命的主体是老百姓、革命的骨干是工人农民。在陕甘宁边区劳动英雄大会上，毛泽东又高度肯定了群众富有的伟大创造力，他指出，“把群众力量组织起来，这是一种方针。还有什么与此相反的方针没有呢？有的。那就是缺乏群众观点，不依靠群众，不组织群众，不注意把农村、部队、机关、学校、工厂的广大群众组织起来，而只注意组织财政机关、供给机关、贸易机关的一小部分人；不把经济工作看作是一个广大的运动，一个广大的战线，而只看作是一个用以补救财政不足的临时手段。这就是另外一种方针，这就是错误的方针”[①]，并要求向群众学习、总结经验。

其次，引导党员干部向群众学习是唤起和激发群众首创精神的关键路径。中国共产党视群众为真正的英雄，以谦逊的姿态向群众学习、

---

① 《毛泽东选集》第3卷，人民出版社1991年版，第930页。

汲取群众智慧。在《〈农村调查〉的序言和跋》中，毛泽东明确提出："没有满腔的热忱，没有眼睛向下的决心，没有求知的渴望，没有放下臭架子、甘当小学生的精神，是一定不能做，也一定做不好的"，"我的志愿就是'和全党同志共同一起向群众学习，继续当一个小学生'"。[①] 同时，也教育党员干部依靠人民群众、重视群众所蕴含的巨大能量。解放战争时期，毛泽东曾严肃批评了一些地方领导机关中的党员干部："有人认为'党的政策只要领导人知道就行，不需要让群众知道'"；"他们做一件事情，总不愿意向被领导的人讲清楚，不懂得发挥被领导者的积极性和创造力"，而是要"善于把党的政策变为群众的行动，善于使我们的每一个运动，每一个斗争，不但领导干部懂得，而且广大的群众都能懂得，都能掌握，这是一项马克思列宁主义的领导艺术"。[②]

最后，让群众解放自己是充分发挥群众首创精神的重要保障。中国共产党善于运用先进思想武装群众，逐步引导群众破除封建枷锁。毛泽东很早就意识到"菩萨是农民立起来的，到了一定时期农民会用他们自己的双手丢开这些菩萨；菩萨要农民自己去丢，烈女祠、节孝坊要农民自己去摧毁，别人代庖是不对的"[③]。抗日战争时期陕甘宁边区政府也表露了同样态度，即"一切为群众的工作都要从群众的需要出发，而不是从任何良好的个人愿望出发。有许多时候，群众在客观上虽然有了某种改革的需要，但在他们的主观上还没有这种觉悟，群众还没有决心，还不愿实行改革，我们就要耐心地等待；直到经过我们的工作，群众的多数有了觉悟，有了决心，自愿实行改革，才去实行这种改革，否则就会脱离群众"[④]。

人民大众的首创精神是中国共产党群众思想教育和引导的直接产

---

① 《毛泽东选集》第3卷，人民出版社1991年版，第790～792页。
② 《毛泽东选集》第4卷，人民出版社1991年版，第1319页。
③ 《毛泽东选集》第1卷，人民出版社1991年版，第33页。
④ 《毛泽东选集》第3卷，人民出版社1991年版，第1012页。

物，奠定了群众路线的理论根基，其要义是突出人民性。

五、加强劳动精神培育

新民主主义革命时期，中国共产党构建劳模形象的程式映射着劳动精神的培育过程。对此经验的总结，不止浮于表层的宣传性解读，而是逐步趋于历史实践场域与价值旨归的双重复合：阐释中国共产党建构榜样模范的结构化教育，以教育功能深化时代标识，以革命为导向发挥劳动价值和劳模精神的担当功能，亦是探求劳动精神价值属性的历史性来源，这一进路正是马克思主义唯物史观在劳动精神培育研究中的具体运用。

1.倾注劳动模范的教育引导

劳动教育不是一蹴而就、一成不变的，劳动教育的发生和变迁过程也是丰富教育内容、与教育对象互动的过程。新民主主义革命时期的劳模运动创造了大批优秀的劳动模范和各领域的劳动骨干，充分发挥劳动模范的示范、引领、身体力行的教化功能，从而引导民众树立新型劳动观。

对民众进行劳动教育具有深刻的革命性，马克思在《资本论》中阐释了“生产劳动同智育和体育相结合，它不仅是提高社会生产的一种方法，而且是造就全面发展的人的唯一方法”[①]。新民主主义革命时期的社会改造体现在教劳结合思想的发展和成熟过程中，其中针对农民群体的教劳改造是一个极为艰难、长期和严峻的挑战，也积累了宝贵经验。这一过程“严重的问题是教育农民”[②]，是因为农民不仅是劳动者，而且也是小私有者和小商品生产者，最基本的、占主导方面的角色是劳动者。农民“既讲求实际，又非常保守，他们只根据自己切身的生活经验，根据他们看得见、想得着的事实去认识和理解世界。他们常常是看

① 《马克思恩格斯选集》第2卷，人民出版社2012年版，第230页。

② 《毛泽东选集》第4卷，人民出版社1991年版，第1477页。

一步、走一步,走一步、看一步。第一步的认识见诸实际了,才能下决心走第二步;看见别人第一步走成功了,自己才有勇气跟着前进”[1]。中国共产党善于运用农民自身具有的质朴善良的人格魅力和吃苦耐劳的非凡品质,通过劳动英雄群体对农民进行宣传动员、情感感召,开展劳动教育。中国共产党尤为注重对青年、妇女等群体的劳动教育,邓颖超在中华全国民主妇女联合会第三次执行委员会扩大会议上作的《关于城市妇女工作的几个问题的报告》中强调:“妇女只有参加了生产,成为社会和家庭财富的创造者,才能真正实现政府所规定的各项男女平等的法令,才能真正享受男女平等的各项权利。为此,我们必须坚持贯彻妇女运动以生产为中心任务的方针。”[2]参加劳动生产是妇女经济独立的关键,经济独立与否,是衡量妇女社会地位的重要标尺,因此劳动是妇女解放的中心环节。这一劳动教育的生动经验,成为激发社会创造性劳动的源泉。

劳模运动的推广和普及,旨在引导群众在认识劳动内涵和意义的基础上提高劳动者、参与者对人本质的体悟,发挥主人翁的责任担当和使命价值。新民主主义革命时期形成的逻辑层次分明、结构关系鲜明、以劳模引领为主流的劳动教育体系,使“生产劳动给每一个人提供全面发展和表现自己的全部能力即体能和智能的机会,这样生产劳动就不再是奴役人的手段,而成了解放人的手段,因此,生产劳动就从一种负担变成一种快乐”[3],有效缓和了教劳矛盾,以实事求是的认知观念和视角,为当前理性推进教劳结合、劳动教育提供了有益参考。

2.形塑劳动精神的革命面相

竞赛活动衍生出的“劳动精神”“新型劳动观”等抽象概念,为劳动

---

① 邓世平:《湖南农业合作化运动中的宣传动员研究》,中共中央党校博士学位论文,2018年,第6页。

② 中华全国妇女联合会编:《蔡畅　邓颖超　康克清妇女解放问题文选》,人民出版社1988年版,第194页。

③ 《马克思恩格斯文集》第9卷,人民出版社2009年版,第311页。

提供了和谐、团结、民主的社会氛围，营造了劳动者身心解放的现实语境，为劳动群体社会地位的平等争取了话语空间，由此体现了高度的革命性和政治意涵。

竞赛是新民主主义革命时期实践活动的一种特殊形式，竞赛逻辑与革命意蕴相契合。实践主体在改造自身、缓和社会关系、推动文明进步中营造了浓郁的劳动文化氛围。劳动以文学、戏剧、歌曲、标语、口号等艺术形式加以表达，传递着革命主题，“文化革命是在观念形态上反映政治革命和经济革命，并为他们服务的”[①]，反映出革命具有多维性、民族性、群众性和斗争性。同时，竞赛活动也赋予了劳动主体能动性探索和改造现实世界的动力，以及不畏牺牲、艰苦奋斗的劳动精神。

劳动精神内嵌于革命中，与中国革命道路的发展相生相伴。劳动精神与革命内涵在毛泽东的经典著作中得以彰显，并进一步丰富、深化。《星星之火，可以燎原》的问世，形成了中国革命道路、确立了革命发展方向和路线；《实践论》《矛盾论》既总结了革命经验，也渗入了无产阶级政党的实践观和实事求是的思想作风；中共七大上毛泽东作了《愚公移山》《论联合政府》的报告，在明确革命问题的同时，也深刻论述了自力更生、艰苦奋斗的劳动创造精神。中国共产党紧密结合新民主主义革命时期的社会性质、主要矛盾和发展任务，将马克思主义辩证思维的科学方法融通于中国革命的实践中。

六、推进党组织力建设

一部中国共产党的历史就是一部重视组织、善于增强组织力的历史，就是一部党带领群众、组织群众共同奋斗的历史[②]，书写了党的光荣传统和独特优势。竞赛活动在目的性与客观规律性统一中突显着“党的基层组织为实现其基本任务，将组织内部的各要素进行调配、统合，

① 《毛泽东选集》第2卷，人民出版社1991年版，第699页。

② 参见祝灵君：《适应新时代新挑战　增强党的群众组织力》，载《党建研究》2018年第6期。

从而展现出的整体合力"[①]，是党基层治理、发动群众的勇敢尝试，也是政党品格锻造的基本要求。

1.巩固组织力的制度根基

中国共产党探索出"从建立各种制度中去整理"[②]的扩大党组织之路，从而丰富了党组织力的建设思路和治党理念。

制度是政党自身建设的重要保障，对党的组织力建构起到持久性、规范性的整体作用。自毛泽东在《红军第四军前委给中央的信》中首次提出"党的组织力"概念后，其内涵也逐渐深化。抗日战争时期，长期的战争状态引致制度建设的相对滞后，"各种制度的密切联系，互相作用，与省时省事省人省钱的一套科学的事务技术，我们获得的还很少；不是没有，而是没有习惯，没有经常把它追索、整理、系统起来"[③]。在《〈共产党人〉发刊词》中，毛泽东前瞻性地以制度管控的形式强化了党对组织力的定位，并在革命情势中深刻觉察到"我们队伍里边有一种恐慌，不是经济恐慌，也不是政治恐慌，而是本领恐慌"[④]，克服本领恐慌需要一套行之有效的制度体系指引、制约，而且"领导制度、组织制度问题更带有根本性、全局性、稳定性和长期性"[⑤]特征。党组织的制度能力是党组织力在某种程度的反映，而党的组织力需要组织机构的扩展予以体现，也为中国共产党发动群众提供了组织便利。竞赛活动动员的前提是建立起服务于中国共产党政策的组织机构，"工人阶级的力量在于组织。不组织群众，无产阶级就一事无成。组织起来的无产阶级就无所不

① 徐丙祥：《新时代提升基层党组织组织力的思考》，载《中共福建省委党校学报》2018年第4期。

② 中共冀鲁豫边区党史工作组办公室、中共河南省委党史工作委员会编：《中共冀鲁豫边区党史资料选编》第2辑文献部分(中)，河南人民出版社1988年版，第49页。

③ 河北省社会科学院历史研究所等编：《晋察冀抗日根据地史料选编》上册，河北人民出版社1983年版，第156页。

④ 《毛泽东文集》第2卷，人民出版社1993年版，第178页。

⑤ 《邓小平文选》第2卷，人民出版社1994年版，第333页。

能”[①]。“一个全国范围的、广大群众性的、思想上政治上组织上完全巩固的布尔什维克化的中国共产党”[②]，随党组织的优化不断制度化、法治化。在目标指向上，中国共产党人注重运用制度法规的执行力和约束力调解党组织内部矛盾；在功能引导上，为集群的宣传动员、统一调配发挥了制度的高效性，因而党的组织基础与动员能力呈现正相关。

改革开放和社会主义现代化进程中，中国共产党汲取了革命时期党组织力建设的经验。邓小平提出，党组织若“严重脱离群众而不能坚决改正，那就丧失了力量的源泉，就一定要失败，就会被人民抛弃”[③]，将是否有利于人民生活水平的提高作为衡量党组织力的标准之一。江泽民进一步强调，执政为民是党组织力的本质体现。胡锦涛指出，以最广大人民为立足点是无产阶级政党的基本准则。中国共产党的强大韧性主要来自党的建设的制度化和高度的包容性[④]，为新时期以习近平同志为核心的党中央布局国家治理体系和治理能力现代化，提供了优化组织治理的经验，推动健全规范的法律体系的建立，夯实了“中国之治”的制度根基。

2.建构民主化的动员模式

民主是宣传、动员群众的基础，体现了中国共产党独特的组织能力。《论持久战》一文中就把民众组织起来并赋予自为性的力量描述为“伟力”，反映了革命语境中党的组织力和社会治理方式向多元主体、民主参与的过渡，引领着“民主”从自发向自觉、从表面向深层推进。起初，中国共产党在探索社会治理过程中对“民主”的认知和实践不可避免地存在着偏差和失误，党的领导人及时察觉并修正。陈云曾强调，党员干部在进行群众工作时，“不是命令，必须民主”，“不是限制自动性、

① 《列宁全集》第 14 卷，人民出版社 2017 年版，第 121 页。

② 《毛泽东选集》第 2 卷，人民出版社 1991 年版，第 602 页。

③ 《邓小平文选》第 2 卷，人民出版社 1994 年版，第 368 页。

④ Andrew Nathan，“China's Resilient Authoritarianism”，*Journal of Democracy*，No.1，2003，pp.6-17.

积极性，而必须是发动群众的积极性，尊重群团独立性”。[①] 抗日战争时期竞赛活动的动员与劳模选举中，陕甘宁边区政府颁布的《关于劳动英雄和模范工作者选举和奖励办法》强调“劳动英雄与模范工作者的选举和集会，是目前边区工作中一项新的组织形式和工作方式，应普遍推广与健全之。必须郑重准备，并经过认真的无记名投票的选举”[②]，有效制止了选举中存在的专制行为。譬如某些基层党组织把选举简单看成上级安排的任务，“对普通人不进行认真考察，或者为了应付上级，而随便指派劳模；劳模选的不及时，出现最后算‘总账’的现象，成了为群英会而选举”[③]；也有些地方“事前的准备工作做的太差。在布置前，没有经过宣传酝酿，村干部、群众对英雄模范选举的意义认识不足，因而有些地区群众参选的情绪不高”[④]；另外，有些干部民主选举意识不强，态度草率、不端正，“基层工作不好开展，部分干部为完成任务，不认真挑选典型，选举工作胡乱进行；有的干部还存在偏见，不听取群众意见，从自己利益出发，只看选的人是否利于自己。一些劳模能被选出来不是依据自身的优点和能力，而是凭干部的主观评判”[⑤]。针对基层组织选举中存在的漏洞，中国共产党提出“发扬民主，从改造支委中去整理”[⑥]，采取制度化管理的方式优化基层党组织，使民主选举日趋规范化。根据地政府施行的行政命令、行政干预等强制措施，在动员群众、民主参与社会事务中取得了显著成效，如阜平五区选举实验村槐树庄“进行选举实验，获得圆满成功。整个选举过程，贯穿着民主的精神和作风，并且把选举与检查今年大生产、鼓舞全村进行秋冬生产紧密结合。全村干

① 《陈云文集》，中央文献出版社 2005 年版，第 191 页。

② 《关于劳动英雄和模范工作者选举和奖励办法》，载《解放日报》1944 年 9 月 4 日。

③ 《巨野全县活动分子大会总结(1946 年 3 月)》，豫档，档案号：G07-6-618-1。

④ 《二专区各县开始选举英雄模范》，载《晋察冀日报》1944 年 11 月 5 日。

⑤ 《晋绥边区生产会议资料之八：劳模选举、培养及使用问题》，晋档，档案号：D08-076。

⑥ 王传忠、张玉鹏：《中共冀鲁豫边区党史资料选编》第 2 辑中册，河南人民出版社 1988 年版，第 49 页。

部群众，从对英雄模范生疏冷淡、'不摸门'，进到认识他们和自己的关系，以至于热烈地向优秀模范献花送匾，热诚庆祝。使英雄模范成为自己最敬仰的人物"①。

新民主主义革命时期，中国共产党组织力聚焦基层机构建设、组织队伍、制度保障、民主动员等，奠定了党组织力条理化、制度化的基础，带动了党组织力各层级建设的紧密性、连贯性。中国共产党在逐步民主化、精良化的管理中完善了基层党组织领导体制和工作运行机制，积累了基层党组织管理和动员工作的丰厚经验。借鉴革命时期基层民主治理的经验，人民民主理论成为新中国成立后中国共产党人重点探讨的政治问题，以劳动群众的权利和意志逐步推动民主建设和民主自为的体制改革。

第二节　中国共产党领导竞赛活动的当代启示

新中国成立后，竞赛活动持续系统化运作，以其内容的大众化、类型的多元化、宣传的明细化、动员的条例化、组织的秩序化，衔接着新时代的经济转轨、文化创造、社会整合、思想认同、政党建设等诸多领域，而"劳动"这一逻辑概念贯穿始终。劳动生产是中国共产党与最广大人民群众之间建立密切联系、吸纳政治参与、凝聚社会共识的互动形式。由"劳动"延伸出的劳动理念、劳模形象和劳动精神等符码，在新场域中彰显着文化传承、教育导向、道德指引等层面的价值意蕴，既与社会主义核心价值观的逻辑进路具有趋同性，又与中国共产党精神谱系具有同源性。承载着这一系列抽象物的劳动群体，在新发展格局中释放着历史创造者的伟力。习近平总书记多次强调，要充分发挥工人阶级和广大劳动群众的主力军作用，尤其注重强化劳动模范的联动效应，同时

① 《阜平史家寨村选举英雄模范的经验》，载《晋察冀日报》1944年11月15日。

做实劳动者的维权服务，是面向新时代、融入新格局的重大任务。与此同步，中国共产党将社会主义劳动伦理融合于治理理念中，生动诠释着中国特色社会主义主流意识的政治样态。

一、服务中心目标

作为劳动群体与政治意义联结起来的劳动，服务于各个阶段的中心任务，是应对重大挑战、抵御重大风险、克服重大阻力、解决重大矛盾的基本途径。现代化语境中身体视域下的劳动不仅是体力劳动和脑力劳动的简单划分，而是综合了身体、心理、认知、情感、意志、思维、判断、态度等要素的整体。在马克思主义劳动价值体系的理论导向中，首先明晰劳动在崭新发展阶段的含义，其次树立社会主义劳动价值观、弘扬劳动光荣的意识理念，两者融合是实现劳动各要素之间全面参与、协调统一的有效路径。新时代贯彻劳动光荣的意识理念是强化劳动服务于发展大局的重要举措，也是全面建成富强民主文明和谐美丽的社会主义现代化强国的关键依托。

其一，充分认识劳动的意义，把握正确政治方向。劳动的初始化含义首先体现在经济学维度中，即劳动是创造财富的活动。新中国成立后的社会主义革命和建设时期、改革开放和社会主义现代化建设阶段，乃至中国特色社会主义新时代，中国共产党持续沿用新民主主义革命时期的竞赛模式，坚持围绕不同时期的中心任务，紧扣各个阶段的发展主题，发起了轰轰烈烈的竞赛热潮，使劳动竞赛成为助推经济高速发展的强大动力。然而，历代中国共产党人对劳动的理解并未局限于“劳动创造财富”的狭隘视界，而是从物质资本、民生改善上升到政治革命、政党稳固、社会公平等战略性维度。中国共产党在政治学意义上阐释了劳动对政权安全、社会进步、历史发展等的推动作用，在伦理学意义上旨在探讨尊重劳动者、珍惜劳动果实、劳动光荣以及劳动中的公平关系等，既把握了马克思主义劳动学说的原则，也建构了解读人性、理解社会、认知中国特色社会主义新时代的劳动教育理念。

其二，培养劳动观念，激发劳动热情。随着改革开放的深化，经济持续高速增长，产业结构转型升级，社会的劳动形态也随社会财富的丰富发生深刻变化。新民主主义革命时期的竞赛动员和竞赛指示中，中国共产党人已深刻提出并践行了尊重劳动、尊重劳动者和尊重劳动成果的观念，对民主党派教育家黄炎培认同的“劳动光荣”也高度认可。革命时期先进的知识分子力求改变“贱劳力”的社会积习，提倡“劳工神圣”“尊重劳动”的风气，并鼓励学生在半读半工之余积极践行劳动、认真对待劳动，对社会主义建设阶段形成以劳动光荣为基底的逻辑框架产生极大启发，开辟了马克思主义劳动观的新境界。在全国教育大会上，习近平总书记强调：“要在学生中弘扬劳动精神，教育引导学生崇尚劳动、尊重劳动，懂得劳动最光荣、劳动最崇高、劳动最伟大、劳动最美丽的道理，长大后能够辛勤劳动、诚实劳动、创造性劳动。”[①]在社会变迁和转型过程中，弘扬“劳动光荣”的劳动态度、劳动观念和劳动意识，将劳动视作价值创造、力量凝结、利益分配、权利释放的唯一源泉。构建新型劳动话语、创新劳动叙事方式，不仅强调劳动之于个体的存在性价值，也赋予群体社会劳动价值观的功能性意义，将更好地彰显新时代劳动群体的使命担当。

二、弘扬劳模精神

劳模精神是新民主主义革命时期中国共产党劳动观在新语境中的继承和创新发展，引导了群众劳动意识的转变；精准把握新时代劳动精神的深意，在实践中内化劳模精神，并外显为实际行动。劳模精神孕育在革命氛围中，随中国共产党革命事业的演进其意涵不断丰富。以科学的价值判断和公正的评价准则，聚焦革命时期的劳模人物、重塑红色

---

① 《习近平在全国教育大会上强调　坚持中国特色社会主义教育发展道路　培养德智体美劳全面发展的社会主义建设者和接班人》，载《人民日报》2018 年 9 月 11 日。

劳模事迹、凝练革命文化中的优质元素，不仅在新征程中持续厚植劳模精神中蕴含的革命情怀，还塑造文化向度的劳动价值，为新时代激发劳动情感、锤炼劳动意志、提升劳动主体政治素养提供样板。

1.新征程铸就劳模精神的革命情怀

劳模精神涵养于革命道路中。“人无精神则不立，国无精神则不强。”[①]劳模精神在无数共产党员、革命先烈、先进模范英雄和广大人民群众的生命和智慧中淬炼而成，是对中国共产党主导地位的捍卫，也是增强人民理想信念、爱国主义、集体情怀的要义。新民主主义革命时期，中国共产党人创立了农村包围城市的革命道路，培育了苏区精神、长征精神、南泥湾精神、抗战精神、劳模精神以及劳动光荣、艰苦奋斗、自力更生、军民和谐、党群团结等精神理念，指引着革命方向、把控着革命领导权。中国共产党取得执政地位后，提出了过渡时期的总路线，完成了社会主义改造，实现了向社会主义的历史性转变，也沉淀了抗美援朝精神、西迁精神、“两弹一星”精神、焦裕禄精神等宝贵精神财富。改革开放以来，中国共产党自主探索了一条中国式的现代化道路，进一步明确了“中国特色社会主义道路”的新命题，汇聚了劳模精神、工匠精神、创新精神、创造精神、爱国精神等精神根基，为社会主义现代化建设提供先进文化和精神成果的滋养，也是引导社会思潮、凝聚社会共识的重要路径。党的十八大以来，中国特色社会主义现代化建设体现了多元革命性，内容上统筹工业、政治、文化、科技等，逻辑上涵盖了人与人、人与社会、人与自然、人与世界等多维关系，同时铸就了“爱岗敬业、争创一流、勇于创新、淡泊名利、甘于奉献”的劳动精神。“一百年来，党领导人民浴血奋战、百折不挠，创造了新民主主义革命的伟大成就；自力更生、发愤图强，创造了社会主义革命和建设的伟大成就；解放思想、锐意进取，创造了改革开放和社会主义现代化建设的伟大成就；自信自

① 习近平:《在纪念红军长征胜利80周年大会上的讲话》,载《人民日报》2016年10月22日。

强、守正创新，创造了新时代中国特色社会主义的伟大成就”[①]，体现了劳动群众追求知识、努力创造的精神状态，昭示了劳动话语系统的时代特征和传承逻辑。

劳模精神的内涵在动态中延展。中国共产党在革命情怀中涵养的精神谱系是不断被丰富的，体现了与时俱进的灵活性和延展性。新中国成立初期，在“大跃进”、人民公社化运动中采取高强度的竞赛方式，暴露了极端化的脱离实际的策略偏差，竞赛过程中也出现了投机性、资本化的贪腐、贿赂现象，中国共产党以坚持真理、实事求是、求真务实的精神品格自我反思、自我调适，探索出了中国特色社会主义的发展道路和制度。改革开放以来，邓小平始终强调“革命精神是非常宝贵的，没有革命精神就没有革命行动”[②]，高度重视革命精神对社会主义现代化建设的激励作用和社会导向功能。“在正确的政治方向指导下，从分析实际情况出发，发扬革命和拼命精神，严守纪律和自我牺牲精神、大公无私和先人后己精神，坚持革命乐观主义、‘排除万难，去争取胜利’的精神，取得了伟大胜利，搞社会主义建设，实现四个现代化同样要在党中央的正确领导下大力发扬这些精神”[③]，革命精神在以社会主义现代化建设为指向中得到了传承和深化。党的十八大以来，习近平总书记多次告诫全党：“我们是革命者，不要丧失了革命精神”，“要实现党和国家兴旺发达、长治久安，全党同志必须保持革命精神、革命斗志”[④]，号召在新时代大力继承和弘扬革命精神。

---

① 《中共中央关于党的百年奋斗重大成就和历史经验的决议》，载《人民日报》2021 年 11 月 17 日。

② 《邓小平文选》第 2 卷，人民出版社 1994 年版，第 146 页。

③ 《邓小平文选》第 2 卷，人民出版社 1994 年版，第 368 页。

④ 《习近平在学习贯彻党的十九大精神研讨班开班式上发表重要讲话强调　以时不我待只争朝夕的精神投入工作　开创新时代中国特色社会主义事业新局面》，载《人民日报》2018 年 1 月 6 日。

2.新航向塑造文化向度的劳动价值

劳动价值不仅以外显性的实践活动呈现，也蕴含于内隐性的文化基调中。不同历史阶段的劳动任务各异，所彰显的文化蕴意和展示的精神风貌也存在差异。对民族独立的期许和对人民解放的渴求是革命文化的主题，表达了劳动群体的情感依托和精神归宿；对国家强盛的理想和对民族振兴的信念是中国特色社会主义文化的旨趣，同时吸纳了世界优秀文明成果，与优秀传统文化共同承袭了民族的精神血脉，内敛着党和人民创造伟大奇迹和克敌制胜的精神法宝，也造就了连延性的文化形态。劳动价值的彰显与塑造，一方面通过巩固文化的坚实根基，另一方面坚持马克思主义在意识形态领域的指导，以社会主义核心价值观为引领，建构人类现代文明视域下的文化自觉与文化自信。

首先，巩固文化的坚实根基。劳动群众在长期实践和生产创新中形成的整体价值观念、信仰追求、道德规范、行为准则、创业精神、劳动品格等，是积淀于中华优秀传统文化中的精神创造，其中劳模精神的实质则是中华优秀传统文化之现代化的创造性转化形态。[①] 劳动价值承续着历史演进中的丰厚文化底蕴，革命文化、中国特色社会主义文化在中华优秀传统文化和西方文明成果交融的连续性态势中，凸显着文化对劳动价值的引领性，也发挥着凝心聚力、共克时艰的社会效应。

革命文化孕育于近代以来反帝反封建的民族解放运动和中华民族的现实苦难中，在汲取中华优秀传统文化中的民本思想基础上，凝练为"全心全意为人民服务""共同富裕""人的全面发展""人民至上"等话语，因而也决定了革命文化的人民性立场，发挥着革故鼎新、激扬民族意识、凝聚爱国情怀的时代价值。"五四"新文化运动的兴起将马克思列宁主义与本土历史文化进行结合，创建了革命情势下的观念形态和文化成果，瞿秋白将其定义为"革命文化"。革命文化建立在对"革命"

① 参见田鹏颖、王圆圆：《马克思唯物史观视阈中的劳模精神——兼论劳模精神在中国特色社会主义文化中的地位》，载《广西社会科学》2017 年第 11 期。

的认知基础之上，经历着从无到有、由弱变强的演变。其形成于中国共产党的革命实践中，服务于中国共产党的政治目的与诉求，是无产阶级革命事业的精神推动力。以毛泽东为主要代表的中国共产党人逐步明确了革命文化的性质、任务、特征等逻辑架构，囊括了坚定的共产主义理想信念、全心全意为人民服务的宗旨意识、集体利益至上的道德原则、平等团结互助的人际关系等，赋予了鲜明时代特征和历史内涵。中国共产党革命文化是党领导人民在谋求民族独立和复兴、人民解放和幸福、国家繁荣和富强的伟大斗争实践中所创造的，涵盖革命理想、革命精神、革命遗迹、革命遗址等物质文化与精神文化总和的宝贵文化成果。[①] 革命文化是对革命历史的体认与感知，是革命精神和革命行为的深度沉积，也展现了国家和民族的自我认同和价值追求。

劳动精神是革命文化的内涵积淀。劳动具有革命性，革命具有科学性，从而孕育了原则性与灵活性兼具的劳动精神。劳动精神内含于竞赛活动的内容、形式、功能、成效中，随着时代主题和历史任务的变换，凝练出不同的劳动精神话语，积累了丰厚的革命文化资源。劳动精神依附于革命政治环境而存在，革命实践中建构的“吃苦耐劳、勇敢战斗、不避艰险的作风，背背包，跑路子，深入游击区与敌伪搏斗，住地窖”[②]的革命情怀，既凝结了不同阶层民众勤劳勇敢、踏实质朴的劳动精神，又构筑了以劳动群体的创造精神为基底、以党的初心和使命为主线的革命文化的重要内容。劳动精神不仅作为革命文化的内隐性表达，蕴含着爱国主义、集体主义和社会主义、共产主义的情怀，昭示着民众强烈的民族情怀和责任担当，而且充分发挥了思想政治教育的功能，为凝聚社会共识提供了思想规范和价值判断。

---

① 参见王炳林、马宁：《习近平新时代中国特色社会主义思想的形成依据》，载《思想理论教育导刊》2018 年第 6 期。

② 《晋察冀抗日根据地》史料丛书编审委员会、中央档案馆编：《晋察冀抗日根据地》第 1 册（下），中共党史资料出版社 1989 年版，第 758 页。

劳动价值承续在劳动精神和革命文化中，以文化的创造性发展和创新性转化，激活了中国劳动群体重塑民族文化的心理和凝聚民族精神的情怀，激励了大众重建具有鲜明民族特色的中国话语。将中国特色的革命文化融合于爱国主义为核心的民族精神和以改革创新为核心的时代精神，构造传统文明与现代文化、人文主义与实用主义并行的发展趋势，是“建设社会主义文化强国，激发全民族文化创新创造活力，更好构筑中国精神、中国价值、中国力量，巩固全党全国各族人民团结奋斗的共同思想基础”[①]的时代选择，也是突破人类现代化发展中的道德伦理困境、创建符合中国国情的传承中华文明的正确道路。

其次，在文化自信中提升劳动价值。劳动为国家繁荣、民族兴盛提供了持久性力量源泉，是劳动价值的呈现，提升了民族自信心、民族团结精神和国家凝聚力，是文化自信的反映。“文化自信是更基础、更广泛、更深厚的自信，是一个国家、一个民族发展中最基本、最深沉、最持久的力量。”[②]在文化自信中提升劳动价值，是以巩固马克思主义意识形态的一元指导地位、构筑社会主义核心价值体系和建构人类现代文明视域下的文化自觉为路径。

坚持马克思主义在意识形态领域的指导地位，实现其对民众的思想、文化的引导和意识形态的高度统一。毛泽东早已意识到：“凡是要推翻一个政权，总是要造舆论，总要先做意识形态方面的工作。”[③]意识形态是将优秀文化应用于中国特色社会主义现代化建设实践中的方式，是完善中国特色社会主义文化制度的遵循。文化制度建设不仅仅是传统，同时也是一种生产力。社会主义文化制度是社会主义社会形

---

① 《中共中央关于党的百年奋斗重大成就和历史经验的决议》，载《人民日报》2021 年 11 月 17 日。

② 《中共中央关于党的百年奋斗重大成就和历史经验的决议》，载《人民日报》2021 年 11 月 17 日。

③ 中共中央文献研究室编：《建国以来毛泽东文稿》第 10 册，中央文献出版社 1996 年版，第 194 页。

态在意识形态上的话语表达[1]，是促进民众政治认同、文化认同的根本保障。对意识形态和文化领导权的掌握是巩固政党合法地位、整合社会资源、指导社会发展、规范社会道德的前提。在建设社会主义现代化强国的新征程中，“党准确把握世界范围内思想文化相互激荡、我国社会思想观念深刻变化的趋势，强调意识形态工作是为国家立心、为民族立魂的工作”[2]。马克思主义意识形态从书斋到社会、从城市到乡村、从少数精英到普罗大众的传播，是党的政治属性、政治理想、政治追求和政治品质被理解和认同的过程，是鲜明党性和阶级性、广泛群众性和社会性的彰显。

坚持社会主义核心价值观的引领，凝聚民众的精神信仰，从而形成道德自觉和法制约束下的行为导向。社会主义核心价值体系以文化驱动、法律手段推动、典型示范带动、教育引导促动等方式，发挥着凝聚、导向、涵养、育人的重要功能，深化了中国特色社会主义文化的发展，为繁荣中国特色社会主义文化、增强文化自信提供了深厚的思想积淀，是维持国家、社会正常运转的精神利器。党的十九大将弘扬社会主义核心价值观上升到社会治理的基本方略之一，倡导社会主义核心价值观的主体责任感，强调其在劳动群众主流价值中的导向作用。

建构人类现代文明视域下的文化自觉，是巩固国家统一、民族团结、经济振兴、社会安定、文明先进、政风淳化等的必然选择，也是滋养中国共产党自身党性、塑造政党形象、筑牢中国梦的精神基底。文化自觉是创造人类文明新形态的逻辑理路，不同文明之间的互动是产生新样态的动力，是推动文化全球化、经济文化一体化的有效途径。文化问题在全球化多元思潮的相互激荡与冲击、国际资本化运作中日益凸显，

---

① 参见欧阳恩良、赵志阳：《论以人民为中心坚持和完善社会主义先进文化制度》，载《思想理论教育导刊》2021 年第 7 期。

② 《中共中央关于党的百年奋斗重大成就和历史经验的决议》，载《人民日报》2021 年 11 月 17 日。

西方文化的挤压与渗透，霸权主义、单边主义、保护主义等复苏，文化虚化现象趋势加剧等，影响了劳动群众的思维认知和价值观念。由此，以人类现代文明的视域，观照文明互动的客观进程，需要坚定民族精神、坚持民族文化的独立性，需要加强中国特色社会主义文化的影响力、传播力，需要建立“文化自觉”基础上的文化自信。

三、坚持人民本位

劳动人民不仅是中国特色社会主义建设的施动者、执行者、受益者，也是中华民族伟大复兴的参与者、既得利益者。中国共产党始终代表最广大劳动人民的根本利益、保证人民当家作主、体现人民共同意志、维护人民合法权益，以劳动群众最关心、最直接、最现实的利益问题为导向，部署了一系列战略性规划，架构了与人民主体多向度的有机联通，拓展了群众参与的组织形式和制度化渠道，实现了全面建成小康社会的底线任务，“近一亿农村贫困人口实现脱贫，提前十年实现联合国二〇三〇年可持续发展议程减贫目标，历史性地解决了绝对贫困问题，创造了人类减贫史上的奇迹”[①]；新冠疫情防控取得重大战略成果等，突出了人民性的政治功能。中国共产党在新语境下，一方面注重发挥劳模群体的联动效应，另一方面强调做实劳动主力军的维权服务，为组建一支宏大的服务型、知识型、技能型、创新型的劳动主力军奠定了坚实根基。

1.发挥劳模群体的联动效应

劳模群体是在竞赛活动中打造出来的一支高素质的产业技术人才队伍，是崇尚劳动、热爱劳动、辛勤劳动、诚实劳动的劳动精神的代表。如何充分发挥这一群体根本性、全局性和长远性的引领价值和示范作用，势必需要与群众路线理论深度结合，发挥群体联动效应。

---

① 《中共中央关于党的百年奋斗重大成就和历史经验的决议》，载《人民日报》2021年11月17日。

以“群众路线”形式，发挥劳模群体对普通劳动者的引领和教化。党的群众路线凝练出的“一切为了群众，一切依靠群众，从群众中来，到群众中去”[①]的政治作风，凸显了“我们党的最大政治优势是善于组织群众、宣传群众、联系群众”[②]。劳模群体是社会劳动价值的核心引擎，以卓越的引领力，源源不断地为社会发展输出强劲动能，通过身与心、知与行统一的劳动引导，顺应新发展格局中劳动形态的变化和认知思维的转变，坚定“以劳动托起中国梦”的价值理念，助力普通劳动者树立正确的劳动价值观。这一流程正是群众路线的体现，群众路线为劳模联动效应的发挥提供了多线性、多维化渠道，促进了劳模群体在社会变革中发挥更大的主动性、积极性和创造性，从而与显性劳动教育模式共同建构起逻辑严密、结构完整、目标明确的教育体系。

以“群众路线”模式，在基层劳动群体中发现、培养、选树劳动模范和工匠人才。新中国成立后的竞赛动员机制、竞赛奖励机制、劳模选树标准以及竞赛活动中群众管理等，均以党组织的基层建设为依托。党的十八大以来，习近平总书记多次强调要激活基层党组织、增强基层组织力；中共十九大首次将提升党的“组织力”建设纳入党的文献中，并提出要“不断增强党的政治领导力、思想引领力、群众组织力、社会号召力，确保我们党永葆旺盛生命力和强大战斗力”[③]。加强党的基层建设、增强党的组织力，为基层建设提供组织保障，更好发挥“群众路线”的优势。借鉴新民主主义革命时期基层治理理路，将实施群众政策的行政机构权力和资源下沉到基层党组织，激发乡村精英的民主参与，大力挖掘崇尚劳动、关爱劳模、学习劳模、争当劳模的先进分子。

---

① 中共中央文献研究室编：《十三大以来重要文献选编》（中），人民出版社 1991 年版，第 928 页。

② 中共中央文献研究室编：《十五大以来重要文献选编》（下），人民出版社 2003 年版，第 2418 页。

③ 习近平：《决胜全面建成小康社会　夺取新时代中国特色社会主义伟大胜利——在中国共产党第十九次全国代表大会上的报告》，人民出版社 2017 年版，第 16 页。

以"群众路线"平台,加大对劳动模范和先进工作者的宣传力度。基层相关部门如工会等,一方面筹备开办"大国工匠"年度人物、青年劳动模范、最美职工、最美工匠深入学校、社区、机关、企事业单位等进行宣讲活动,动员广大学生、职工为社会主义现代化事业建功立业;另一方面,积极推荐劳模担任相关社会职务、出席劳动相关活动和仪式,身体力行弘扬劳动光荣、劳动伟大、劳动美丽的社会风尚。此外,落实党和国家有关政策,围绕国家重大战略、重大工程、重大项目,在新产业新业态中开展劳动技能竞赛;完善基层竞赛体系、创新竞赛活动方式,引导建立跨区域、跨行业、跨企业的劳模和工匠人才的合作机制,不断扩大劳模覆盖面。

2.做实劳动主力军维权服务

中国共产党立足于大历史格局,强调要把人民对美好生活的向往作为奋斗目标,进一步阐发了共同富裕的崭新内涵,把构建初次分配、再分配、三次分配协调配套的基础性制度提升到国家发展战略的支撑地位。在群众直接关切的就业、收入、分配、基本公共服务、教育、社会保障体系、卫生健康体系等方面作出全面部署,聚合民智、普惠于民,既确保了过程人民参与、成果人民共享、成效人民评价的治理模式,也建构了国家、政党、社会的协调关系,"使各方面制度和国家治理更好体现人民意志、保障人民权益、激发人民创造"①。以习近平同志为核心的党中央不仅强调组织的嵌入,而且落实权益的保护,充分发挥集中力量办大事的制度优势和理论特色,更好地发挥劳动群体在构建新发展格局中的人才培育、技能创新、精神弘扬、文化传承等方面的重要作用,凸显了中国共产党人保障劳工权益、实现社会公平正义的决心。

一方面,强调组织的嵌入。首先,明确工会的政治属性、政治责任和工作方向。工会是把广大职工群众紧密团结在党和政府周围的群众

① 《中共中央关于党的百年奋斗重大成就和历史经验的决议》,载《人民日报》2021年11月17日。

组织，也就定位了工会全心全意为劳动者服务、解决劳动群众问题的职能。中国共产党领导人民在革命、建设、改革历程中高度重视工会工作，积累了切实增强工会凝聚力和战斗力的经验。习近平总书记强调“我国工运事业是党的事业的重要组成部分，工会工作是党治国理政的一项经常性、基础性工作”①，为新时代工会工作提供了根本遵循。新时代明确基层工会工作的方向，工会坚持“党建带工建”，这是由政党性质和国情决定的。中国工运主题在经济结构调整、产业布局升级的新时代与中华民族伟大复兴的中国梦相连接，为基层工会工作提供指南，即要求工会坚持根植于群众、以职工为中心的工作导向，贯彻依靠工人阶级的方针，履行维护职工合法权益的基本职责。其次，强化基层工会建设。工会开展各项工作的基础是工会的组织体系，因而推进工会改革创新，完善基层工会制度、运行机制和工作方法，加快“互联网＋”的智慧工会建设等，是建立完善的工会组织体系的有效路径。再次，强化责任意识，优化组织领导体系和职工队伍；密切联系劳动职工，深入基层一线，不断增强“服务型”工会工作的高效性。最后，积极开展加强政治理论学习的宣传教育活动，提升劳动者对劳动观念的认知，大力弘扬劳动精神、劳模精神、工匠精神，营造劳动光荣的工作氛围，充分激发劳动者精益求精的敬业风气和社会风尚，从而体现新时代工人阶级整体行动与个体行动的有机统一。

另一方面，中国共产党落实对劳工权益的保障。中国共产党自建党之初就制定了各项劳动政策与法律，如1922年拟定的《劳动法案大纲》，并在新民主主义革命时期得到不断完善和优化。1931年通过的《中华苏维埃共和国劳动法》《劳动保护法》、1942年公布的《陕甘宁边区劳动保护条例（草案）》、1946年的《苏皖边区保护工厂劳动暂行条例》、1948年第六次全国劳动大会通过的《中华全国总工会章程》等相继规定

① 《习近平在同中华全国总工会新一届领导班子成员集体谈话时强调　团结动员亿万职工积极建功新时代　开创我国工运事业和工会工作新局面》，载《人民日报》2018年10月30日。

了保护劳工权利的措施，是新中国成立后劳动立法的多层次性、权利的广泛性、保障的全面性的重要依据。随着社会主义市场经济体制的完善，党和国家不断落实一系列维护劳工合法权益的政策，《宪法》《劳动法》《工会法》等都为充分发挥工人阶级主力军作用提供了制度保障。新时代，以习近平同志为核心的党中央强调要在政治上保证、制度上落实、权益上维护劳动群体的主人翁地位。在经济权益层面，运用法律的强制性，通过工会组织所特有的手段和途径维护劳动群体在合同签订、工资谈判、就业平等、劳动监督、纠纷调解、利益冲突等方面的权益；另外，切实落实相关倾斜政策，如及时帮扶救助困难劳模、提高全国劳模专项补贴，为劳模创造健康体检、医疗休养等优待条件。在政治权益层面，党和国家将高度重视工人阶级在党和国家建设事业中的主体地位贯彻到经济、政治、文化、社会、生态文明建设等各个领域。以马克思主义工运理论、习近平总书记关于工人阶级和工会工作方针的重要论述为指导，落实到对工伤、生育、失业等基本利益保障的现实问题中，彰显了劳动群体在新时代中国特色社会主义建设中的重要地位。在文化权益层面，劳动文化的发展为促进劳动权益的实现提供动力。劳动文化是劳动者在长期工作实践中形成的习惯性的精神状态和思维方式，体现了劳动在消除贫困、创造财富、积累财富等社会功能中的内在文化状态，有助于营造良好的民主法治、公平正义的社会环境。

人民性是中国共产党政治活动的核心要求和根本遵循。新中国成立以来，随着社会主要矛盾的不断转变，中国共产党领导劳动人民以深化改革为主线，制定了融汇经济发展、创新驱动、民生福祉、绿色生态、安全保障等方面的建设指标；以全面发展为主题，贯彻创新、协调、绿色、开放、共享的新发展理念，将生态文明建设纳入“五位一体”总体布局中，协调推进“四个全面”战略布局，强化了“保护生态环境就是保护生产力，改善生态环境就是发展生产力”[①]的生态文明建设逻辑；以创造创新为动力，改进效率与迈向和谐双轨并进、精准发力，推动产业升级、新能源革命、大城市群崛起，开启全球绿色低碳经济的重要节点，皆凸显了以人民为中心的发展宗旨。随着互联网技术的深度应用，在“互联网＋工会”的智能模式下，劳动群体的维权工作在线上与线下一体化平台上得以构建，也健全了既相互制约又相互协调的权力结构和运行机制，为全体社会成员行使决策权、行政权、监督权等提供了更加便捷的环境。

中国共产党不仅致力于为中国劳动人民谋幸福、为中华民族谋复兴，也敢于担当为人类谋和平、发展的重任，“推动建设新型国际关系，推动构建人类命运共同体，弘扬和平、发展、公平、正义、民主、自由的全人类共同价值，引领人类进步潮流”[②]，在深化自身实践中积极探索人类社会的发展规律，丰富了人类政治文明形态的多样性和可能性。

四、勇于与时俱进

中国共产党在新发展阶段对劳动教育问题的探索，建基于革命时期教劳结合的深厚经验的储备与支撑之上，在历史和现实互动的视野中推进“以劳树德、以劳增智、以劳强体、以劳育美、以劳创新”劳动教育模式的形成，是适应时代和社会之需而培育劳动群体的社会性环节，反映了马克思主义劳动政治观的中国式创新。

其一，在精神维度上，生产劳动与教育相结合是社会主义重塑劳动观念的根本途径。在党情国情世情的发展变化中，重新聚焦劳动教育，把普通民众纳入劳动教育的改革创新体系中，加强广大劳动群众的政治理论学习，突出思想政治的引领功能。一方面，要求劳动主体自觉以

① 《中共中央关于党的百年奋斗重大成就和历史经验的决议》，载《人民日报》2021 年 11 月 17 日。

② 《中共中央关于党的百年奋斗重大成就和历史经验的决议》，载《人民日报》2021 年 11 月 17 日。

党中央对劳动教育的决策部署、党和国家领导人重要讲话精神为指引，注重劳动群体的团结协作、保持队伍的互助友爱、提升群体内部的人文关怀和心理疏导，以维护社会大局的和谐稳定。另一方面，最大化地发挥媒体、短视频矩阵平台等宣传阵地的磅礴力量，推进思想教育宣传，汇聚起劳模精神、劳动精神和工匠精神，推动中国特色社会主义劳动思想进组织、进基层、入脑入心，营造浓厚的舆论氛围。同时，强调劳动教育在复归人的类本质中立德树人的功能，要求劳动教育以马克思主义劳动历史观、马克思主义劳动价值观和马克思主义实践观等为指导。立足于马克思对现实经济关系的研究，“人类劳动改造世界，是主体本质力量借助于工具作用于客体，按照主体设计的方案改造世界”[①]，构成了人类社会存在的原始样态和社会进步的原始动力。在新阶段大力推行劳动教育的改革创新，以尊重不同年龄段群体的成长规律为前提，亦是对普通劳动者为社会提供无差别一般化的人类劳动以及劳动创造价值的评价标准的社会确认。参照中国共产党百年奋斗历程中的劳动教育思想成果，创设一种整合的、开放的劳动教育实践体系，是强化知识分子劳动化、劳动人民知识化结构模式的目标取向，呈现了个体价值转向社会价值的逻辑形式。

其二，在实践维度上，劳动教育贯穿于德智体美教育的全过程，没有单独的智育，没有单独的德育，也没有单独的劳动教育。[②] 实现劳动教育与德育、智育、体育、美育的有机融合，依赖于学校、家庭、社区和社会等各要素的通力合作和协调来完成。中国共产党始终秉持“工人阶级和广大劳动群众是国家主人”的原则，赋予劳动群体以中国特色社会主义坚定信仰者、忠实实践者的角色。因而，对劳动群体的政治理论教育成为深入开展“中国梦”“劳动美”主题教育实践活动的重要内容。劳

① 熊晓红：《价值自觉与人的价值》，人民出版社 2007 年版，第 255 页。

② 参见杜莹君：《苏霍姆林斯基论劳动教育在全面发展教育中的作用》，载《河北大学学报(哲学社会科学版)》1994 年第 3 期。

动教育愈来愈包含了体力劳动之外的更加细化的技术成分，体现的是一种复杂的技术劳动。由此，也要求基层组织积极鼓励动员劳动群体在掌握劳动基础知识和基本技能前提下，更注重提升劳动群众的政治理论素养，激发其技术意识，培养创造性劳动能力。中国共产党组织引导广大劳动群众，坚定劳动创造价值、奋斗成就未来的信念，以坚守尊重知识、敬畏科技、引领创新为价值目标，强化改革产学研联合培养机制，与“科技是国家强盛之基，创新是民族进步之魂”[①]的时代命题相契合，推动创新型劳动教育模式的构建。

其三，在价值维度上，劳动教育的改革创新在实践价值层面体现为确证了劳动创造价值的马克思主义劳动观，是对一切体力劳动和脑力劳动包括科学技术创造、经营管理服务等形式的劳动的尊重，是对劳动创造伟大的劳动精神的弘扬，也是对为社会提供劳动的群体尤其是劳动模范的一种高度认可与赞颂。在现实价值层面，将作为人类社会存在和发展前提的劳动转化为物质文明和精神财富，并使人类社会的一切优秀文明成果得以被吸收、借鉴和共享，包括劳动的价值载体即知识财富，实现了劳动工具的改进，驱动了转型发展中的科技创新，推动了实体经济的大力发展，深化了供给侧结构性改革，加快了制造强国建设等。在历史价值层面，顺应社会主要矛盾的时代转化，助力了中国共产党领导全国人民从“站起来”“富起来”到“强起来”的伟大飞跃，将不断实现劳动群众心向往之的国家富强、民族振兴、人民幸福的阶段性目标。

“在过去一百年赢得了伟大胜利和荣光的中国共产党和中国人民，必将在新时代新征程上赢得更加伟大的胜利和荣光”[②]，其志气、骨气、底气来源于历史的创造者劳动群体。在新民主主义革命的现实图景

---

① 习近平：《在中国科学院第十七次院士大会、中国工程院第十二次院士大会上的讲话》，人民出版社2014年版，第3页。

② 《中共中央关于党的百年奋斗重大成就和历史经验的决议》，载《人民日报》2021年11月17日。

中，群众通过劳动改变了根据地的生产关系，将感性活动转变为人的现实社会活动，在多重生产要素交织、重叠中形成了新型社会关系。由劳动衍生而来的劳动精神成为劳动群体价值观认同的中心话语，在新城镇化背景下产业转型、人口结构、空间布局的显著变化中，中国共产党将劳动人民的伟大品格和劳动精神贯彻到新时代竞赛活动的全过程，蕴含着意识形态建构、民族精神重建和文化生产力发展的逻辑，创造了经济快速发展和社会长期稳定的“中国奇迹”。在中国共产党建党百年之际，劳动精神、劳模精神被纳入“中国共产党精神谱系”这一政治概念的范畴，成为党的伟大精神的重要组成部分。新征程赓续中国共产党精神谱系，既需要劳模精神所释放的革命情怀的滋养，又需要文化面相的持续塑型。在大历史观维度中，建构中国共产党精神谱系，是进一步凝聚各族劳动人民文化共识、复兴中华民族伟大文化体系的重要表征。

结 语

竞赛活动是中国共产党在新民主主义革命时期启动，直至新时代中国特色社会主义现代化建设时期持续沿用的集体化劳动形式，以其领域的宽泛化、类型的多元化、宣传的系统化、动员的条例化、组织的纪律化贯穿于中国共产党的奋斗历程中，衔接了经济转轨、文化创造、社会整合、思想认同、政党建设等诸多方面。以“劳动”为基点，释放着历史创造者的磅礴伟力，劳动群体不仅是兴国大业、富国大业中财富的创造者，也是不可逆的强国大业发展态势中的成果共享者；延伸出的劳动意识、劳动精神、劳模运动、劳模精神等符码，彰显着教育导向、道德引领、文化传承等维度的意涵，既与社会主义核心价值观的逻辑进路具有趋同性，又与中国共产党精神谱系同根同源，即服务于人民幸福安康、着力于社会和谐稳定、致力于国家长治久安。让“劳动托起中国梦”的“中国之治”成为建立公正秩序、维护世界和平、解决人类生存困境的价值理念，铸就出创新性、整体性的人类文明形态，依靠中国劳动人民的智慧和能量成就历史、开创未来。

面临时与势的共振以及国际秩序的多维互动，在应对国内外因素共同制约的深层次问题上，我们比以往任何时候更加需要紧紧依靠工人阶级，发挥劳动群体的主力军作用。在开启全面建设社会主义现代化国家中，呈现出了“人口规模巨大的、全体人民共同富裕的、物质文明和精神文明相协调的、人与自然和谐共生的、走和平发展道路的现代化”的崭新图景，此时，我们比以往任何时候都更加需要大力弘扬劳模精神、劳动精神、工匠精神。这既关系到新时代国家层面的社会主义建设、民族层面的政治文化认同、个体层面的行为规范引导，又关系到马克思主义唯物史观大历史视域下的人类文明进程。在新型劳动叙事话语中，对劳动的界分不止停留于体力劳动和脑力劳动，而且逐步趋于依托实体经济的“互联网＋”智能化的技术劳动，而实体产业的振兴则需要劳动群体的创造性和自主性。首先，要树立并贯彻崇尚劳动、尊重劳动、尊重知识、尊重劳动者的观念。其次，要脚踏实地践行诚实劳动，以爱岗敬业的热情投身到“十四五”建设中。最后，在顽强奋斗、勇毅前行的勤勉实践中，增强“四个意识”、坚定“四个自信”、做到“两个维护”，创造更加幸福美好的生活和经济社会的更大奇迹，实现劳动者体面劳动和自由全面发展。

本书试图通过梳理新民主主义革命时期竞赛活动的相关内容，总结中国共产党组织发动群众的经验，以期为实现服务型、知识型、技能型、创新型人才的全面覆盖，进而建功第二个百年奋斗目标提供微薄的启示。然而，一方面，由于笔者学术视野的局限、研究能力的浅薄、知识储备的欠缺，在对竞赛活动中的政策引导、组织协调、监督评比等其他问题探讨上还需要深入挖掘，对竞赛活动的体系化、劳动群体的“在场”性以及劳模精神的现时性等的理解还需进一步深化。另一方面，竞赛活动的逻辑范畴涉及历史学、政治学、社会学、经济学等学科，需要厚实的理论根基与多元的研究方法结合，方能承担起对其系统化的架构。本书对新民主主义革命时期竞赛活动的研究尚处于初期阶段，因此，在借鉴学术界研究成果的基础上，需要对习近平总书记关于劳动群体、劳动精神、劳模精神、工匠精神等重要论述的内涵进行深度挖掘，也需要对崭新语境下的马克思主义劳动学说的中国式创新进行充分领悟，持续砥志研思、刮摩淬励。

参考文献

一、著作

[1]《马克思恩格斯文集》第1、4、5、6、7、8、9卷，人民出版社2009年版。

[2]《马克思恩格斯全集》第42、43、49卷，人民出版社2016年版。

[3]《列宁专题文集：论社会主义》，人民出版社2009年版。

[4]《列宁选集》第1～4卷，人民出版社2012年版。

[5]斯大林：《论列宁主义基础》，人民出版社1973年版。

[6]《毛泽东选集》第1～4卷，人民出版社1991年版。

[7]《毛泽东文集》第1、2卷，人民出版社1993年版。

[8]《毛泽东文集》第3～5卷，人民出版社1996年版。

[9]《毛泽东文集》第6～8卷，人民出版社1999年版。

[10]《刘少奇选集》(下)，人民出版社2018年版。

[11]《周恩来经济文选》，中央文献出版社1993年版。

[12]《邓小平文选》第1、2卷，人民出版社1994年版。

[13]中共中央党史研究室第一研究部编：《共产国际、联共(布)与中国革命档案资料丛书》第1～5卷，中共党史出版社2007年版。

[14]中共中央党校党史教研室选编：《中共党史参考资料》第7、8

卷,人民出版社 1980 年版。

[15]中共中央文献研究室编:《建国以来重要文献选编》第 1～26 卷,中央文献出版社 1993 年版。

[16]中央档案馆编:《中共中央文件选集》第 1～18 卷,中共中央党校出版社 1989～1992 年版。

[17]中共中央宣传部办公厅、中央档案馆编研部编:《中国共产党宣传工作文献选编》第 1～4 册,学习出版社 1996 年版。

[18]中共中央文献研究室编:《毛泽东年谱(1893～1949)》第 1～3 卷,中央文献出版社 2019 年版。

[19]中共中央文献研究室、中央档案馆编:《建国以来刘少奇文稿》第 1～7 册,中央文献出版社 2005 年版。

[20]中央文献研究室:《邓小平传(1904～1974)》上、下册,中央文献出版社 2014 年版。

[21]中共中央党史研究室:《中国共产党历史》第 1、2 卷,中共党史出版社 2011 年版。

[22]当代中国研究所:《中华人民共和国史稿》序卷,人民出版社 2012 年版。

[23]当代中国研究所:《中华人民共和国史稿》第 1～4 卷,人民出版社 2012 年版。

[24]中共江西省委党史研究室:《中央革命根据地历史资料文库·党的系统》第 1～5 册,江西人民出版社 2011 年版。

[25]中共江西省委党史资料征集委员会、中共江西省委党史研究室:《江西党史资料》第 4 辑,江西人民出版社 1987 年版。

[26]江西省教育学会:《苏区教育资料选编(1929～1934)》,江西人民出版社 1981 年版。

[27]中共江西省委党校党史教研室、江西省档案馆选编:《中央革命根据地史料选编》上册,江西人民出版社 1982 年版。

[28]中国社会科学院经济研究所中国现代经济史组:《第一、二次国内革命战争时期土地斗争史料选编》,人民出版社 1981 年版。

[29]陕西省档案馆、陕西省社会科学院编:《陕甘宁边区政府文件选编》第 1～15 辑,陕西人民教育出版社 2015 年版。

[30]中共延安市委统战部:《延安时期统一战线理论与实践研究丛书》第 1、2 册,华文出版社 2010 年版。

[31]中央档案馆、湖北省档案馆、河南省档案馆、安徽省档案馆编:《鄂豫皖苏区革命历史文件汇集》,1985 年。

[32]中共江苏省委党史工作委员会、江苏省档案馆:《苏中抗日根据地》,中共党史出版社 1990 年版。

[33]中共中央书记处编:《六大以来》,人民出版社 1981 年版。

[34]中山大学党史组编:《中共党史文献选辑》第 1 辑,1977 年。

[35]中国妇女管理干部学院:《中国妇女运动文献资料汇编(1918～1949)》第 1 册,中国妇女出版社 1987 年版。

[36]赵凌云:《中国共产党经济工作史(1921～2011)》,中国财政经济出版社 2011 年版。

[37]中共江西省委党史研究室等编:《中央革命根据地历史资料文库·政权系统》第 6～8 册,江西人民出版社 2013 年版。

[38]中华全国总工会编:《中共中央关于工人运动文件选编》上、中、下册,档案出版社 1986 年版。

[39]陕西省总工会工运史研究室编:《陕甘宁边区工人运动史料选编》上、下册,工人出版社 1988 年版。

[40]陈廉:《抗日根据地发展史略》,解放军出版社 1987 年版。

[41]苏多寿:《江西苏区党的建设与政权建设》上、下卷,江西人民出版社 2006 年版。

[42]胡绳主编:《中国共产党的七十年》,中共党史出版社 2018 年版。

[43]朱政慧:《美国中国学史研究》,上海古籍出版社 2004 年版。

[44]胡大泽:《美国的中国近现代史研究》,中国社会科学出版社 2004 年版。

[45]梁怡、李向前:《国外中共党史研究评述》,中共党史出版社 2005 年版。

[46]陈金龙:《中国共产党纪念活动史》,社会科学文献出版社 2017 年版。

[47]梅荣政:《马克思主义中国化史》,中国社会科学出版社 2010 年版。

[48]罗平汉:《中国共产党群众路线思想史》,人民出版社 2013 年版。

[49]金冲及:《二十世纪中国史纲》上、下册,社会科学文献出版 2012 年版。

[50]李忠杰:《领航:从一大到十九大》,人民出版社 2018 年版。

[51]石仲泉:《二十世纪的中国共产党》,学习出版社 2000 年版。

[52]韩贺南、王向梅等:《中国妇女与抗日战争》,团结出版社 2015 年版。

[53]温锐:《毛泽东视野中的中国农民问题》,江西人民出版社 2004 年版。

[54]茅家琦:《中国国民党史》,江苏人民出版社 2018 年版。

[55]沙健孙:《毛泽东与中国革命新道路的开辟:土地革命战争时期历史论要》,中国人民大学出版社 2016 年版。

[56]余敏玲:《形塑“新人”:中共宣传与苏联经验》,(台北)“中央研究院”近代史研究所,2015 年。

[57]吴序光:《风雨历程:中国共产党认识与处理资本主义和资产阶级问题的历史经验》,北京师范大学出版社 2002 年版。

[58]林祖华:《造福民生:中国共产党的追求与经验》,社会科学文

献出版社 2012 年版。

[59]柳礼泉:《新中国民生 60 年》,湖南大学出版社 2009 年版。

[60]黄宗:《中国乡村研究》第 1 辑,商务印书馆 2003 年版。

[61]李长安:《一个人的集体记忆》,四川文艺出版社 2016 年版。

[62]雷颐:《历史的进退:晚近旧事与集体记忆》,广西师范大学出版社 2009 年版。

[63]吴志菲:《墙上的集体记忆》,团结出版社 2014 年版。

[64]陈建宪:《口头文学与集体记忆——陈建宪自选集》,华中师范大学出版社 2012 年版。

[65]姚力:《生命叙事与时代印记——新中国 15 位劳动模范口述》,人民出版社 2017 年版。

[66]上海总工会调查研究室:《生产竞赛经验介绍》,劳动出版社 1950 年版。

[67]高明岐、张进禄:《中国劳动竞赛学》,中国工人出版社 2011 年版。

[68]姚荣启:《中国劳模史(1932～1979)》,中国工人出版社 2020 年版。

[69]杨冬梅、赵健杰:《劳模学概论》,人民出版社 2020 年版。

[70]徐大慰:《劳模精神研究》,安徽师范大学出版社 2020 年版。

二、译著

[1][美]彼得・诺维克:《人文与社会译丛:大屠杀与集体记忆》,王志华译,译林出版社 2019 年版。

[2][法]莫里斯・哈布瓦赫:《论集体记忆》,毕然、郭金华译,上海人民出版社 2002 年版。

[3][美]本杰明・史华慈:《中国的共产主义与毛泽东的崛起》,陈玮译,中国人民大学出版社 2006 年版。

[4][美]费正清:《伟大的中国革命(1800～1985年)》,刘尊棋译,世界知识出版社2019年版。

[5][美]费正清:《剑桥中华民国史》下卷,杨品泉等译,中国社会科学出版社1994年版。

[6][英]洛克:《政府论》上、下篇,瞿菊农、叶启芳译,商务印书馆1996年版。

[7][美]马克·塞尔登:《革命中的中国:延安道路》,魏晓明、冯崇义译,社会科学文献出版社2002年版。

[8][古希腊]亚里士多德:《政治学》,吴寿彭译,商务印书馆1965年版。

[9][美]阿里夫·德里克:《革命与历史:中国马克思主义历史学的起源(1919～1937)》,翁贺凯译,江苏人民出版社2018年版。

[10][美]塞缪尔·亨廷顿:《变化社会中的政治秩序》,王冠华等译,上海人民出版社2017年版。

[11][美]弗兰西斯·福山:《历史的终结》,黄胜强、许铭原译,远方出版社1998年版。

[12][美]保罗·康纳顿:《社会如何记忆》,纳日碧力戈译,上海人民出版社2000年版。

[13][美]斯图尔特·施拉姆:《毛泽东的思想》,田松年、杨德等译,中国人民大学出版社2013年版。

[14][英]帕特里夏·法拉、卡拉琳·帕特森:《剑桥大学年度讲座:记忆》,户晓辉译,华夏出版社2006年版。

[15][德]哈拉尔德·韦尔策:《社会记忆:历史、回忆、传承》,季斌、王立君、白锡堃译,北京大学出版社2007年版。

[16][美]詹姆斯·斯科特:《农民的道义经济学:东南亚的反叛与生存》,程立显、刘建等译,译林出版社2013年版。

[17][美]乔万尼·阿里吉、[日]滨下武志、[美]马克·塞尔登主

编:《东亚的复兴》,马援译,社会科学文献出版社 2006 年版。

[18][美]李侃如:《治理中国:从革命到改革》,胡国成、赵梅译,社会科学文献出版社 2010 年版。

[19][美]周锡瑞、李皓天:《1943:中国在十字路口》,陈骁译,社会科学文献出版社 2016 年版。

[20][以]艾森施塔特:《现代化:抗拒与变迁》,张旅平等译,中国人民大学出版社 1988 年版。

[21][美]杜赞奇:《文化、权利与国家》,王福明译,江苏人民出版社 2003 年版。

[22][美]查尔斯·林德布洛姆:《政治与市场:世界的政治——经济制度》,王逸舟译,上海人民出版社 1997 年版。

[23]景军:《神堂记忆:一个中国乡村的历史、权力与道德》,吴飞译,福建教育出版社 2013 年版。

三、期刊论文

[1]高信奇:《劳动竞赛:空想社会主义共同体的思想遗产》,载《科学社会主义》2017 年第 4 期。

[2]文姚丽、胡菊芳、李心怡:《陕甘宁边区灾荒史研究述评》,载《西部学刊》2019 年第 23 期。

[3]杨晓伟:《群众路线的基本内涵、主要结构和实现路径》,载《上海党史与党建》2014 年第 6 期。

[4]饶旭鹏、何芳芳:《马克思主义群众观及其在中国的丰富与发展》,载《南京航空航天大学学报(社会科学版)》2019 年第 4 期。

[5]张雪梅、熊同罡:《20 世纪 40 年代陕甘宁边区的灾荒及救治》,载《理论学刊》2008 年第 11 期。

[6]刘艳静、王莲英:《解放战争时期冀东地区土改政策及其实施》,载《河北科技师范学院学报(社会科学版)》2019 年第 4 期。

[7]岳谦厚、乔傲龙:《全面抗战时期晋绥边区的冬学运动与群众办报实践——以〈抗战日报〉为中心的考察》,载《党的文献》2019年第1期。

[8]王悦:《〈新民主主义论〉内容解读及对当代社会建设的价值》,载《法制博览》2019年第11期。

[9]任俊宏:《陕甘宁边区农民群众开荒动员述论》,载《延安大学学报(社会科学版)》2014年第5期。

[10]王伯英:《陕甘宁边区农业生产运动中的劳动竞赛》,载《兰州工业学院学报》2018年第3期。

[11]王立胜、聂家华:《论毛泽东的政治动员和政治参与思想——以〈论持久战〉为中心的思考》,载《山东农业大学学报(社会科学版)》2016年第1期。

[12]李里峰:《土改中的诉苦:一种民众动员技术的微观分析》,载《南京大学学报(社会科学版)》2007年第5期。

[13]张宏邦:《政治学视野中的"社会记忆"》,载《西安交通大学学报(社会科学版)》2017年第6期。

[14]高萍:《社会记忆理论研究综述》,载《西北民族大学学报(哲学社会科学版)》2011年第3期。

[15]资中筠:《老问题新视角》,载《读书》1998年第1期。

[16]阎书钦:《苏联经济建设成就对二十世纪三十年代中国的思想影响》,载《中共党史研究》2019年第1期。

[17]王维平、高耀芳:《〈资本论〉劳动伦理思想的建构逻辑及价值》,载《湖湘论坛》2019年第2期。

[18]师泽生、林毅:《辛亥革命的价值与启示》,《武汉大学学报(哲学社会科学版)》2011年第5期。

[19]冯仕政:《典型:一个政治社会学的研究》,载《学海》2003年第3期。

[20]魏沂:《中国新德治论析——改革前中国道德化政治的历史反思》,载《战略与管理》2001 年第 2 期。

[21]申来津、盛宇华:《榜样激励的发生机制及其有效性规律》,载《社会科学家》2003 年第 1 期。

[22]孔永松、邱松庆:《土地革命时期闽西革命根据地的经济斗争(续)》,载《中国经济问题》1979 年第 1 期。

[23]刘萍:《对华北抗日根据地妇女纺织运动的考察》,载《抗日战争研究》1998 年第 2 期。

[24]黄正林:《抗战时期陕甘宁边区农业劳动力资源的整合》,载《中国农史》2004 年第 4 期。

[25]张成乐:《从普通人到劳模:劳动模范的塑造——以太行根据地为例(1945~1947)》,载《苏区研究》2020 年第 2 期。

[26]汤建萍、喻琴:《论中央苏区的工农剧社运动》,载《苏区研究》2021 年第 2 期。

[27]陈家墩、姚荣启:《抗日战争时期的延安大生产运动(下)》,载《工运信息》2015 年第 23 期。

[28]王礼琦、李炳俊:《第二次国内革命战争时期中央革命根据地的劳动竞赛》,载《经济研究》1979 年第 4 期。

[29]李征:《简论"政治动员"》,载《河海大学学报(哲学社会科学版)》2004 年第 2 期。

[30]陈舜卿:《抗日战争时期陕甘宁边区的劳模运动》,载《西北大学(哲学社会科学版)》1985 年第 1 期。

[31]周海燕:《作为规训的生产——以大生产运动叙事为中心的话语考察》,载《开放时代》2012 年第 8 期。

[32]贾钢涛、赵玮:《大革命时期毛泽东农民革命观略探》,载《毛泽东思想研究》2015 年第 1 期。

[33]张开颜、陈子平:《聚焦延安时期大生产运动》,载《陕西档案》

2013 年第 1 期。

[34]黄爱军:《新四军大生产运动的历史考察》,载《福建党史月刊》2007 年第 4 期。

[35]胡新民:《毛泽东与三五九旅》,载《党史博采》2015 年第 7 期。

[36]宋学勤:《"与民族国家的建构同步":中共城市社会整合思想与实践(1949～1957)》,载《党史研究与教学》2017 年第 3 期。

[37]李素华:《政治认同的辨析》,载《当代亚太》2005 年第 12 期。

[38]江沛:《转型与塑型——20 世纪二三十年代中国共产党成长的启示》,载《史林》2021 年第 1 期。

[39]朱潇潇、徐宇:《美国主流媒体视域下的中国共产党形象研究(1930～1937)——以〈华盛顿邮报〉〈纽约时报〉为对象》,载《苏区研究》2020 年第 2 期。

[40]王明生、董颖鑫:《陕甘宁边区劳模运动的政治分析》,载《学海》2010 年第 5 期。

[41]詹小美、康立芳:《集体记忆到政治认同的演进机制》,载《哲学研究》2015 年第 1 期。

[42]孙晓忠:《当代文学中的"二流子"改造》,载《文学评论》2010 年第 4 期。

[43][阿根廷]弗朗西斯科·德利奇:《记忆与遗忘的社会建构》,陈源译,载《第欧根尼》2006 年第 2 期。

[44]景跃进:《国家与社会边界的重塑》,载《江苏社会科学》1999 年第 6 期。

[45]周海燕:《媒介与集体记忆研究:检讨与反思》,载《新闻与传播研究》2014 年第 9 期。

[46]周晓虹:《认同理论:社会学与心理学的分析路径》,载《社会科学》2008 年第 4 期。

[47]Andrew Nathan,"China's Resilient Authoritarianism",*Journal of*

Democracy, No.1, 2003, pp.6-17.

[48]Elizabeth J. Perry, "Moving the Masses: Emotion Work in the Chinese Revolution", *Mobilization*, Vol.7, No.2, 2002, pp.111-128.

四、学位论文

[1]冯佳:《1942～1943 年中原大灾荒与中国共产党的应对》,中共中央党校博士学位论文,2019 年。

[2]傅辰晨:《20 世纪三四十年代中国知识界的计划经济思潮研究》,山东大学博士学位论文,2020 年。

[3]邸二宝:《陕甘宁边区移难民问题研究(1937～1946 年)》,陕西师范大学硕士学位论文,2017 年。

[4]温艳:《20 世纪 20～40 年代西北灾荒研究》,西北大学硕士学位论文,2005 年。

[5]卫平光:《全面抗战时期江西难民移垦研究》,南京大学博士学位论文,2019 年。

[6]陈伶浪:《新时代弘扬劳模精神研究》,吉林大学博士学位论文,2020 年。

[7]侯健:《新民主主义革命时期中国共产党先进典型教育研究》,吉林大学博士学位论文,2019 年。

[8]刘立:《抗战时期陕甘宁边区农业贷款研究》,延安大学硕士学位论文,2011 年。

[9]乔傲龙:《〈晋绥日报〉与边区社会文化动员研究》,山西大学博士学位论文,2019 年。

[10]周安会:《观念重构与社会变迁:土改中的怨恨动员研究(1946～1952)》,华东师范大学硕士学位论文,2010 年。

[11]温燕萍:《我国党报对"5·12"汶川地震集体记忆的建构——以〈人民日报〉为例》,兰州大学博士学位论文,2019 年。

五、报纸文章

[1]朱一华:《中央苏区时期国家治理的实践探索》,载《学习时报》2020 年 2 月 21 日。

[2]廖醒中:《长冈乡春耕又做了光荣的模范》,载《红色中华》1934 年 3 月 27 日。

[3]《"五卅"大会对于党征收党员运动的回答——于都党的伟大发展》,载《红色中华》1933 年 6 月 14 日。

[4]《郑重准备边区建设的"总检阅"》,载《解放日报》1944 年 8 月 1 日。

[5]《火线上的互相慰劳》,载《红色中华》1934 年 7 月 21 日。

[6]毛泽东:《在八县查田运动大会上的报告》,载《红旗》1933 年 6 月 14 日。

[7]《纪念"五一",以新的态度对待新的劳动》,载《红色中华》1934 年 4 月 14 日。

[8]《江西省职工联合会提出各县职工联合会革命竞赛条约草案》,载《苏区工人》1932 年 8 月 25 日。

[9]《继续完成突击运动来庆祝二苏大会》,载《红色中华》1934 年 1 月 7 日。

[10]王观澜:《春耕运动总结与夏耕运动的任务》,载《红色中华》1934 年 5 月 28 日。

[11]《我们是苏维埃的主人,我们是为自己劳动》,载《红色中华》1934 年 6 月 26。

[12]《关于迎接"五一"生产大竞赛的各项办法》,载《新中华报》1941 年 3 月 21 日。

[13]罗炳辉:《开展部队机关的生产运动》,载《淮南党刊》1943 年 4 月 20 日。

[14]《向模范工人赵占魁学习》,载《解放日报》1942 年 9 月 11 日。

[15]《赵占魁同志》,载《解放日报》1942 年 9 月 13 日。

[16]毛泽东:《为全部完成粮食突击计划而斗争》,载《斗争》1934 年 3 月 20 日。

[17]《边区党政军民共同评定公布战斗英雄与战斗模范工作者名单及奖品》,载《晋察冀日报》1944 年 2 月 17 日。

[18]《党政军民负责同志欢宴群英像一家人》,载《晋察冀日报》1944 年 2 月 18 日。

[19]《阜平县群英会开幕》,载《晋察冀日报》1944 年 12 月 9 日。

[20]《灵邱群英会上文化娱乐活跃》,载《晋察冀日报》1944 年 12 月 28 日。

[21]《边委会通令表扬模范妇女干部张品》,载《晋察冀日报》1944 年 4 月 6 日。

[22]《边区党政军民联合决定赠予戎冠秀"北岳区拥军模范——子弟兵的母亲"称号》,载《晋察冀日报》1944 年 2 月 19 日。

[23]《边区党政军民联合决定赠给崔洛唐同志以"北岳区拥军模范——子弟兵大哥"称号》,载《晋察冀日报》1944 年 4 月 9 日。

[24]《李清忠同志荣膺"压肥割草万斤大王"》,载《晋察冀日报》1944 年 8 月 18 日。

[25]《完县政府嘉奖劳动模范赵老洁》,载《晋察冀日报》1944 年 3 月 1 日。

[26]《边委会通令嘉奖阜平民校教员陈继和》,载《晋察冀日报》1944 年 7 月 9 日。

[27]《劳动英雄栗乃文五十大寿》,载《晋察冀日报》1944 年 12 月 23 日。

[28]《中华苏维埃共和国临时中央政府土地人民委员部训令第二号》,载《红色中华》1933 年 2 月 13 日。

[29]《劳动英雄济济一堂，本市举行生产总结给奖动员大会》，载《新中华报》1940 年 3 月 26 日。

[30]《生产大竞赛》，载《解放日报》1943 年 3 月 3 日。

[31]仓夷：《晋察冀边区的识字运动》，载《新华日报》1940 年 7 月 5 日。

[32]《完县提出模范教员条件》，载《晋察冀日报》1944 年 4 月 4 日。

[33]《晋察冀边区行政委员会关于召开第二届群英大会暨生产品展览会的决定》，载《晋察冀日报》1944 年 10 月 20 日。

[34]《晋察冀边区战斗英雄战斗模范大会宣言》，载《晋察冀日报》1944 年 2 月 18 日。

[35]《韩凤龄回村后组织了两个妇女拨工组》，载《晋察冀日报》1944 年 4 月 13 日。

[36]《在韩凤龄领导下银坊向全县比赛生产》，载《晋察冀日报》1944 年 6 月 29 日。

[37]《三专区生产模范葛存领导全村争取"耕一余一"》，载《晋察冀日报》1944 年 5 月 24 日。

[38]《戎冠秀领导全村实行拨工压绿肥》，载《晋察冀日报》1944 年 8 月 6 日。

[39]《戎冠秀冬学》，载《晋察冀日报》1945 年 1 月 5 日。

[40]《一专区模范教师桑文义创立新型民办小学》，载《晋察冀日报》1944 年 11 月 18 日。

[41]《胡顺义和朱家营村完成今年生产计划》，载《晋察冀日报》1944 年 10 月 28 日。

[42]程子华：《晋察冀边区二届群英大会闭幕词》，载《晋察冀日报》1945 年 2 月 23 日。

[43]《五专区订出劳动英雄标准》，载《晋察冀日报》1944 年 3 月 11 日。

[44]《潞黎平涉欢迎荣归英雄》,载《新华日报(太行版)》1947 年 1 月 1 日。

[45]《一分区举行纪念"五一""五四"暨洛唐哥给奖大会》,载《晋察冀日报》1944 年 5 月 26 日。

[46]《灵邱开二次生产会议总结第一阶段布置第二阶段工作》,载《晋察冀日报》1944 年 7 月 9 日。

[47]《曲阳群英会上英雄们畅谈翻身感想》,载《晋察冀日报》1944 年 12 月 10 日。

[48]《各英雄互相检讨》,载《晋察冀日报》1944 年 12 月 31 日。

[49]《毛泽东参观生产展览会与劳动英雄亲密交谈》,载《解放日报》1943 年 12 月 13 日。

[50]《党政协力劝导,本市二流子参加生产,男耕女织痛改前非》,载《解放日报》1943 年 3 月 23 日。

[51]《子弟兵战斗英雄邓世军拿出奖金 1000 元作劳动英雄奖金》,载《晋察冀日报》1944 年 4 月 11 日。

[52]宋劭文:《1944 年大生产运动总结及 1945 年的任务》,载《晋察冀日报》1945 年 3 月 6 日。

[53]司徒斯丽:《新民主主义下的妇女教育》,载《晋察冀日报》1944 年 2 月 13 日。

[54]毛泽东:《论军队生产自给,兼论整风和生产两大运动的重要性》,载《解放日报》1945 年 4 月 27 日。

[55]《一分区战斗英雄和模范把奖金投资合作社》,载《晋察冀日报》1944 年 4 月 9 日。

[56]《妇女参政模范刘玉珍拿奖金帮助贫穷户》,载《晋察冀日报》1944 年 6 月 7 日。

[57]《唐县东长店村初步消灭了文盲》,载《晋察冀日报》1945 年 4 月 4 日。

[58]《介绍陕甘宁边区组织集体劳动的经验》，载《解放日报》1945年12月21日。

[59]王震：《百折不挠地沿着社会主义道路胜利前进——在慰问黑龙江省复转官兵、农垦职工、支边青年、科技人员和驻东北地区部队指战员大会上的讲话》，载《人民日报》1990年7月28日。

[60]贾晓明：《陕甘宁边区的劳模运动》，载《人民政协报》2017年3月16日。

[61]欧阳恩良：《中国共产党百年来领导文化建设的基本经验》，载《光明日报》2021年4月7日。

[62]《中共中央关于党的百年奋斗重大成就和历史经验的决议》，载《人民日报》2021年11月17日。

六、档案文献

[1]《侯金莲和槐圪塔村妇女生产》，豫档，档案号：G05-7-1180-10。

[2]林伯渠：《边区民主政治的新阶段》，绥德县档案馆，档号：3-3。

[3]《安阳县政府指示》，豫档，档案号：G13-5-466-1。

[4]《昔阳县东寺村劳动英雄王行五的材料》，晋档，档案号：A01-12-4-5。

[5]《太行区第二届群英会组织部军工处甄荣典同志的简历和英雄事迹》，晋档，档案号：A1-12-2-5。

[6]《晋绥边区生产会议资料之八：劳模选举、培养及使用问题》，晋档，档案号：D08-076。

[7]《巨野全县活动分子大会总结》，豫档，档案号：G07-6-618-1。

[8]《修武县生产积极分子》，豫档，档案号：G05-3-372-1。